古代歷史文化 研究輯刊

二十編

王 明 蓀 主編

第 10 冊

樊增祥傳論（上）

薛 超 睿 著

國家圖書館出版品預行編目資料

樊增祥傳論（上）／薛超睿 著 — 初版 — 新北市：花木蘭文
化事業有限公司，2018〔民107〕
目 2+216 面；19×26 公分
（古代歷史文化研究輯刊 二十編：第10冊）
ISBN 978-986-485-542-1（精裝）
1.（清）樊增祥 2.傳記
618   107011989

ISBN-978-986-485-542-1

古代歷史文化研究輯刊
二十編 第 十 冊   ISBN：978-986-485-542-1

樊增祥傳論（上）

作　　者　薛超睿
主　　編　王明蓀
總 編 輯　杜潔祥
副總編輯　楊嘉樂
編　　輯　許郁翎、王筑　美術編輯　陳逸婷
出　　版　花木蘭文化事業有限公司
發 行 人　高小娟
聯絡地址　235 新北市中和區中安街七二號十三樓
　　　　　電話：02-2923-1455 ／傳眞：02-2923-1452
網　　址　http://www.huamulan.tw 信箱 hml 810518@gmail.com
印　　刷　普羅文化出版廣告事業
初　　版　2018 年 9 月
全書字數　331323 字
定　　價　二十編 25 冊（精裝）台幣 66,000 元

樊增祥傳論（上）

薛超睿　著

作者簡介

薛超睿（1985～），山東濟南人，文學博士，碩士師從濟南大學近代文學專家郭浩帆教授，博士師從珠江學者、華南師範大學左鵬軍教授。現爲江蘇鹽城師範學院文學院講師，研究方向爲古代文學、近代文學，近年轉向十九世紀漢籍英譯研究，曾在《文藝爭鳴》、《紅樓夢學刊》、《中國文學研究》、《中華文化論壇》、《古典文學知識》等刊物發表論文多篇，現主持江蘇省社科規劃項目一項，參與國家社科重大項目、教育部項目多項。

提　　要

　　樊增祥在晚清民國的政界、文壇，是一個繞不過去，但又語焉不詳的存在，他生於第一次鴉片戰爭後六年，卒於九一八事變前夕，經歷了「千年未有之變局」中幾乎所有大事，有些甚至廁身其中，周旋左右；縱橫詩壇六十載，留下作品二萬餘，被譽爲當世詩豪。但弔詭的是，這樣一位曾經顯眼的人物，死後長期隱而不彰，較之同輩乃至後學都黯然無光，成爲學界研究的空白。

　　本文意在前人成果之上，本著紀事存人的目的，由其詩文入手，參考時人日記年譜、筆記雜談、報章記載，試圖全面展現樊增祥的爲人、爲官、爲文面相，把一個散落於紙間的扁平符號，還原成一個有血有肉、果敢精明，又充滿矛盾張力的末世官僚——文人形象。

　　樊增祥一生跨越了近代中國幾乎所有的歷史結點，目睹了文化陵夷，國土淪胥，經歷了政體更替，國體變換，正處於舊時代的終結和新時代的肇始；他在清末民初均菹高位，接觸甚至影響過最高層的決策「羽翼誠有功，補救翻無術」，未曾引領預流，但直篤職任事，如此一個集合了思想衝突、義利糾葛的矛盾人物，誠可謂過度時代轉型的標本，其豐富的吏治思想和施政智慧，對於當前治國體系和治理能力的建設，也不失爲一種擇善而從，去粗取精的有益借鑒。

目次

緒　論

一、樊增祥其人及創作概況

　　研究清末民初的舊體系中人，樊增祥是一個繞不過去，卻又語焉不詳的存在。他生在第一次鴉片戰爭後六年，卒於九一八事變前半年，歷經六朝五代，見證了在變局與動蕩中的古老國家的近代轉型；他三十一歲點入翰林，躋身清流，之後仕途蹭蹬，在陝西各縣流轉徙任，直到庚子西狩後才受權臣提攜而漸起；他耕植地方三十餘載，先後主政陝西、江南，所到之處頗具聲望；民國後一度出任北洋政府參政，也因此而飽受詬病；晚年脫離宦海，隱寓京中，鬻字自活，鬱鬱而終。

　　樊增祥同時被尊爲一代詩翁，同光體中晚唐流派巨擘，他創作週期橫亙六十年，詩才卓犖，吟詠稠疊，政務之餘，不廢此道。他留下的作品數量，章士釗《論近代詩家絕句》云「鬱律蛟蛇四萬篇」〔註1〕，錢基博估計有三萬餘首，陳衍稱萬餘篇；樊增祥去世後不久，好友欲整理其遺著，結果感歎「多至二萬首，無法整理，可爲太息」〔註2〕。詩文詞著作除光緒三十二年付梓的《樊山集》、《樊山續集》外各二十八卷（收入《續修四庫全書》）外，尚有《閒樂集》一卷（1906，爲刊行年代，下同）、《二家詠古詩》、《二家試帖詩》各一卷（1901）、《二家詞鈔》、一卷（1902）、《瞻園》五集（1911，今佚）、《集外》八卷（1912～1914）；另有《樊山滑稽詩文集》（1913）、《樊山集七言豔

〔註1〕 章士釗詩句，附於汪辟疆《光宣詩壇點將錄》，見汪國垣：《汪辟疆文集》，上海古籍出版社，1988 年版，第 341 頁。

〔註2〕 趙元禮：《藏齋詩話》，收入張寅彭等編：《民國詩話叢編》第 2 冊，上海書店出版社，2002 年版，第 268 頁。

詩鈔》（1916）、《近著樊山詩詞文稿》、《樊山文集》（1926，收錄《樊山集》、《續集》中的文章）等〔註3〕；此外散見於報章補白者不少，晚年樊氏無暇蒐集，故作品究竟確數幾何，已難統計。今人校點本有涂小馬、陳宇俊《樊樊山詩集》，2004 年由上海古籍出版社出版，收錄上述《樊山集》至《集外》的詩詞作品。

　　以往研究者視域中的樊增祥，呈現兩種不同截然不同的面相，文學評論家的筆下他是才子，著作巨夥，卻因大作豔詩及政治上的反覆而背負「文人無行」的罵名；政治學者眼中，他是一位在晚清法律與社會變革中的典型代表，他的《樊山公牘》、《樊山判牘》是研究清末地方司法行政的絕佳範本，甚至民國後一再重印，作為法政學生的必讀書目，2006 年那思陸、孫家紅點校的《樊山政書》由中華書局出版，以期嘉惠士林，並重新探討百年來新舊範式的得失及互補的必要。

　　文學創作得之於才識膽力，是一種感性的思維活動；審判斷案出之於縝密推理，是一種理性的邏輯建構，樊增祥在其中游刃有餘，兩者的互融與排異，本身就頗值得研究；秦燕春稱其為「吏才」，筆者心有戚戚，但對其複合身份的言說，卻很難用三言兩語概括，也正是本文力圖要解決的問題。簡而言之，樊增祥在案牘中時常屬入文人筆調，改變了呆板的公文風格，卻也因此被斥違例；在詩文中盡情揮灑才氣，甚至「戴著鐐銬舞蹈」，卻又時常情致不足，流露一種置身事外的淡漠，應與其常年形成的客觀冷靜有關。

二、樊增祥研究的現狀及局限

　　樊增祥生前就已飽受褒貶，他自己也心知肚明，晚年詩中常作畏譏之語，也只好表示無奈的豁達。筆者簡單梳理了時人和後學的相關評價及論述。

　　樊氏中年以前的經歷，在他同時代友人的題序中多有涉及，如余誠格《樊樊山集敘》、顧曾烜《樊樊山集敘》、陶在銘《樊山續集序》〔註4〕，主要突出他篤學好文，以及「邁俗聲姿，出群行止，以儒用俠、不仙亦豪」的個性，雖有過譽，但生活細節和人物對話的記錄，仍可引為材料，並反駁劉禺

〔註3〕關於樊增祥著作版本源流，可參考周容《樊增祥詩結集始末考》，附於周容：《論李慈銘與樊增祥的詩歌理論及其創作》，上海大學 2009 屆博士學位論文，第 130～139 頁。

〔註4〕俱見樊增祥著，涂小馬、陳宇俊校點：《樊樊山詩集》，上海古籍出版社，2004年版，第 2027～2035 頁。

生在《左宗棠與樊雲門》〔註5〕中對樊氏早年的誣辭；對其一生的蓋棺論定，王森然《樊增祥先生評傳》〔註6〕、沃丘仲子《樊增祥》〔註7〕、錢海岳《樊樊山方伯事狀》、蔡冠洛《樊增祥傳》、邵鏡人《同光風雲錄·樊增祥》〔註8〕、徐一士《樊增祥與易順鼎》〔註9〕、金梁《樊增祥》〔註10〕、劉禺生《樊樊山之晚年》〔註11〕、胡思敬《樊增祥罷官》〔註12〕、黃濬《樊樊山受知張南皮》〔註13〕等均以專章梳理，其中尤以王森然所述最爲詳盡；這些史料中反映出的樊增祥，與事實有相互牴牾，但對其晚年政治出處的評說，除《世載堂雜憶》外，均作退宦詩人論，故對其所謂「三朝元老」之說應重新廓清。

對樊增祥的詩文評論，自清末至民國不絕如縷，要之如下幾點：

（一）對於樊增祥豔體詩的態度

汪國垣在《光宣詩壇點將錄》比之天立星雙槍將董平：「細寫朝雲，篇篇綺密，多應秀師呵叱。詩尚側豔，自少至老，不變其體」〔註14〕，喻其風流俊賞，本爲以意逆志；若知人論世，現實中的樊增祥或如陳衍所言「無歌舞酒色之娛」（《石遺室先生談藝錄》語），「疑爲若何翩翩年少，豈知其清癯一叟，旁無姬侍，且素不作狎邪遊者」（《石遺室詩話》語）〔註15〕。如此竟能成豔詩千百首，亦可稱奇，所以他的豔詩雖實在寫豔，但僅筆上得來，故王闓運笑其「大要爲小旦作，故無深致。邪思亦有品限」（《湘綺樓日記》光緒三十二年正月二十三日語）〔註16〕；可見詩如其人的標準也並非絕對和唯一，由雲龍就迴護道「蓋因物興感，偶奇閒情，正不必實有其事，要無害其人格

〔註5〕 劉禺生：《世載堂雜憶》，中華書局，1960年版，第44～45頁。

〔註6〕 王森然：《近代名家評傳二集》，生活·讀書·新知三聯書店，1998年版，第1～16頁。

〔註7〕 沃丘仲子：《當代名人小傳》，北京圖書館出版社，2003年版，卷下第159頁。

〔註8〕 俱見樊增祥著，涂小馬、陳宇俊校點：《樊樊山詩集》，上海古籍出版社，2004年版，第2036～2060頁。

〔註9〕 徐一士：《一士譚薈》，中華書局，2003年版，第353～362頁。

〔註10〕 金梁：《近世人物志》，北京圖書館出版社，2007年版，第191～193頁。

〔註11〕 劉禺生：《世載堂雜憶》中華書局，1960年版，第147～148頁。

〔註12〕 胡思敬：《國聞備乘》，上海辭書出版社，1997年版，第61～62頁。

〔註13〕 黃濬：《花隨人聖庵摭憶》，上海古籍書店，1983年版，第246～250頁。

〔註14〕 汪國垣：《汪辟疆文集》，上海古籍出版社，1988年版，第341頁。

〔註15〕 分別收入張寅彭等編：《民國詩話叢編》第1冊，上海書店出版社，2002年版，第30、705頁。

〔註16〕 王闓運：《湘綺樓日記》，嶽麓書社，1997年版，第2713～2714頁。

耳」〔註17〕；至於「樊美人」之謂「其詩如六十美女，蓋自少至老，搔首弄姿，矜其敏秀，爲一時諸名士所不能及」〔註18〕，樊山生前已有耳聞，並不以爲意，綜上各家都是從純粹詩風的角度評騭樊氏豔詩的特質，雖不免微辭，亦歎其沉博絕麗。

（二）對於樊增祥整體詩風的評價

前輩如李慈銘謂「今世學人能詩者，皆幽邃要窈，取有別趣；若精深華妙，八面受敵而爲大家者，老夫與雲門不敢多讓」，越縵從不輕許他人，而獨對樊山讚不絕口，師弟志同道合，每閱其詩，多置高評，許其大復、空同之流；張之洞對門生譽之更高「洞庭南北得二詩人，壬秋歌行，雲門近體，皆絕作也」〔註19〕；同仁如陳衍將其歸入「生澀奧衍」一派「語必驚人，字忌習見；麗而不質，諧而不澀」，屬才多意廣者〔註20〕；後學如李肖聃謂其「爲詩雅典流麗，清切典煉，樹義常豐，述情必顯」〔註21〕，王森然則曰「落筆清麗綿芊，清妙宛達，斐然成章，無不盡懷，頗肖其師越縵，特簡古不逮」〔註22〕，都抓住樊詩清新博麗的特點。

（三）樊增祥詩學的取徑

友人袁昶在閱《雲門集》竟後記道「唐人言太白仙才絕，昌谷鬼才絕，香山人才絕；雲門頗出入於昌谷、香山、飛卿、玉溪之間」〔註23〕，已分疏其近於中晚唐一派；汪國垣稱「跡其所詣，乃在香山、義山、放翁、梅村之間」，錢仲聯謂其「取徑、隨園甌北，上及梅村，長於才調，風格不高」，陳衍初以其「似陳雲伯、楊蓉裳、荔裳。而樊山自言，少喜隨園，長喜甌北，

〔註17〕由雲龍：《定庵詩話》，收入張寅彭等編：《民國詩話叢編》第3冊，上海書店出版社，2002年版，第590、705頁。

〔註18〕陳銳《襃碧齋雜記》語，收入錢仲聯：《清詩紀事》第18冊，江蘇古籍出版社，1989年版，第12606頁。

〔註19〕李、張之評俱載陶在銘：《樊山續集序》，見樊增祥著，涂小馬、陳宇俊校點：《樊樊山詩集》，上海古籍出版社，2004年版，第2033頁。

〔註20〕陳衍：《石遺室詩話》，收入張寅彭等編：《民國詩話叢編》第1冊，上海書店出版社，2002年版，第48頁。

〔註21〕李肖聃：《星廬筆記》，嶽麓書社，1983年版，第9頁。

〔註22〕王森然：《近代名家評傳二集》，生活·讀書·新知三聯書店，1998年版，第1頁。

〔註23〕袁昶：《漸西村人日記》光緒二十年十二月初三日記，收入錢仲聯：《清詩紀事》第18冊，江蘇古籍出版社，1989年版，第12600頁。

請業於張廣雅、李越縵，心悅誠服二師，而詩境並不與相同。自喜其詩，終身不改途易轍。尤自負其豔體之作，謂可方駕多郎，《疑雨集》不足道也」。樊氏常自稱傾心於香山與放翁，對於袁趙，則有揚棄，愈晚愈悖於家法；差溫李更遠，沈其光嘗言「樊山詩酌奇玩華，故是一代才人，顧終不逮溫李者何也，流麗而欠端莊，婀娜而乏剛強故也；劉彥和云繁華損枝，膏腴傷骨是也」，說他寫豔「止宜於鏡匳脂盂間誦之；終乏鐵馬金戈氣象，譬之女優學參軍蒼鶻，雖力鼓嚨胡，總恨其聲雌耳」，不過將「西崑多郎熔諸爐火，珠探合浦，玉耀崑山」〔註24〕仍嫌其缺乏寄託深致。對於王彥泓《疑雨》、《疑雲》二集，樊山頗為不屑，鄙之「豔如疑雨亦為妖」。總之，他在理論與創作上均源於性靈一派，意到筆隨的同時又專注才學和技巧。至於其詩風宗尚，錢基博視為中晚唐魁傑，但尤不拘宗派，詩學溫李，而轉益多師，變化自我；錢仲聯則徑歸入兼學唐宋一派「無分唐宋，並咀英華。抱冰一老，領袖群賢；樊易承之，拓為宏麗」，更為允當。

（四）樊增祥創作的弊端

他雖用力至勤，但貪多愛好，不加裁汰，陳衍謂「嘗見其案頭詩稿，用薄竹紙訂一厚本，百餘葉，細字密圈，極少點竄；不數月又易一本矣」，陳三立挪揄其為造詩機器；又多爭奇鬥巧，由雲龍諷其「如百戰健兒，不愧薩都刺」。《石遺室詩話》中一段對大家、名家之別的論述，正對樊山之弊「或以位尊徒眾而覬為大家，或以壽長詩多而覬為大家，或以能為大言，託於忠君愛國、稷契許身而亦覬為大家，其實傳不傳不關於此」〔註25〕，歷史上「孤篇橫絕，竟為大家」者有之，要在以情動人，淵旨窈深。此外，錢仲聯對樊增祥民國後的作品評價極低「所為益庸濫，大都屬文字遊戲，詩道至此，可稱一厄」〔註26〕，筆者以為，錢先生稍有因人廢言意，1932 年他在《論詩絕句》中譏諷樊山「黃冠朝市逐公卿，諸夏無君出處輕。卿本佳人爭作賊，蘼蕪山下可忘情」，指其出仕北洋政府，背棄遺民立場的反覆行徑，但由此就一筆抹殺樊氏入民後的作品，誠為不妥；就《集外》、《近著樊山詩詞文稿》等

〔註24〕 劉衍文：《雕蟲詩話》，收入張寅彭等編：《民國詩話叢編》第 6 冊，上海書店出版社，2002 年版，第 605 頁。

〔註25〕 張寅彭等編：《民國詩話叢編》第 1 冊，上海書店出版社，2002 年版，第 28頁。

〔註26〕 錢仲聯：《夢苕庵論集》，中華書局，1993 年版，第 346 頁。

觀之，確有污濫不堪文字，乃作者自明而有意爲之，入於滑稽詩文，其所佔比重不大；其餘大多歎老嗟貧，書懷酬和之作，風格仍一以貫之，又加瘦勁意，且時有感念故國、滿目時艱之慨。

新文化運動中，在「改良」與「革命」話語的評價體系下，對舊體文學持整體否定，樊山及其同人的創作屬於典型的「雕琢的、阿諛的貴族文學；陳腐的、鋪張的古典文學；迂晦的、艱澀的山林文學」，所以首當其衝；胡適嘗言「樊樊山、陳伯嚴、鄭蘇龕之流，視南社爲高矣，然其詩皆規摹古人，以能神似某人某人爲至高目的，極其所至，亦不過爲文學界添幾件贗鼎耳」〔註27〕；陳子展亦曰「其長處在才氣奔溢，短處在賣弄天才，貪多貪巧」〔註28〕，這些評價能切中樊增祥的弊端，但立足點是除舊立新，容有過之。建國後郭延禮《中國近代文學發展史》與任訪秋《中國近代文學史》中，在肯定樊增祥詩才的同時，又批評他的詩充滿「匠氣」，過分追求藝術技巧，食古不化，仍延續了新文學觀的基調。

二十世紀八十年代後出版的評論著作，逐漸回歸對詩學本體的討論，劉世南分析中晚唐詩派時以樊增祥爲中心對其詩作特色和影響作全面分析，指出其作詩講求從實處入「隸事必古，用典爲能」，總結其詩學主張爲「本於性情，達之政事；強調博學識力，注重音響色彩；主張清新天然，反對僻澀」，內容有「反對變法、反映時事、善寫民俗、寫景新巧、寫豔儇薄」，風格特徵爲「偶儷工致、句法怪異、用新名詞、喜用僻典「，算是當代評論家對樊增祥詩歌的一次系統論述，但稍有不符者如樊氏句法多流易而少怪異，屬語則力避新詞〔註29〕。黃霖先生從「樊山詩法」角度，指出樊增祥比李慈銘理論上更細緻和切要之處在於，他提出學古與獨創的辨證觀點，由兼收並蓄而求自成一家，又須與生活閱歷與藝術實踐相結合才能提升，但總體詩風仍不脫抱殘守缺的窠臼〔註30〕。

馬衛中則認爲，樊增祥、易順鼎同屬純以才情或純以功力爲詩者，指出其所謂學溫李，並未得其真意，不過流於形式，所以不能算近代文學史意義

〔註27〕 胡適：《寄陳獨秀》，《新青年》第 2 卷第 2 號，1916 年 10 月 1 日。
〔註28〕 陳子展：《中國近代文學之變遷 最近三十年中國文學史》，上海上海古籍出版社，2000 年版，第 28～29 頁。
〔註29〕 劉世南：《清詩流派史》，人民文學出版社，2004 年版，第 481～497 頁。
〔註30〕 黃霖：《中國文學批評通史·近代卷》，上海古籍出版社，2007 年版，第 279～281 頁。

上的中晚唐詩派的代表〔註31〕；馬亞中用無法束縛的詩才形容樊增祥，強調
其濡染於袁趙，見解與袁枚「性靈」主張接近，小弄狡黠，只是更注重學問；
但由於樊視作詩爲易事，難免庸濫，其佳處或爲此所掩。他始終未棄言情豔
體，重視才情，以風調流轉自如爲旨趣；以富麗爲主，長於情調氛圍的傳達
和渲染，巧筆巧思，化實起重，但距所謂高澹之境尚未造及〔註32〕，評論正
中其結穴。

　　秦燕春的學術隨筆《文人「情色」──「麗才」易順鼎與「吏才」樊增
祥》巧拈「吏才」概括樊增祥一生，頗爲切合；何榮譽《論樊增祥前後〈彩
雲曲〉的經典化》，筆者以爲容有過當。學位論文中，2009 年上海大學周容博
士的《論李慈銘與樊增祥的詩歌理論及其創作》，揭示張之洞、李慈銘分別從
經濟與章句之學對樊增祥治官爲文的影響，特別闡發李樊二人在詩學領域的
傳承關係，及各自的詩歌創作，附錄中還對樊增祥詩集版本源流進行考辯，
對筆者的啓發較多。2013 年蘇州大學潘宏恩博士的《樊增祥評傳》，爲筆者所
見第一篇以樊增祥爲對象的專論，材料徵引及某些結論值得商榷，也正說明
課題尚存有待補充的空間。

三、本文的研究方法及希望解決的問題

　　本文題爲「傳論」，主要以外部研究爲切入點，因爲之前研究的相對薄
弱，對樊氏八十六年的人生軌跡，並無認眞地清理，對其社會身份的轉變，
如清流、新政官員、遺民的認定也缺乏足夠的認識，所以還原豐滿的人物形
象是論文的主旨所在；筆者以時間爲線索，以文本爲依託，通過其自敘之作
及與親友的往來應答，輔以廣泛的旁證材料，勾稽樊增祥一生重要節點上的
作爲；由於樊增祥親歷近代的各大歷史事件，扮演過不同面目的角色，所以
筆者嘗試以史解詩、以詩證史，儘管詩無達詁，但典故並非虛指，通過解讀
和演繹，發掘背後所依託的歷史本原，並借由一個研究對象的視角，勾連起
他所看到的清末民初的學術升沉與世相人心。

　　樊增祥清作爲一名舊派文人政客，保守主義是其政治與文學的底色，而
學界較多關注趨新士人，所以相對忽略了對他的研究，其實在清季十年新政
中，他對修律禮法之爭的態度，對於緩進立憲的認識，都可作爲體制內官僚

〔註31〕馬衛中：《光宣詩壇流派發展史論》，蘇州大學出版社，2000 年版，第 307 頁。
〔註32〕馬亞中：《中國近代詩歌史》，復旦大學出版社，2011 年版，第 402～406 頁。

思想轉變的樣本加以探討。筆者還希望通過新材料的發現，補充或解決一些圍繞在樊增祥身上的公案，特別是其在洪憲帝制中的進退困境，以自己的觀點釐清一些前人的誤讀。

第一章　入仕前的文人歲月

第一節　家族身世，早年經歷

一、七葉貂蟬，名門東床

　　樊增祥，字嘉父，一字雲門，號樊山，別署樊山居士，晚號鰈翁，自稱天琴老人〔註1〕，道光二十六年十一月朔日出生於宜昌，原籍湖北恩施梓潼巷。關於其家世，最早見於李慈銘稱樊父為「弼公先生廷之玄孫」，由此可追溯至六世祖樊廷。

　　樊廷係清中期名將，《清史稿》有傳，本籍武威，曾隨征烏蒙、青海、西藏，以戰功累遷至甘肅肅州鎮總兵，後改籍四川潼川；雍正八年以寡敵眾擊敗準噶爾部，賜一等輕車都尉世襲職位，並授陝西固原提督、都督僉事；乾隆元年三月，再授哈密提督；兩年後以病乞罷，病逝於哈密「遺疏論防邊事甚切，上深憫之；歸葬涼州，贈都督同知，諡勇毅」〔註2〕。樊增祥曾追懷先祖「崇班絕席，圖象在景靈之宮；長劍倚天，亭障列酒泉之郡」〔註3〕，足見

〔註1〕據楊廷福、楊同甫編《清人室名別稱字號索引（增補本）》所見，樊氏字號頗多，諸如樊增、樊僧、樊嘉、蝶霜、鵝溪老人、牟珠移主、天隱老人、湘煙閣主、無病居士等；室名堂號有東園、鏡煙堂、畫妃亭、微雲榭、身雲閣、晚晴軒、香溪草堂、東溪草堂、蘿溪書屋、雙紅豆館、五十射麝齋等，見是書下冊，上海古籍出版社，2004年版，第860頁。

〔註2〕趙爾巽等撰：《清史稿》，第三十五冊，中華書局，1977年版，總第10732～10733頁。

〔註3〕魏默深《聖武記》稱勇毅公為國朝名將，繪像紫光閣。

禮遇之崇；「兜鍪七葉，聿開金彗之祥；棨戟一門，並致緋魚之貴」，遂啟武家門風。

樊增祥高祖經文，字尚彬，曾在三等侍衛銜上行走，後官至廣東右翼總兵；曾祖繼祖，官湖北副將；祖父從典任宜昌鎮中營游擊，請改籍湖北恩施〔註4〕。父樊燮，字子重，號鑒亭，十八歲襲位，歷任鄖陽及宜昌中營游擊、荊州營參將，得到湖廣總督裕泰賞識，留任宜昌〔註5〕；咸豐元年調廣西賓州營參將，因平匪有功受賞花翎，擢廣西新泰協副將，未拜，復權左江鎮總兵；五年調湖南永州鎮總兵（正二品）；八年八月赴京覲見，十一月受湖廣總督官文保薦，獲上諭署理湖南提督；不久坐事縲絏，革職徙罪；光緒七年二月十九日，樊燮以疾鬱鬱而終，享年六十九歲，八年十二月十四日葬於宜昌東湖五隴鋪周家棚〔註6〕。

樊母徐氏生子二人：長子增裪，字福門，號訒齋，學問切實，在增祥之上，見賞於張之洞，但不幸早亡〔註7〕；另有女三人。

樊增祥髮妻為宜昌彭汝琮〔註8〕之女，乃康熙年間工部尚書彭會淇之後。汝琮之父崧毓，字於蕃，道光十五年進士，與其昆季瑞毓（字子嘉，咸豐二年進士）、泰毓並稱「翰林三兄」，後久任雲南，官至按察使，有《雲南風土紀事詩》、《求是齋詩文存》〔註9〕；瑞毓曾任山西學政、雲南鹽法道，有《賜龍堂集》八卷，樊增祥屬題有云：

> 兩朝遭際不復言，賴有詩篇與人讀。畫筆猶工澤畔蘭，晚香且種籬邊菊。殘月舳艫夢已空，角巾東路早歸農。山中袖卻為霖手，昔日天章枉賜龍〔註10〕。

〔註4〕據按樊增祥《先考墓碑》記，樊燮的本生祖為紹堂公，本生父為孟修公。
〔註5〕依例參將以上，當服官他省。
〔註6〕樊燮生平，俱見樊增祥：《先考墓碑》，收入《樊山文集》，廣益書局，民國二十五年版，第87～90頁。
〔註7〕樊增祥《舟次漢上寄家兄福門》中稱其辛於同治九年。
〔註8〕彭汝琮字器之，曾任四川候補道，退宦後居里；張之洞督兩湖時，常咨之以時事；光緒四年參與創辦上海機器織布局。事蹟見樊增祥：《至鄂州呈外舅彭汝琮器之觀察二首》及《外舅彭器之觀察五十初度敘》，分別見樊增祥著，涂小馬、陳宇俊校點：《樊樊山詩集》，上海古籍出版社，2004年版，第14頁，及樊增祥：《樊山文集》，廣益書局，民國二十五年版，第30～32頁。
〔註9〕樊增祥有《彭於蕃先生七十晉五壽敘》，見樊增祥：《樊山文集》，廣益書局，民國二十五年版，第32～35頁。
〔註10〕彭瑞毓「壬子傳臚，丙辰入直南齋；戊午典試山右，遂留督學」，辛酉由山西

彭家清門碩望，樊家彼時中落，但仍結爲秦晉之好，樊增祥在光緒十六
年爲岳母蔣夫人的祝壽詩序中寫到：

> 增祥昔當卯歲，隨宦辰州，外舅以相馬之九方，許乘龍於一顧。
> 往來甥館，三十餘年。簾前鸚鵡，見客而呼名；轅下香驄，出門而
> 識路。盼來錦字，則簷鵲先鳴；報到泥金，則園花俱笑。書字遍題
> 於團扇，詩篇稠疊於屏風〔註11〕。

感念妻族的賞識與知遇之恩。不幸的是婚後僅三載，彭氏即於同治六年六月
十六去世，樊增祥悲痛欲絕，十七年中再未續弦，猶見感情之篤；彭家對其
更憐愛有加，特別是岳母蔣氏，待之甚厚。光緒八年年十一月朔，服喪中的
樊增祥迎來三十六歲的生日，返回鄂中後，蔣夫人給予這位剛剛失怙的青年
細緻的照顧，增祥悲欣交集，慨然作《旅中生日外姑蔣夫人治具見要感賦一
首》：

> 庚寅生日不相忘，作意東園爲舉觴。銀燭自令人意暖，梅花還
> 發故時香。乘鸞久已悲秦主，盤馬多慚說庾郎。大好筍魚不歸去，
> 卻看鄂北是家鄉〔註12〕。

在樊增祥續弦後，老夫人對新婦亦視如己出「雖故劍云非，而新膠已續，姆
訓依然詩禮，慈恩逮及衿纓」〔註13〕，讓夫妻二人十分動容。

二、因父之罪，影響深鉅

樊增祥人生遭遇的第一次重大打擊，源自父親的獲咎。樊燮在咸豐八年
十一月升任湖南提督後不久，就遭到湖南巡撫駱秉章的彈劾，理由是他在與太
平軍對峙的緊要關頭，竟不顧軍務緊要，防兵不敷大局，擅調隨扈進京，並
違例乘坐肩輿〔註14〕，「似此玩視軍務，希便私圖，實爲軍務之蠹」〔註15〕；

> 回京，不見召，以京察出爲雲南副使，故有「兩朝遭際」之語；王柏心序其
> 《賜龍堂集》八卷，謂「詞章俊麗，才不爲遇所掩」，詳見楊鍾羲：《雪橋詩
> 話餘集》，北京古籍出版社，1992年版，第494頁。
>
> 〔註11〕 樊增祥著，涂小馬、陳宇俊校點：《樊樊山詩集》，上海古籍出版社，2004年
> 版，第253頁。
> 〔註12〕 樊增祥著，涂小馬、陳宇俊校點：《樊樊山詩集》，上海古籍出版社，2004年
> 版，第118頁。
> 〔註13〕 《外姑蔣夫人壽詩序》，見樊增祥著，涂小馬、陳宇俊校點：《樊樊山詩集》，
> 上海古籍出版社，2004年版，第254頁。
> 〔註14〕 清制明確規定，武職三品以上仍不得用輿，而必須乘馬，以保持其戰鬥力與
> 武將威儀。

駱對樊夙有微詞「永州鎮總兵樊燮到任數年，聲名惡劣，同城文武員弁兵丁，無不咨怨」〔註16〕，於是以此次事件為突破口「聲明訪聞各款劣跡，俟查實再行參奏」；朝廷得奏後，十二月十一日發上諭著樊燮交刑部嚴加議處，即行開缺，並照違例律杖一百。九年二月二十八日，駱秉章再上《查明已革總兵劣跡有據請提省究辦摺》〔註17〕，稱樊燮用度皆取於官家，攤派公項，冒領錢糧；平日疏於督率操兵，反溺於家宴觀戲等；三月十三日朝廷上諭「已革湖南永州鎮總兵樊燮種種劣跡均有確據，且擅提廉俸數至盈千，懸款無著，實屬恣意侵虧，大幹功令」，命駱秉章拿問嚴訊。

樊燮在被革職二個月後，又捲入與當時還任駱秉章幕賓的左宗棠的互控案。本來一椿司空見慣的官場爭鬥，卻因日後文襄公的赫赫威名，遂演義成野史津津樂道的趣聞，並直接影響到對樊增祥的評價。事件起因，劉禺生《世載堂雜記》、柴小梵《梵天廬叢錄》等筆記中均記為樊燮拜訪駱秉章，與左宗棠會面，兩人言語齟齬，左遽起掌摑樊，使樊不能堪，遂結怨；但經劉江華先生考證，這些說法並不成立，真實情況是咸豐九年四五月間，有人「唆慫樊燮在湖廣遞稟，又在都察院呈控永州府黃文琛，商同侯光裕通知在院裏辦軍務紳士左，以圖陷害」〔註18〕，欲借反控駱秉章等人為自己翻案，並指認左宗棠從中作梗。隨後上諭「關鎮將大員侵虧營餉、并各員挾嫌陷害、濫邀保舉，情節較重，是否該革員藉詞狡展，抑或事出有因，亟應徹底根究」，駱秉章於八月二十五日上摺奏明樊燮妄控，並將此前調查的帳簿、公稟、樊燮親供等件送軍機處備查〔註19〕。

此案於咸豐十年二月終結，雙方涉事人員，樊燮被認定動用米折一項二

〔註15〕 駱秉章：《參劾永州樊鎮違例乘輿私役弁兵摺》，見駱秉章：《駱文忠公奏議》，沈雲龍主編：《近代中國史料叢刊》第七輯，臺北文海出版社，1966年版，第1641～1645頁。

〔註16〕 駱秉章：《駱秉章自敘年譜》，沈雲龍主編：《近代中國史料叢刊第七輯》，臺北文海出版社，1966年版，第110～111頁。

〔註17〕 駱秉章：《駱文忠公奏議》，沈雲龍主編：《近代中國史料叢刊第七輯》，臺北文海出版社，1966年版，第1667～1676頁。

〔註18〕 駱秉章：《駱秉章自敘年譜》，沈雲龍主編：《近代中國史料叢刊第七輯》，臺北文海出版社，1966年版，第111頁。詳情見劉江華《從清宮檔案看左宗棠樊燮案真相》一文引述《咸豐朝軍機處副錄檔》，《紫禁城》2012年第7期，第77頁。

〔註19〕 駱秉章：《駱秉章自敘年譜》，沈雲龍主編：《近代中國史料叢刊第七輯》，臺北文海出版社，1966年版，第112頁。

百多兩「延不發還，即係爲私自借用」，「合依監臨主將私發錢糧、私自借用計贓以監守自盜論，監守盜錢糧四十兩，斬，雜犯徒五年律，擬徒五年，從重發往軍臺效力贖罪」〔註20〕；左宗棠憂讒畏譏，亦於咸豐九年十二月遞自請辭去駱秉章幕，次年入京會試。

　　樊燮案中案的發生及結局之所以被關注，還因它正處於晚清權力結構變動之時，恰成各方勢力此消彼長的縮影。首先此案發生在湖南，這裡是清軍與太平天國交戰的前線，也是湘軍的發源地，涉案的左宗棠、駱秉章，正是其中堅力量；而樊燮出自朝廷蓄養的經制之兵，當後者在戰場上節節失利後「騰出了大片原本屬於他們的空間，身在此消彼長之際，湘軍一定會伸出手去，但當舊日的權界還沒有被戰爭打破的時候，他們伸出去的手又常常要被別人推擋回來，於是而有上下左右之間的疑忌與爭鬥」〔註21〕，所以樊燮案從本質講是從戎的經世文人與行伍的傳統武人的正面衝突。

　　其次，當時湘軍聲勢正隆，曾國藩、郭嵩燾、胡林翼在朝中逐漸掌握了話語主導權，又有高心夔、王闓運等湘籍文士，以及潘祖蔭爲首的清議力量爲奧援「然而當時廷辦，雖曲貰乎田蚡；今日人言，尚不直夫僧孺」，樊增祥爲父親抱冤，不無迴護之意，卻道出當時朝堂之上一邊倒的情形〔註22〕。而咸豐帝的最高裁決，則明顯得前後矛盾，反映出人主優柔寡斷、昧於失察的昏瞶，也體現了朝廷方在用人之際，日益壯大的地方實力派對朝廷政策的牽制；而官文與駱秉章的明奪暗鬥，則傳遞出傳統疆吏將被軍功儒生爭衡取代的信號。

　　再次，左宗棠在此案中的影響凸顯了晚清幕府勢力的勃興，並且已從錢糧師爺、文事清客的角色向闓掌箋奏、參與戎機的謀士轉變〔註23〕。特別是

〔註20〕　見劉江華：《從清宮檔案看左宗棠樊燮案真相》，《紫禁城》2012年第7期，第85頁。

〔註21〕　楊國強：《軍功官僚的崛起和輕重之勢的消長》，收入楊國強：《百年嬗蛻——中國近代的士與社會》，上海三聯書店，1997年版，第54頁。

〔註22〕　但據《左宗棠年譜》記載，起初廷議似乎並未發聲「官相因樊燮事欲行構陷之計，其時諸公無敢一言誦其冤者」，但郭嵩燾語潘祖蔭「左君去，湖南無與支持，必至傾覆，東南大局不復可問」後，潘入奏「楚南一軍立功本省，所向克捷，由駱秉章調度有方，實由左宗棠運籌決勝，此天下所共見……，是國家不可一日無湖南，而湖南不可一日無宗棠也，至是諸公乃敢言左某果可用矣」。見羅正鈞：《左宗棠年譜》，嶽麓書社，1983年版，第71頁。

〔註23〕　參考《清代士人遊幕量化分析》第19頁表格及20頁線圖所示，鴉片戰爭以後，中國社會在內外交困下長期動蕩不安「官員面臨著各種新情況、新問題，

戰時，胸中自有百萬兵的士人被精通時務識俊傑的權貴招致麾下，進而出將入相，成就一番偉業者，在清末民初風雲激蕩的近百年中比比皆是。左宗棠咸豐二年由胡林翼推薦給張亮基，後又受到駱秉章禮遇「推誠委心，所計劃無不從，得盡所爲，乃復勉留。自是以至庚申六年，遂專湖南軍事」〔註24〕；樊增祥說他「養望鄉州，佐戎幕府。操桓公之喜怒，獨有王珣；卜江表之興亡，隱然殷浩」，隱隱有恃才攬權之譏，兩說立場完全不同，但都透露出幕賓對官僚日益增強的影響力「內戰中的軍務把事權挪移過來，使幕府被鍛造爲官衙，因軍務而集中起來的政府權力屯居於幕府，可以從紛亂否塞的官場關係中重組起一種與戰爭相適應的秩序，也會使佐幕人的面目今時不同往昔」〔註25〕，所以二品武將與四品卿銜的衝突，是擴大的幕府權力與舊有的官場秩序的牴牾。

樊燮的失勢就其本身而言，影響最大的自是其一家人的境遇，充當其衝的便爲樊增祥命運的轉折。首先由於父親的俸祿被剝奪，一家人的生活沒了保障，而爲了使他免予徒刑，更是傾盡所有，因而生活愈加艱難。當時增祥只有十五歲，家道中落，他與兄長不得不過早地爲生計而忙碌；就在這一年，他選擇了科舉仕途，這是當時唯一能改變命運的出路，他在《五十自述》中寫道：

> 年少朱門學曳裾，養親負米食無餘。營巢自比銜泥燕，登第難
> 於上竹魚。南北東西三寸舌，管收除在幾車書。白頭阿姊猶能記，
> 歲歲還家逼歲除〔註26〕。

樊增祥後來給人留下諂事權貴，工於鑽營的印象，甚至被譏爲「官癮大」，正與這種出人頭地的初始動機有關，他每每以負米奉親爲由戀棧，雖有些虛僞，但也確爲現實使然：兄長的早逝，使他成爲家中唯一的男丁及經濟來源，在他出仕之前，曾一度困窘到賣字爲生（李慈銘日記中有提及），所以對利益的渴望尤甚。

幕府職責加重，職能擴展，遊幕士人大大增加，士人佐理政事非常活躍」，變動不居爲人才的分化和重組提供了可能。見尚小明：《清代士人遊幕表》，中華書局，2005 年版，第 19～21 頁。

〔註24〕 羅正鈞：《左宗棠年譜》，嶽麓書社，1983 年版，第 39 頁。

〔註25〕 楊國強：《軍功官僚的崛起和輕重之勢的消長》，見《百年嬗蛻——中國近代的士與社會》，上海三聯書店，1997 年版，第 95 頁。

〔註26〕 樊增祥著，涂小馬、陳宇俊校點：《樊樊山詩集》，上海古籍出版社，2004 年版，第 597 頁。

其次，家庭的變故造就了他的處世態度，樊增祥寫到父親被貶後的生活：

> 既辭南國，遂返東山，息交絕遊，杜門卻掃，馬文淵之藥物，
> 豈是明珠？曹武惠之歸裝，惟攜圖史。言歸下澤。未辦秋田，小隱
> 青門，並無瓜地，然且樂談名理，深把化源。抗懷山澤之遊，救斷
> 鹺鹽之事。虞初九百，供夏簟之清眠，栗留一雙，攜春柑而獨往。
> 自非腰膂，罕試朝衣，偶遇貴遊，便障方曲。顏特進之狂，不傳兒
> 輩，王彥方之直，見憚鄉人〔註27〕。

摒去牢騷滿腹、怨懟忿懑，惟有斂聲匿跡、息事寧人，成為樊燮晚年光景的
寫照。兒子為父親撰銘，難免諛墓之辭，洵不可盡信，但「從小康之家而陷
入困頓，在這途中大概可以看清世人的真面目」，對「狂」與「直」的疏離，
的確形成了樊增祥性格的底色。如果說他早年尚能「少年氣盛，譏訕流俗，
凌侮貴遊」，那麼在經歷了庚辰劾貴，散館外放之後，他就由「輕俠好義，喜
面折人過」逐漸轉向「四十以後，意氣都平，充然有道之士」，個性趨於隨和
甚至圓滑，在大是大非面前常以「但談時政，不事搏擊」明哲保身。

第三，樊燮被罪為樊增祥仕途投下陰影。多年之後，樊增祥談到父輩的
影響時，為尊者諱地以「先公早種邵平瓜」（意為主動卸甲歸田）一筆帶過，
但接下來也不無遺憾地說：

> 寂寥天地一孤生，當路何人識姓名。舊德自傷先友盡，朝賢原
> 視右班輕。終年壓線金無色，盡日彈棋玉不平。若與劉孫稱雅素，
> 黑頭寧不致公卿〔註28〕。

前已論述，無論是端居廟堂坐而論道，還是經營地方學以致用，道咸之後重
文輕武的傾向日益明顯，這恰是一條與樊氏先人的上升階梯相平行的異途；
而父親的污點更使祖宗蔭澤五世而斬，舊有的人脈也為之避恐不及，在重視
門第聲望的時代，這些負面因素隨時都可能成為阻礙前程的荊棘。

三、南皮門生，初露文采

梳理樊增祥家族可知，他出身武家，非以詩書繼世，雖然樊增祥極力揄
揚父親的才情：

〔註27〕樊增祥：《先考墓碑》，廣益書局，民國二十五年版，第92頁。
〔註28〕樊增祥著，涂小馬、陳宇俊校點：《樊樊山詩集》，上海古籍出版社，2004年
　　　　版，第598頁。

　　　　先公玉璜鑴辰，蘭芬丱歲。賓筵始與，即徵鸚鵡之詞；小學才
　　　通，已工鼮鼠之對……天情純至，內行穆清，生平雅好墳籍，間為
　　　詞賦，和高王之敕勒，熟杜預之春秋。才氣不減高昂，格律略如長
　　　慶，著有《綠淨軒詩集》二卷，大半散佚〔註29〕。

但樊燮十八歲從軍後，直至晚年才重拾紙筆，且所恃不過詞章，僅屬粗通翰
墨輩，所以仍未能留給樊增祥深厚的家學傳統和系統的文脈淵源；而後增祥
又隨父屢徙任所，咸豐初年在赴廣西途中，更因太平軍所梗被迫長期滯留長
沙，使得增祥「九歲始就傅」，晚於當時孩童五到七歲的正常開蒙年齡。

　　缺少家學的沉潛，家風的沾溉，樊增祥靠自學和天分「未入塾授讀以前，
已能辨四聲、窺觀諸小說，與兄姊講說不倦，人稱奇童」，嘗言「七歲已能屬
對，時方讀唐詩，先君曰：「汝能對『開簾見月』否」，余應聲曰：『閉戶讀書』」
詩才已嶄露頭角，十一歲能詩，十三歲學經義。自十五歲起，他專攻舉業，
因為當時父親已被革職，家貧不能延師，所以與兄長互為師友相教習。十六
歲隨家回宜昌，父親「日坐齋中督課，屬文每數行必取閱，閱必數數訶罵，
蓋望之過深也」〔註30〕，兩耳不聞窗外事，一心只讀聖賢書，而文亦因是益
進，以榜前列中秀才，成監生，在鄉聲名漸起「先後典郡者皆為延譽」；同治
六年赴省垣參加鄉試，中舉人「穎敏冠諸曹」，適逢湖北學政張之洞視學宜
昌，睹增祥詩文，大異其才，頗加讚賞，致為座賓，但督促他不要專事詞章
之學，而宜多作經世學問，始惜以前未窺門徑，乃沉思銳進，多有請益「南
皮亦奇其敏惠，盡以所學授之」〔註31〕。

　　這一時期的樊增祥，才氣俊逸，不可一世「自弱冠以後，入無室家之樂，
出為鄉人所忌，居嘗作石勒語曰『奈何使我與此輩語』」，也深知虛中善受「同
輩中高才博學者皆兄事之」，勤於思問，學而不厭「君居外，歲必再三歸覲，

〔註29〕 樊增祥：《先考墓碑》，廣益書局，民國二十五年版，第89～90頁。
〔註30〕 這段經歷後來被劉禺生附會為「樊燮革職返鄉後，書恥辱牌置之於祖宗神龕
　　　　下側，令增禶、增祥兩兄弟咸服女衣褲，命考秀才進學，脫女外服；中舉人，
　　　　脫內女服；中進士，點翰林，則焚洗辱牌，告先人以無罪」（見劉禺生：《世
　　　　載堂雜憶·左宗棠與樊雲門》，中華書局，1960年版，第44頁）。由於劉之見
　　　　聞多出於耳食，又屢入個人成見，所以不足盡信，且樊家一直居住在宜昌，
　　　　恩施父老不可能見聞於當時之事。
〔註31〕 引文部分出自樊增祥《樊山續集自序》及余誠格《樊樊山集敘》，見樊增祥
　　　　著，涂小馬、陳宇俊校點《樊樊山詩集》，上海古籍出版社，2004年版，第
　　　　653、2027頁。

歸必增詩文數帙，異書數種，或十數種。叩其所得，日新月異，往往莫測其所從來」〔註32〕，奠定了廣博的知識儲備。但在清代學術呈現地域化和家族式傳承的背景下，他的文學造詣和學術理路的形成，更近似於所謂「崛起之學」〔註33〕；在受教途徑上，多得益於官學的體制內系統。這些起步階段的基礎性因素，奠定了樊增祥一生政治上習慣於依附權力，學術上重正統而少變通的保守主義特徵。在文學造詣中，則呈現才富而學不厚，力贍而意平弱的弊病，未達到學人與詩人相融的雅人深致。

　　樊增祥的詩歌人生，開啓得很早「時架上所有，自太白、香山、放翁、青邱而外，惟袁、蔣、趙三家，余不喜蔣而嗜袁、趙，放言高詠，動數百言，長老皆奇賞之。自丁巳訖乙巳，積詩數千百首，大半小倉甌北體，餘則香奩詩也」，可知其入手即從淺易，於一生雖有揚棄，其底色未有大變。同治九年跟從張之洞就學後「始有捐棄故技，更授要道之歎，舉前所作悉火之，故存稿斷自庚午」，所以現存詩作起自《雲門初集上》，為他二十五歲之後的作品。

　　詩集以仿輞川體的《東溪詩》五絕二十首開篇，展現了一方鷗鳥悠閒、恬淡安逸的景象。「結構小家詩，閉門幽趣足」，是詩人的自況，也是組詩的題眼：格局不大，著意於將眼前平常之物加以詩化的錘鍊；語言平淡，不作禪意玄想或比興寄託，只記錄即時即景的現實情思。這爿草廬位於宜昌外的綠蘿溪附近，為樊氏兄弟於咸豐十一年營造，又名「蘿溪草堂」。十幾年後，樊增祥由詩演畫，曾繪《蘿溪老屋圖》並題記〔註34〕，又請李慈銘賞題《樊雲門庶常蘿溪老屋圖序》〔註35〕，藉以寄託對先兄增祠早逝的哀思。

　　這種世外桃源般的理想，掩蓋不了現實的窘迫，「長大諳家事，饑驅損鬢顏」是樊增祥詩文中常見的哀歎，家中貧不能給，母親只得靠變賣衣裘釵珥

〔註32〕樊增祥著，涂小馬、陳宇俊校點《樊樊山詩集》，上海古籍出版社，2004年版，第2034頁。

〔註33〕劉咸炘在論及清代讀書門徑時，提出書香世家、崛起、俗學三種入手「童蒙教法不同，成人所學亦異，所同者，欲取科名，習八股試帖，同一程序耳。世家所教，兒童入學，識字又說文入手，長而讀書為文，不拘泥於八股試帖，所習多經史百家之學，童而習之，長而博通，所謂不在高頭講章裏求生活。崛起則學無淵源，俗學則鑽研時藝」。見劉咸炘：《世載堂雜憶·清代之科舉》，中華書局，1960年版，第3頁。

〔註34〕樊增祥：《樊山文集》，上海廣益書局，民國二十五年版，第5頁。

〔註35〕李慈銘著，劉再華校點：《越縵堂詩文集》，上海古籍出版社，2012年，第1168頁。《越縵堂日記》標明作於光緒六年六月初十。

為生。他同治六年中舉後，不得不為人司書記，以貼補家用；同治八年，張之洞以講求經學、博聞強記薦入潛江書院任主講，庚午年又將其調入武昌學政官署。張之洞曾甄選當年歲科兩試中雅馴之文作為範本，彙編為《江漢炳靈集》「講明本原篤實之學，獎掖才學恢張者」〔註36〕，共分五集「《四書》義取士，功令所先，為第一集。乾隆以來，試場定制皆有試律，為第二集。每按一府，先試古學，為第三集。拔其尤異，招來省會課，以通經學古，為第四集。下車之始，例有觀風卷軸競投，甄其魁傑，為第五集」，衡文標準「時文必以闡發義理、華實俱備者為尚，詩古文辭必以有法度、不徇俗為工，無陳無剽，殆斐然焉」〔註37〕，據說潤色即多出樊增祥之手「為一時士人摹效，持為科舉利器〔註38〕。

樊增祥這一時期創作的《奉和張孝達師官署草木詩十二首》〔註39〕，雖為應酬之作，卻又不失寄託，如詠紫荊：

> 人亦愛本根，花亦愛枝葉。一朝嬰刀鋸，駢枝忍分裂。伊余有寡兄，忽為霜露折。此物兆摧敗，理若相糾結。草木亦有心，落英似啼血。

此時增綯已抱病歸家「鶺鴒原上草，心為兩人殷」，詩中流露出對兄長或將不久於人世的隱憂。又如詠桂：

> 伊昔陟桂嶺，鬱鬱多靈根。吾楚實炎德，灌生亦易番。前與試廊接，旁與幸舍鄰。秋風動池閣，九里揚清芬。豈不慕芳烈？採掇一何頻！條條作清供，卑枝析為薪。託根明月中，斤斧皆為恩。寂寂生山阿，偃蹇誰與倫。

在稱頌張之洞滋蘭樹蕙、廣延才俊「公門產嘉植，零露紛天葩。裁為絹與錦，亦足羞蓬麻」的同時，將自己「乃知處渴澤，恩稀感必倍。下品用寒門，立功逾貴介」的用世心志和盤托出。詩中多以「乃知根蒂深，風霜有不害。取士於其本，勿為採蕭艾」、「有實況可啜，勿徒悅春華」、「物生有真面，虛名

〔註36〕 胡鈞：《張文襄公年譜》，沈雲龍主編：《近代中國史料叢刊》第五輯，臺北文海出版社，1967年版，第39頁。

〔註37〕 張之洞：《江漢炳靈集序》，收入苑書義等編《張之洞全集》第十二冊，河北人民出版社，1998年版，第10053頁。

〔註38〕 夏敬觀：《忍古樓詩話》，收入張寅彭主編：《民國詩話叢編》第三冊，上海書店出版社，2002年版，第28頁。

〔註39〕 樊增祥著，涂小馬、陳宇俊校點：《樊樊山詩集》，上海古籍出版社，2004年版，第3～7頁。

愼勿竊。漫希鼎鉉榮，君子固不屑」自期，迎合其師提倡實學，講求根本的主張。組詩刻意規撫楚騷傳統，在《詠蘭》詩中直接套用香草美人意象：

> 幽蘭生澤中，菌桂同一芳。美人秉貞淑，居幽惻以傷。一朝事君子，服御生輝光。緬彼屈大夫，靈修無日忘。常恐歲邅暮，零落隨秋霜。願言作君佩，置之貢玉堂。

既與詠物主題相契，又凸顯向這位三楚先賢的崇敬之意；五古體制力追魏晉氣象，風清骨峻，直樸古雅，朗朗有金石之聲，並充分體現作者駕馭典故的才力，如在詠梧桐時以「雖無嶧陽質，時聞鸞鳳音」，巧妙地化用「嶧陽孤桐」之說，暗合妥帖，不黏不脫；與張之洞同題原作〔註40〕相比，更多融入身世之感，堪爲樊增祥詠物詩中的佳構。

樊增祥現存最早的一首題畫詩《趙子昂畫馬》，據序云「馬凡七匹，圉一人，絹已黯壞，而生氣湧出，家藏餘三十年，壬戌歲除，以畫乞彝陵富人」，或爲趙孟頫畫馬軸眞跡，他認爲造詣已勝過「古今獨步」的唐代鞍馬畫大家韓幹「王孫畫馬能畫骨，始覺韓幹非良工」，更借題發揮，表達了渴望伯樂的企盼「明珠棄闇籟可惜，毋寧讀畫甘饑窮。高齋目想若又見，渥窪靈氣來空中」〔註41〕。

同治十年三月，樊增祥進京應辛未科會試，首戰鎩羽，返鄉途中留下「駿馬嘶風驕不動，一時回首望長安」之句，寄寓未平不甘之心；三年後再戰又落第，樊增祥與同年譚獻訂交，互以「爲古君子，勿爲今名士。讀有用書，成偉人，斯光寵耳」相勖，離別時淚眼離尊，不勝壘塊〔註42〕。他在詩中記錄了此次進京的感受：

> 長安十日衣三澣，九逵坋埲黃塵滿。畫轂如流紫陌長，垂楊蹕地青春短。長安鼎鼎多貴人，長筵廣席間八珍。笙歌肯逐時人好，風雅終期我輩存〔註43〕。

京華雖好，終非久留之地，他向朋友道出自己返鄉的苦衷：

〔註40〕張詩題爲《湖北提學官署草木詩二十首》，見張之洞著、龐樸校點《張之洞詩文集》，上海古籍出版社，2008 年版，第 45 頁。

〔註41〕樊增祥著，涂小馬、陳宇俊校點：《樊樊山詩集》，上海古籍出版社，2004 年版，第 8 頁。

〔註42〕譚獻著，范旭侖、牟曉朋整理：《復堂日記》，河北教育出版社，2001 年版，第 64 頁。

〔註43〕樊增祥著，涂小馬、陳宇俊校點：《樊樊山詩集》，上海古籍出版社，2004 年版，第 28 頁。

桑弧設門左，所志在四方。顧茲反哺義，能勿藝稻粱。各各念
門閭，時時懷梓桑。願言獲鼎烹，再拜陳高堂。北來春風惡，花落還
故鄉。君子固長貧，胡爲氣不揚？毋乃養不足，愁焉使心傷〔註44〕。

當時兄長已經病故，贍養雙親成爲樊增祥責無旁貸的義務，而且家中生計日
益艱難：

老親起逆我，顧我顏色淒。照以燈燭光，憔悴無容儀。哀樂能
傷人，況我常羈棲。又恐無久淹，還當成別離。黽勉事他人，安及
爺娘慈？至竟骨肉恩，難爲朋好移。短褐苟蔽身，菽水甘如飴。吾
將掩衡門，又虞猿鶴譏〔註45〕。

身無長物的文人只能以所學爲稻粱謀，是年秋他再入潛江傳經書院繼續擔任
主講「每日薪蔬不過三十錢，性不肉食，食或不託數枚，或湯餅一器，取諸
市肆，並爨火省焉，而盡以所獲奉親舍」〔註46〕；母親知道他喜歡讀書，就
從館金中儉省一點讓他用來買書，所以每次回家，必增異書數種或十數種。
潛江當地貧瘠，束脩甚薄，所幸樊增祥有兩位得意門生——索雲舫和甘樹椿
「客舍經秋復歷冬，讀書常得兩生從」，三人常在書院東側的說詩臺唱和，切
磋學問。甘樹椿字雨亭，號靈庵，比樊增祥年長五歲，擅於經通大義，治學
「不域章句，要以致用爲宿」，嘗言「我家自祖父以來，專以耕讀爲業，不干
預地方公事。願我子弟篤守家風，專務本業，奮志讀書」〔註47〕，樊增祥也
說「甘生好讀書，萬事坐捐棄」；索雲舫家貧志高，亦勤勉之士，樊增祥《秋
夜同索生煮茶》云「夜寒讀書宜得飲，起吹活火安銅瓶。我力豈能致官焙，
薄有草茗聊慰情」，雖然條件艱苦，但見師生情誼。

樊增祥其間不廢吟詠「稍稍以餘金買書，或從人借讀，且讀且鈔且作，
夙昔下筆千言，至是七言八句，或終夕不成，或脫稿斤斤自喜」，但又時作時
刪，在傳世的詩作當中，有兩組吟詠當地民俗風物的詩，頗有文化史的價值。
一是居潛時所作《潛江雜詩》〔註48〕，其中題點人文勝蹟如：

〔註44〕樊增祥著，涂小馬、陳宇俊校點：《樊樊山詩集》，上海古籍出版社，2004年
版，第32頁。
〔註45〕同上，第12頁。
〔註46〕同上，第2028頁。
〔註47〕劉豔華：《甘鵬雲學術成就與學術思想考述》，華中師範大學2011屆碩士學位
論文，第9頁。
〔註48〕樊增祥著，涂小馬、陳宇俊校點：《樊樊山詩集》，上海古籍出版社，2004年
版，第18~20頁。

前輩風流手跡眞，探花淡墨想風神。只今蕭寺梁見月，合與蘭
亭一樣珍。

小注云「城北法雲律院爲王夢樓〔註49〕先生流寓處，寺中手跡甚夥」，又如：

女兒垂髮採雕胡，愛弄輕舟引白鳧。聞說石城工蕩槳，一時凝
望莫愁湖。

詩注當地女子蕩舟方式獨特，相傳是明興獻王（即嘉靖帝生父，封安陸，封
號興王，謚號獻）妃所教；記錄當地水產如「馬場湖東爲三板橋，相傳湖中
藕多一孔」；描寫民生經濟如「飛花盡織丁娘布，錦坊愁煞貿絲人」，丁娘布
是清初上海出現的織布法，工藝向秘不示人，而由樊增祥詩中可知在清中後
期，該技術已在長江中游地區十分普及；這些極具地方特色的文字，爲研究
鄂中區域文化提供了鮮活的史料。

第二組是樊增祥路過黃州時，描繪大別山民生活的《冬日山行絕句》，記
錄了他們飲食、漁獵等場景。鄂北交通閉塞，幾乎與世隔絕「多少居民窮谷
裏，不知人世有陽春」是他們的一生寫照，外界的激蕩變局更與這裡的淳樸
原始形成鮮明對比。樊增祥最後寫道「何須更飲長城馬，才向人間說苦寒」，
藉以寄託辛酸與同情，組詩「以土風山景，不厭瑣屑寫入，使人讀之，恍如
身臨其境」〔註50〕。

此外還有一組反思太平天國的《金陵五首》，頗見風力：

鬱鬱鍾山王氣收，昔人曾此作金甌。雞鳴無復稱天闕，虎踞空
煩沂石頭。十廟〔註51〕穹碑俱宿草，大橋懸蠹尚中流。百年興廢誰
能問，粉堞笳聲起暮愁。

百粵傳烽照洞庭，武昌蟻子亦縱橫。豈聞鐵鎖防江表，遽報戈
船指石城。留守空憐宗澤臥，尚書長愧褚淵生。塗膏十載無干土，
根觸江東父老情。

幕府山頭久合圍，將軍天上錦帆飛。三交俄見蛇矛失，百戰空

〔註49〕 王夢樓即王文治（1730～1802），乾隆二十五年一甲三名及第，詩書畫俱佳，
　　　　1792 年秋，因探望病重的弟弟逗留潛江，見王平：《探花風雅夢樓詩——王文
　　　　治研究》，鳳凰出版社，2006 年版，第 40 頁。
〔註50〕 楊香池：《偷閒廬詩話》，收入張寅彭主編：《民國詩話叢編》第三冊，上海書
　　　　店出版社，2002 年版，第 713 頁。
〔註51〕 見佚名：《粵逆紀略》，選自《太平天國史料叢編簡輯》第 2 冊，中華書局，
　　　　1963 年版，第 31 頁。

憑馬革歸。彤駿忌才援蚤斷，琨磻戮力願終違。江淮草木今猶震，
何況遺民淚滿衣。

桓桓杖鉞起湘中，九道環攻節度同。奉詔視師諸將肅，殲渠掃
穴一朝空。連營晝聚金銀氣，五等應酬汗馬功。好向雲臺瞻畫像，
未勞廣武歎英雄。

野銷兵氣埃消煙，井社荊榛劇可憐。琴塵已亡前輩物，衣冠重
睹中興年。名流競置新亭酒，幕府催耕白下田。席帽東來無遠志，
冶城登眺轉悠然〔註52〕。

當時樊增祥路過南京，適逢戰爭結束十年，敏感的詩人登高極目，撫今追
昔，前兩首寫太平天國戰爭留給這座六朝古都的累累傷痕和文化的巨大損
毀，據統計，戰爭中江寧府人口銳減三分之二強，焚燒破壞古籍古蹟無數，
如十廟是南京欽天山北極閣附近的廟宇群統稱，供奉有歷代帝王、天地神仙
及列朝忠義等，太平軍入南京後，斥之為妖，無不焚毀，「城內十廟等處，此
猶其最著」；從劉坤一、左宗棠到張之洞歷任江督的奏報，無不悲歎這座江南
名城的蕭條與沒落，至十九世紀八十年代仍未恢復元氣〔註53〕。中二首表現
清軍集團內部矛盾導致用人將兵之得失及對戰局之影響，特別強調湘軍勢力
的異軍突起。詩人站在清廷的立場上審視戰爭，始終鬱結著雄渾蒼涼的歷史
觀照。

同治十三年八九月間至十四年底，樊增祥入湖北荊州知府倪文蔚〔註54〕
幕內佐判事文牘「南衙兩載與尊罍」，與當地文人蒯冰涵、謝朝徵、陳次壬
〔註55〕、杜貴墀、施山〔註56〕等交往，題畫唱和，詩酒流連。後來由於施將

〔註52〕樊增祥著，涂小馬、陳宇俊校點：《樊樊山詩集》，上海古籍出版社，2004年
版，第30頁。

〔註53〕參考劉江：《太平天國統治下的南京（1853～1864）──以社會經濟為主的考
察》，《社會科學輯刊》2009年第5期，第136～142頁，及侯風云：《戰爭對
近代城市發展的破壞性影響──以太平天國對南京的影響為例》，《中國國家
博物館館刊》2011年第10期，第127～133頁。

〔註54〕倪文蔚（1823～1890），字豹岑，安徽望江人，咸豐二年進士，官至河南巡撫
兼河道總督。

〔註55〕謝朝徵，字偶樵，廣東南海人，著有《白香詞譜箋》；陳次壬，字蔭田，廣東
南海人，著有《樵西草堂詩鈔》、《百尺樓百首詩鈔》。

〔註56〕杜貴墀，字吉階，號仲丹，湖南巴陵人，光緒舉人，著有《桐華閣文集》、《典
禮質疑》、《漢律輯證》諸書；施山，字望雲，一字壽伯，浙江會稽人，見識
博洽，樊增祥曾與之論學，著作有《通雅堂詩鈔》十卷等。

旅食南漳，杜樊二君亦將北去，謝欲留江陵，陳當要返粵，水流雲散之際，考慮到日後相聚不易，爲避免贈答篇什銷蝕於天災人禍之中，故由謝朝徵搜集，杜貴墀作序，將這些作品整理付梓，命曰《郢中酬唱集》〔註57〕。集中詩詞若干，多憔悴不得志之士作，也有倪文蔚太守這樣的名宦之作。多年之後，樊增祥故地重遊，再見杜貴墀，知悉當年同好多已謝世，不復重續舊日之機會，遂作詩以敘哀慟：

> 郢中白雪吾同調，青眼高歌覺有神。賡唱久登長慶集，禊遊曾
> 及永和春。鶯花故國空陳跡，車笠平生此數人。何限山陽聞笛感，
> 把君詩句一沾巾〔註58〕。

至此，樊增祥將庚午至乙亥所作千餘首「痛自芟薙，存其十之一，理爲上下二卷，曰《雲門初集》」〔註59〕，這是他首次將己作整理定稿，其間「日夕肆力於古，所爲詩文稿草，歲常逾寸，旋作旋棄，如剝筍籜，如斷蔗梢。自漢及今名篇俊句，手所甄錄者，不下數十卷。蓋於此事獨得聖解，益以精思博學，手熟心虛，故其所作稱心而出，如人人意中所欲言，而實人人所不能言」〔註60〕，五年內留存的作品雖然不多，但力求精進，對各代作品細心揣摩和總結，不名一家，擇優從之，其中較爲出彩的多爲五古，漸脫早年偏嗜袁枚、趙翼的窠臼，形成他詩歌創作的發軔期。

第二節 結識越縵，享譽京師

一、蟾宮折桂，終償夙願

　　光緒二年二月，樊增祥自宜昌入京應光緒丙子恩科會試；四月十二日放榜，李慈銘、樊增祥報罷，陶方琦、朱一新、袁昶中雋。八月，他離京入保定黃彭年幕〔註61〕，處理軍機政務「暫臨戎幕閱時艱」，及參與編纂《畿輔通

〔註57〕杜貴墀：《郢中酬唱集序》，《桐華閣文集》第四卷（光緒本），收入《叢書集成續編》第140冊，上海書店出版社，1994年版。

〔註58〕樊增祥著，涂小馬、陳宇俊校點：《樊樊山詩集》，上海古籍出版社，2004年版，第130頁。

〔註59〕同上，第2034頁。

〔註60〕同上，第2028頁。

〔註61〕黃彭年（1823～1890），字子壽，號陶樓，晚號更生，譜名邦鎭，貴州貴築人，道光二十五年（1845）進士，選翰林院編修。光緒九年（1883年）任湖北按察使，後歷任陝西按察使（1885）、江蘇布政使（1888），署理江蘇巡撫（1889），

志》；一日登黃金臺，觸景生情，慨然長賦〔註62〕：

> 千金買馬一市傾，萬金養士敵國平。獨憐市士等市馬，黃金雖重心已輕。昭王愛士有眞意，擁帚築宮乃餘事。不然樂生千里材，玉勒金羈豈能致？二城未拔吾道窮，嗣王豈復知臣忠。火牛一出齊地失，孤臣早入邯鄲中。君不見邯鄲一舉全燕動，報書語語堪悲痛。天馬一逝不可回，黃金如山復何用？

但他不怨天，不尤人：

> 弟書記十年，禮闈三黜，凡夫有司不鳴之謗，等諸司空見慣之餘，蓋取士猶探籌也，既無姓氏里居可辨，則暗中寧易得人？考試猶博弈也，既有彼此勝負之分，則失意安知非我？又況學無一得，譽有不虞，新進愧謝於劉蕡，試官恨失於方叔。虛名標榜，稱穆修能古之文；敗卷傳觀，明項羽非戰之罪。斯亦足矣，又何恫焉？道路傳言，恩科載舉，情同失馬，謂非福其焉知？〔註63〕

較之李慈銘失利輒罵科場陰暗不同，樊增祥仍抱有極大信心，臘月三十日他作《除夕寫懷八首》〔註64〕寄李慈銘：

> 外戶新懸鬱壘符，梅花別院上燈初。年光轉盡車輪裏，秣馬聽難到歲除。

> 強禦屠蘇弟二觴同人中惟子謹年最少，餘次之，聊依舊俗一湔裳。旁人莫怪襟懷惡，破例今宵在異鄉余客中度歲自今年始。

> 隱侯中歲益虛羸，酒渴琴瘖卒未刪。但得明年春病較，盡將藥裏施人間。

> 小閣唐花供歲寒，揭來十日半凋殘。人生顏鬢無長好，記取明朝把鏡看。

> 家書寄我小寒天，柳已稀時始到燕。隔歲寄將雙鯉去，到時應在百花前。

卒於湖北布政使任上。《清史稿》評價他「廉明剛毅，博學多通。所至以陶成士類，爲國儲才爲己任。主講蓮池及設學古堂，成就尤重」。

〔註62〕樊增祥著，涂小馬、陳宇俊校點：《樊樊山詩集》，上海古籍出版社，2004年版，第65頁。

〔註63〕《下第答友人書》，樊增祥：《樊山文集》，廣益書局，民國二十五年版，第78頁。

〔註64〕樊增祥著，涂小馬、陳宇俊校點：《樊樊山詩集》，上海古籍出版社，2004年版，第66頁。

斷帶鴛鴦有舊恩，淚封塵積至今存。轉頭十二年來事，能得香

衾幾夕溫。

促坐分曹罷送鉤，酒闌重與賭牙籌。人生事事都如此，一擲盆

緋即狀頭。

誓逐班生出玉門，不然奇服返江村。誰能一世青衫底，銀燭清

樽照淚痕。

除夕本是團圓夜，游子無奈羈旅時。詩中提及了病容（疑爲消渴症），寫到了家書，想起了亡妻，在這個張燈結綵，喜慶祥和的日子裏，詩人寂寞地徘徊在異鄉，朋輩的酬飲，民間的喧嘩，也不過「強禦」與「聊依」，熱鬧是別人的，留給自己的只有孤獨，無人能瞭解，無人可傾訴。如同害了 nostalgic 的青年，在歲除這個辭舊迎新的特殊節點上，他最敏感的神經被觸動了，對過往美好的眷戀，對未來前途的不測，一齊湧上心頭。科名不成，出路無望，當懷才不遇成爲士人的普遍心態時，甚至只能將這種不確定性問諸於遊戲與占卜〔註 65〕，組詩的最後一首絕句將詩人衣錦還鄉、不甘貧賤的強烈企盼和盤托出，絲毫沒有掩飾現實功利的心態，因爲他寫懷的對象是李慈銘，文字骨肉之師友，同是天涯淪落人，這番話想必也只有與他能引起共鳴。果然，當留滯京師的李慈銘讀罷後感同身受，贊之曰「風致甚佳」。《除夕寫懷》組詩，延續了傳統「除夕」詩對生命意蘊的反思〔註 66〕，細緻入微，由表及裏，關切現實自我，惆悵中寓希望；語言明白如話，每首表現一個主題，但並非拉雜偶感，而是構成一個整體性的起承轉合，抒情容量經疊加而放大。

光緒三年二月初，樊增祥返京應丁丑科會試，四月十一日紅榜中第；十六日覆試〔註 67〕，廿五日傳臚，名列二甲四十四名，與同年盛昱、周鑾詒並

〔註 65〕 牙籌、擲骰本爲佐酒助興的純粹娛樂，流播至明清時期，在士大夫圈子中又衍生出以擲骰子卜算命運的玩法，《清稗類鈔》就有「擲狀元籌」、「擲陞官圖」等記載，李慈銘、翁同龢等文人日記中也常有採選、採籌等説法。

〔註 66〕 可參考劉衍軍：《論唐宋除夕詩的生命意蘊》，《南都學壇》2003 年第 2 期，第61～63 頁。

〔註 67〕 覆試是檢驗貢士水平的測試，商衍鎏《清代科舉考試述錄》中記載，此制「至嘉慶初乃著爲令。貢士發榜數日後舉行……咸豐以後皆在保和殿舉行（蔣金星在考察《清代硃卷集成》後認爲，咸豐六年至十年的三科均設在圓明園，同治壬戌科後復歸保和殿。見《清代會試覆試地點考補》）。是日黎明，新貢士服常朝服，由東華門入至中左門。題目爲四書文一，五言八韻詩一，每名給官韻一本。即日交卷，翌日派閲卷大臣在內評定，分一二三等，列等者准其殿試。（百花版第 132 頁。）

稱三才；二十八日保和殿朝考〔註68〕，五月十日改庶吉士，終於實現了蟾宮折桂的夙願。

中秋節，樊增祥等集於永光寺中街張之洞宅中。當年二月，張之洞自四川學政任返京，五月充教習庶吉士，樊增祥曾作《呈孝達師二首》：

> 三歲星軺出帝闔，全從翰墨策高勳。宮衣重對靈和柳，使節新回劍閣雲。每荷贈書多蜀刻，頗聞得士似雄文。只憐畫舫青衣水，不遣侯芭侍夜分。

> 廣座頻煩說項生，傳衣虛忝侍承明。依然北海樽同舉，往者南皮會已更。自分散材違世用，因聞高論薄時名。艱難更甚新亭日，但露文章世已輕〔註69〕。

師弟闊別七年，張之洞在四川力行實學，成績矚目，樊增祥在李慈銘的提攜下，亦已在京城文人圈中初露鋒芒，但他仍在詩中流露出一種焦慮，即在文章與經世之間如何自處。對於張之洞「子其終為文人乎？事有其大且遠者，而日以風雅自命，孤吾望矣」的責問，樊增祥選擇「皇然請業，盡屏所為詞章之學，非有用之書不觀。南皮與先生故皆好談，至是談益劇，達晝夜不止，相與上下千古，舉凡時政得失之由、中外強弱之形、人才消長之數，每舉一事，必往復再三，窮其原始，究其終極，所著《廣雅堂問答》一卷，即當日疏記者也」〔註70〕。

八月底，樊增祥乞假出都，路過保定時，黃彭年作《送樊雲門庶常敘》：

> （翰林）今取之也既多，而用之途轉隘，途既隘，而人且日增，祿之數又不足以贍其身家，而養其廉恥，雖君與相日進而詔戒之，求其安窮困而勤問學，不可得也。雖然此為常人言之也，若夫非常之士，不以有所畏而奮，不以有所慕而興，不待教而成，其未得仕也，未嘗虛望而幸致之也，其既仕也，必求夫設官之本意，盡其官之事而不以官限其志。翰林之失職也久矣，今翰林之所學，以供今

〔註68〕朝考為選庶吉士（亦稱館選）前最後一道考試，道光二十一年辛丑科後定制朝考分一二三等，第一名為朝元。選錄時須結合復試、殿試、朝考三者的等第之和，尤其看重朝考，並實行分省揀選。

〔註69〕樊增祥著，涂小馬、陳宇俊校點：《樊樊山詩集》，上海古籍出版社，2004年版，第69頁。

〔註70〕樊增祥著，涂小馬、陳宇俊校點：《樊樊山詩集》，上海古籍出版社，2004年版，第2029頁。

日翰林所當爲之事，而不足遑論其他哉？然吾觀咸同以來，以文臣
督師成大功者，彼其在館閣，固未嘗課以韜鈐也，士之志學，官誠
不足以限之。施南樊氏，世以武功顯，而雲門以文學致身，值天下
多故之日，有非常之志於其行，書以相勗〔註71〕。

勉勵他矢志實學，以期致用。此次衣錦還鄉，自然春風得意「蓬瀛再涉疾回
帆，臥龍南陽自不凡」，里中親友多問京華故事，於是仿王建宮詞體作《春明
雜事詩十首》〔註72〕，以紀恩慶，以答問者：

　　榜花初坼滿堂歡，猶鎖靈扉十二環。青鳥已銜仙籙去，一時傳
寫遍人間。寫榜時扃閉甚嚴，每寫一名，報房從門隙傳出，飛騎至廠肆張貼。
是日都人麇集，謂之看紅綠去。

　　集英門下綴行齊，內使傳呼散御題。引向丹墀三跪起，兩行分
就殿東西。殿試題絙下，監場官帶貢士跪拜領訖，乃就殿上條對。〔註73〕

　　御廚不託鏤成花，殿上人人得拜嘉。寫到江都第三策，中官催
賜雨前茶。是日賜貢士餅餌，並於殿西隅煮茶以給。

　　黃紙絲闌畫界勻，舍人填出榜花新。書成五鳳樓前掛，三百人
皆賜出身。分甲榜在內閣寫訖，迎至東長安門，掛三日乃收。

　　賜衣擎出午門邊，幾費江淮月進錢。莫怪後生材地薄，宮羅都
不似從前。貢士各給表裏二端〔註74〕，咸豐以前老前輩所得，皆堅厚耐久，今
工料寢薄矣。

　　朝天午夜入皇城，內裏傳籌未六更。見說兩宮梳洗慢，玉階鵠
立候天明。貢士多寓外城，引見〔註75〕日率以夜半入內。

〔註71〕黃彭年：《陶樓文鈔》卷十四，《續修四庫全書》影印本，上海古籍出版社，
　　　　2002年版，第6～7頁。
〔註72〕樊增祥著，涂小馬、陳宇俊校點：《樊樊山詩集》，上海古籍出版社，2004年
　　　　版，第78頁。
〔註73〕殿試初試於天安門外，順治十四年請議試於太和殿之東西閣階下，遇風雨則
　　　　移至東西兩廡，雍正元年策士始列坐殿內，乾隆五十四年始試於保和殿，後
　　　　沿爲例。黎明，貢士著袍服冠靴立於丹陛，按中式名次，單號在東，雙號在
　　　　西。天子升殿，貢士行禮，跪受題紙。見商衍鎏：《清代科舉考試述錄及有關
　　　　著作》，百花文藝出版社，2004年版，第133頁。
〔註74〕新進士例邀賜絹，俗稱「表裏」，絹薄如絺，久成具文。見龍顧山人（郭則澐）
　　　　著，卞孝萱等點校：《十朝詩乘》，福建人民出版社，2000年版，第867頁。
〔註75〕依例，四月廿四日黎明，應試貢士於乾清宮外候旨聽宣，皇帝欽定名次後拆
　　　　封，讀卷官用朱筆依次填寫一甲名及二甲前七名。交下繕寫綠頭簽，傳前十

　　　　玉座前頭列近臣，綠籤名字御前陳。後邊隱隱遮宮扇，知有垂
簾女聖人。引見時，軍機臣在御前遞綠頭牌，寶座後施黃紗屏六扇，為皇太后
坐處。

　　　　君恩特赦入槐廳，雙鵲花前謝聖明。五色天書侵曉降，玉堂前
輩與宣名。引見後，鼎甲及庶常詣翰林院謝恩，宣詔者皆清秘堂前輩。

　　　　圍司設飲好風光，關宴依稀似李唐。總為橋陵工未訖，教坊不
敢奏伊涼。進士圍拜，皆張樂設飲，是歲以大行在殯，禁止演劇。

　　　　上學爭持一卷書，相公催課又傳呼。不知誰是凌雲手，許帶牟
尼百八珠。大課第一，例送武英殿，得掛數珠。

殿試是明清科舉的最高形式，也是士子躍登龍門的開始。清代選官尤重正途
出身，入翰林者更是優中選優，是官方對士人學問道德的最大認可，所以樊
詩字裏行間流露出欣喜與驕傲，透露了傳統體制下「朝為田舍郎，暮登天子
堂」的功利心態。詩夾註的形式，特別是對特殊環境下特定事件的補充說
明，增強了紀實感。有些描述可與時人日記對照，如在等待散題時，樊詩中
表現得比較井然有序，而在同場監試官那裡，則被說成了「散題紙時考者起
立爭先攫取，頗喧嘩」〔註 76〕，或許是考生與考官的不同心態使然，參照饒
有趣味。

二、拜師越縵，學業精進

　　樊增祥與李慈銘的初次會面，緣起於同治十年三月，在陶在銘的引薦
下，兩人一見若平生之歡，深相慕結，但樊山無心逗留，匆匆離京；當他再
入京師時，作《入都呈李慈銘愛伯先生》：

　　　　郎官平揖對三臺，朝論多聞惜此才。積雨掩關塵夢少，幽禽啼
竹好春來。明時獻賦趨金馬，花下翻書檢玉杯。爭怪故山猿鶴怨，
獨因紅藥戀豐臺〔註77〕。

李譽之「極雋爽之，詣似明之大復、子相也」，越縵說詩瓣香老杜，對高舉盛
唐的前後七子多有褒揚，這裡他將樊詩比之何景明、宗臣，是否允當仁智各

名引見，亦稱小傳臚。十人唱畢，其餘依次領入覲見。

〔註76〕禮部錢笆仙語，見翁同龢著，陳義傑整理：《翁同龢日記》第三冊，中華書局，
2006 年版，總第 1285 頁。

〔註77〕樊增祥著，涂小馬、陳宇俊校點：《樊樊山詩集》，上海古籍出版社，2004 年
版，第 27 頁。

見，但推許之意不言而喻；樊增祥又與陶方琦將各自所著之《茗花春雨詞》
與《蘭當詞》共質於李慈銘，評曰「陶詞密麗，樊詞疏秀，各極其長」〔註78〕，
隨後交往逐漸頻繁。

　　光緒二年五月，樊增祥借寓李慈銘處，正式列入越縵門牆，並與同好結
「盍簪社」：

　　　　比者碣館羈居，吟朋萃跡，遂建盍簪之社，將爲過夏之謀。先
　　生八公招隱，作松桂之主人；五考爲郎，致公卿於門下。固宜講明
　　絕學，引翼勝流……汝翼、敦叔，最好醰粹；紫潛、仲彝，並勵奇
　　節；子珍內治樸學，外收藻譽，顧皆沖虛悅道，黽勉從師。若祥者，
　　生本將家，夙嗜文藝，自違曲江之門，未遂高山之仰。既瞻日月，
　　敢外宮牆，伏望先生，俯鑒愚誠，咸加引掖。臨池而外，偶習房書；
　　走甓之餘，兼遊小學。加以巷無南北，廨列東西，情話之洽，略比
　　於家人；詩筒之來，較速於官馬。從此清風朗月，資乎夜談，柔史
　　剛經，排爲日課。先生簽題甲乙，筆勘丹黃，顧而樂之，喜可知己。
　　一月之內，會凡數舉，間攜瓢杓，同討幽深〔註79〕。

眾人聚於一處評點制藝，切磋學問，在諸受業中，樊增祥尤得李慈銘器重，
亦以撰杖捧履的首座弟子自期。的確二人亦師亦友，除了學問旨趣中常能道
出彼此「真意」外，生活中亦時有相互慰濟，如李慈銘先君誕辰日，受樊增
祥饋助祭銀八兩「言甚竺摯，是深知我貧也」，大爲感動，特賦詩爲謝，並綴
文以誌良友之暱。所以當樊山離京後，越縵倍感孤獨「文章骨肉之契，微吾
子無可語者」，只能詩書往來，音信稍疏，即殷切垂問；樊山亦體察至深，曾
勸京中故人隨侍恩師，有「君輩若行，從此師門遂無一人在左右」之語，良
苦用心；又如光緒四年四月，樊增祥接到李慈銘京邸書，得知鬱鬱近況，次
日即致書繆荃孫，希望促成李慈銘主講成都尊經書院事：

〔註78〕　樊增祥在《二家詞廣序》中嘗言「是時李愛伯師爲詞壇執牛耳者，獨厚愛余
　　　　與陶二子，有黃梅能秀之契」。李慈銘曾言「吾與子珍、雲門所爲樂府，天下
　　　　無雙」，還曾將兩人的詞卷見示潘祖蔭，得到「兩生皆俊人，陶詞時野橋一派
　　　　體格，大段成就；樊詞稍淺而氣清，他日必名家」的評價。樊山詞學玉田而
　　　　抑夢窗「記否玉田傳聖解，好教質實變清空」；方琦詞則喜琢麗辭「每出一篇，
　　　　五光十色，眩人心目，躡其蹤由，渺無定處」，嘗被樊山諷爲「樓臺七寶太玲
　　　　瓏」。
〔註79〕　樊增祥：《請李愛伯先生主盍簪社啓》，收入《樊山文集》，廣益書局，民國二
　　　　十五年版，第61～62頁。

> 伏念尊翁之在今日，論其所學，可云卓絕。徒以生不偶俗，嫉
> 之者眾，又孤介性成，罕通竿牘，以至五窮纏骨，百憂煎心。然猶
> 杜門窮經，不廢鉛槧，可謂能自豎立者矣。今之公卿大夫，罕能汲
> 引……我輩同氣數人，而又皆處極窮之遇。但分潤雖則無力，而遊
> 揚或尚能爲。湖北局面狹小，不足迴翔，因念蜀中尊經書院，自孝
> 達師創建以來，未有掌教。名山講席，誠難其人，若以處尊師，則
> 爲兩有裨益。前輩曩在都中，亦嘗勸駕，此次尊師書來，頗復注意
> 於此。蓋厄窮之極，不憚險遠，其志尤可悲矣。敢求執事鼎力玉成，
> 切爲推薦，大要以必成爲主〔註80〕。

惜後未成行，而教席由王闓運執掌，但足見李慈銘視樊增祥爲可託付之
人。通過分析諸如此類的文字，筆者旨在梳理樊氏與李慈銘文人圈的交往，
進而探討同光之際京師的一時風氣對其學術（辭章、義理、考據）理路形成
的影響。

有研究者指出，只有天時、地利、人和俱備，才能「文變染乎世情，興
廢繫乎時序」，其中尤以「得高位主持詩教者」爲最重要的因素，由他及其附
帶的各種關聯所形成的網絡「既是那些傑出之士在其中形成重要思想的外部
環境，也是將這一思想進一步擴大社會影響力並進而影響到大的社會風氣的
重要途徑」〔註81〕。當時執京師文壇牛耳者，爲同時掌握權力資源與文化資
源的清流名士潘祖蔭，李慈銘依附門下而力勤於學，又好聲氣相求，故漸成
亞支。關於這一群體的考察，可借由樊增祥丁丑八月在歸途中「懷舊抒情，
用志一時人文之盛，兼寓身世之感」的長詩展開論述：

> 會稽山水淨無塵，禹穴秦風有異人。家近賀公眠井處，地鄰西
> 子浣紗村。青山紅粉今無恙，快閣蘭亭屹相望。晉宋風流孰代興？
> 百年人物堪惆悵。越縵先生挺殊質，長庚夜見蓬萊驛。述德工爲謝
> 客文，生花雅擅江郎筆。青袍白馬帝城中，散幘歸來對相公。司馬
> 賦才椒殿重，令狐書記玉溪工。中丁離亂還桑梓，眼見湖山洗兵
> 壘。四十才登有道科，貞元朝士知無幾。重騎白鳳入幽燕，車騎雍
> 容九陌前。卻過平津傷馬廄，欲談天寶剩龜年。侍郎席上觀瞻異，

〔註80〕 繆荃孫：《藝風堂友朋書札》，上海古籍出版社，1980 年版，第 109 頁。
〔註81〕 魏泉：《士林交遊與風氣變遷──19 世紀宣南的文人群體研究》，北京大學出
　　　版社，2008 年版，第 27 頁。

學士山中問訊偏。總爲看花來鄠杜，還因乞米陌平原。去年海內傳
明詔，欲選儒珍置清要。美竹祥金即次來，蘇門學士俱年少。的的
陳王有異才，陶家兄弟何清妙。一日飛沈縱不齊，何曾珠璧殊光曜。
我愧焦琴出爨餘，執經得傍子雲居。稍窺石室無窮業，快讀平生未
見書。已遣緗函探鄴架，更分美膳出中廚。爲調藥餌供多病，每得
詩篇歎起予。座客當時各標置，翰林陶穀尤清異。度曲知爲禁近傳，
讀書妙得經師意。總向人間譽兩生，跂蚑那合追騏驥。暖閣香消淪
茗談，涼堂暑退欹巾侍。酒熟聽鶯皇子陂，月明騎馬花之寺。唱出
花間絕妙詞，羅笺團扇傳名字。鳳城歌管舊知聞，翠袖銀箏總斷魂。
坐近香沾雕玉佩，醉深酒污鬱金裙。梨園競説三珠贊，花國都頒九
錫文。會得靈均香草意，現來天女散花身。好夢春明那肯歇，燭筵
夜夜光如雪。時有篇章倚馬成，常教棋槊當花設。中間我獨去樊輿，
人事音書未寥闊。二月東風上玉京，朋簪依舊圓如月。上巳江亭理
觴詠，蘭輿扶出花枝映。海上孫陶接武來，公門此際稱全盛。櫻桃
宴上榜花開，獨愧寒郊走馬回。絕學豈應傷罷罷？門生多已到蓬萊。
落花片片當樽俎，從此離筵散如雨。水暖雙舟向越溪，月晴一雁歸
湘楚。貧病長安不易居，陳琳王粲皆愁苦。禮堂列坐更何人？獨許
樊川氣誼眞。絲竹抛來無意緒，一燈師弟語酸辛。傷心苦憶秋窗話，
頭白皐魚發深喟。莫問先人馬鬣封，金棺淺土秋塍外。一片霞川好
墓田，瀧岡有願何時逮？白傅深憐抱子遲，羅橫總爲浮名悔。執戟
長楊又十年，惟餘畫裏青山在。招隱依依盼桂叢，驚秋往往思蓴菜。
我亦生平遘五窮，中年哀樂略如公。世人礪刃仇中散，朋舊移書慰
敬通。身事茫茫憂不細，傷離念遠還多事。歸奉高堂一日歡，可憐
寂寞傳經地。塔院清颺一再行，蕭蕭衰柳拂行旌。不堪送盡東歸客，
更遣何戡唱渭城。單車一出江山異，北馬南檣數留滯。一涉滄溟試
壯心，每占風角憂兵氣。回首龍門百尺高，春風杖履何由侍。北斗
南邊一寄書，市朝大隱竟何如？至尊久已知才子，九列頻煩訊起居。
終見桓榮成晚遇，即看轅固起安車。時來休戀承明署，只向君王乞
鏡湖〔註82〕。

〔註82〕樊增祥著，涂小馬、陳宇俊校點：《樊樊山詩集》，上海古籍出版社，2004年
版，第75頁。

造化靈秀生文氣，佳山勝水出才人。會稽位於浙東，這裡歷有史學淵源，乙部藏書豐富，李慈銘家舊有藏書樓，少年時即喜觀史，應與家鄉的學術氛圍有關。「中丁」至「龜年」句，惋惜慈銘作為一位命運多舛的末世名士，仕途不暢，捐貲入都，卻四年無官可作；其間家鄉陷入太平軍之亂，自己又經歷了英法聯軍劫掠京城的慘況，內外交困；「青袍白馬」四句，當指咸豐十一年辛酉政變發生前，大學士周祖培欲議請兩宮垂簾，屬李慈銘檢歷代賢後臨朝故事「擬《臨朝備考錄》一書，採擇漢代以來可為法者，而痛論近日之事勢，有不得不行者於後」〔註83〕。但御史董元醇奏請折被載垣、肅順等詰責，周遂噤聲不敢復言，李亦未能附驥，而其文名被周賞識，次年即入西席，負責課其兩子，並幫辦文案〔註84〕。四十歲時，守制還鄉的李慈銘終於中舉；同治十年入京後，他逐漸受到吏部侍郎潘祖蔭、內閣學士李文田的賞識，特別是前者，作為同光以來的朝士盟主，清流領袖，時常接濟饋問，殷拳彌甚。這一時期，隨著李慈銘的交遊圈子日益擴大和提升，他的影響力也與日俱增，與之交往的班輩較長者如俞樾、黃以周，均為晚清一代經儒；他對後輩的提攜也是盡其所能，日記中常見為趕考士子提供起居日用。這些年輕人先後中雋，出仕翰廷，成為洞悉朝局陰晴、溝通學術政治的新進士人，在京城形成溝通學風文氣交流的場域。

李慈銘對在京浙籍文人的聚合效應最為顯現，圈子中有沈曾植昆仲、陶方琦、陶在銘、譚獻、孫詒讓、袁昶、許景澄等，流風餘韻，播衍甚廣〔註85〕。樊增祥幸逢其時「稍窺石室無窮業，快讀平生未見書」，逐漸融入到這個群體當中。以數次入都為界，前期以陶氏兄弟最為善「方初定交時，詩社文壇，互爭雄長，仲彝才氣英發，予與子珍交推之」；後期又加入袁昶、沈曾植等，成為一生至交。此中人多翰林出身，或累世簪纓；不拘舊學，貫通中西，但

〔註83〕咸豐十一年十月一日記，見李慈銘：《越縵堂日記》第3冊，廣陵書社，2004年版，第1970頁。

〔註84〕李慈銘評價周祖培「容容保位，無它可稱，而清慎自持，終不失為君子。其於鄙人，亦不足稱知己，然三年設醴，久而益敬」；周祖培則「時時稱道其文章，頗以國器相期，常謂其門下士曰『汝輩科甲高第，然學問不能及李君十一』」，但亦謂其「能讀書不能作官」，可參見徐一士：《李慈銘與周祖培》，收入徐一士：《一士類稿》，見《一士類稿‧一士譚薈》，書目文獻出版社，1983年版，第69頁。

〔註85〕參考岳愛華《晚清浙籍士人的社會網絡關係：以李慈銘為核心》整理的交往情況表，見《河北民族師範學院學報》2013年第4期，第27～30頁。

都主張以傳統儒學經濟世用爲根本，屬於體制內的典型士林群體。

　　大家圍繞在李慈銘周圍「座客當時各標置」，學術各具所長，由此形成互補。以樊增祥交往過密的幾位學人爲例，陶方琦以家法治經，以義例治史，服膺許鄭之學，研搜古訓，別抉小學「治《易》鄭注、《詩》魯故、《爾雅》漢注、又習《大戴禮記》；其治《淮南王書》，以究推經訓，搜集許注，拾補高誘；刻有《淮南許注異同詁》、《許君年表》」〔註86〕；陶濬宣湛於金石碑版之學；沈曾植於四裔輿地歷史，用力早而創獲多〔註87〕，尤以治蒙古史蜚聲海內外，還湛於佛典，融通儒釋，不專一宗，號稱晚清醇儒。李慈銘的學問則後世可議之處頗多：褒揚者贊其承乾嘉諸老餘緒，確守家法，平章漢宋〔註88〕，詳於三禮，尤精小學，這些評價多出自同鄉推仰先賢之辭；而後世治經學者則對其造詣不以爲然，汪國垣云「李越縵喜談經學，實非所長」；繆荃孫修清史時認爲「李慈銘於經學小學未有著述，似難列於儒林」；張舜徽更直言「所列名目繁多，皆有錄無書，大半皆平日讀書雜鈔筆記之屬，本不足以言著述也」，「於經史小學，皆無專長，經學尤荒蕪」。但諸家對其史學成就普遍認可，汪國垣謂其「一生學術，乃在乙部，披閱諸史，丹黃滿帙。惟博聞強記，時流歎服」；王利器謂其「讀史札記注於簡端，用功尤深，非率爾操觚者可比」〔註89〕；平步青記其「日有課記，每讀一書必求其所蓄之深淺，

〔註86〕譚獻：《陶君小傳》，載於《湘麋閣遺詩》（《續修四庫全書》影印本），上海古籍出版社，2002年版，第1頁。

〔註87〕李慈銘在日記中記述與沈曾植初次見面的場景「此君讀書極細心，又有識見，近日所罕覯也。其經文刻四首皆博而有要，第五策言西北檄外諸國，鉤貫諸史，參證輿圖，辨音定方，具有心得，視余作爲精密矣」。

〔註88〕姑舉一例，李慈銘曾以宋人注《詩》、《書》爲例云「議論亦間有較勝漢儒者」，而清儒「專述鄭義，字字抉別，亦不免自相違反。蓋康成總集諸義，博觀會通，千慮一失，豈能必然？書注既亡，出於剟拾，更不能無所羼亂」，故不可盡棄宋儒之說。見李慈銘：《復桂浩亭書》，李慈銘著，劉再華校點：《越縵堂詩文集》，上海古籍出版社，2012年，第838頁。

〔註89〕但劉體智謂「蓴客記所讀之書全無宗旨，嫌其太雜。經史子集，無一不有，讀之未畢，隨手札記，難免首尾不貫。長篇巨帙，或專門名家，在他人畢生精力所在，僅看一序，以一日了之，便加評語，謂之讀書，孰能信之」，又論其史學「《讀史札記》較有可取，然多單辭片證，蓋於頃刻之間，逐卷尋覓而得之。非若王西莊、趙雲松輩，有所見而錄之，積少以成多也。明季雜史，略有考據，亦皆細故，無關宏旨」；張舜徽識其究心乙部，不過「常窺錢大昕、王鳴盛、趙翼三家書，以資口給，而未見有讀史日程」。見劉體智：《異辭錄》，中華書局，1988年版，第153～155頁。

致力之先後，而評騭務得其當」〔註90〕；李亦自言「所學以史為稍通」。

李氏學問博雜而少精純「抨彈之高，過於建樹；泛濫之廣，勝其持守，徘徊漢宋，出入經史，博而無統，雜而寡要，舊轍已迷，新軫尚遠」〔註91〕。但這些學問，對於樊增祥已然如沐甘霖「受性癖嗜文史，而囿於鄉曲，無師友之益；發其篋書，希甲乙之部……始逮事於南皮，近執經於越縵，聆其餘論，稍知樸學，於是劣辨形聲，間通雅詁」〔註92〕，這種非體系的興會式的學問路數，正適合在師友間談學過程中傳播知識，姑舉數例：李慈銘曾評價樊增祥藏施國祁《元遺山詩集箋注》〔註93〕云「頗參校眾本，其注則專詳本事，所採不出《金》《元》史、《中州集》、《歸潛志》、《契丹》《大金》國志、《遺山文集》及同時《滏水》、《滹南》諸集，多曼衍旁及之辭，而於詩之事義甚略，非善本也」〔註94〕。

又如李慈銘曾授樊增祥陳奐《詩毛氏傳疏》、胡鳴玉《訂偽雜錄》，並云「碩甫為金壇段若膺弟子，故所疏一以段注說文為宗，以名物訓詁獨詳，近儒之為毛詩學者，汪氏龍有《毛詩申成》，胡氏承珙有《毛詩後箋》，段氏有《毛詩小箋》，皆竟伸毛說，不主鄭箋。陳氏亦屢引《後箋》、《小箋》之說，而略不及《申成》，蓋汪氏此書，行書絕少」，「《雜錄》十卷，計三百七十四條，其書隨事考證，多限於聞見，尚沿誤說；惟持論平慎，無憑私逞辯之談，一知半解，亦時有可取。其中有襲前人說而不必存者，有事近於俗而不足辯者，字音字劃，亦多疵纇，訂偽而仍蹈於偽」〔註95〕，故李附注二十餘條駁之。

樊增祥每談及師從李慈銘，似於小學受益良多，如某日他以武昌新刻陳璩《說文引經考證》兩冊見質，李告曰「其書大體謹嚴，較吳氏雲蒸書為詳，

〔註90〕 徐世昌纂，周駿富輯：《清代傳記叢刊·學林類·清儒學案小傳》第三冊，臺灣明文書局，1985年版，第449頁。

〔註91〕 錢穆：《中國近三百年學術史》，商務印書館，1997年版，第700頁。

〔註92〕 樊增祥：《答潘鳳洲孝廉書》，收入《樊山文集》，廣益書局，民國二十五年版，第75頁。

〔註93〕 是書分十四卷，以華希閔劍光閣本（康熙四十九年刊刻）為底本，以李翰弘治年間刻本和曹之謙至元年間刻本為主校本，並參以黃公紹至順年間的選本，為首部元詩箋注本，初刻於道光二年。

〔註94〕 錢鍾書亦曾責施本「注詩而無詩學」，見《談藝錄（補訂本）》，中華書局，1984年版，第486頁。

〔註95〕 李慈銘著，由雲龍輯：《越縵堂讀書記》，上海書店出版社，2000年版，第44、751頁。

而亦不似吳氏玉擂之泛雜」〔註96〕。這種評點式的講授言簡意賅，評騭各家雖難免偏頗，但考鏡源流，對初識者不啻為津梁捷徑；而老師的興趣與偏好極易左右學生，如樊山詩中常用生典僻字，或受越縵喜以《說文》考訂名物的影響；其消極影響是受學者得到的知識比較碎片化，雜而無統，也就很難形成自家學說，更難超越師者。好在李慈銘帶他進入的圈子裏百家眾匯，融通中外，集腋成裘，足濟學識，樊增祥通過詩賦唱和、宴會聚談等方式，廣泛接觸各類文人，逐步接受佛學、諸子學及國外政治民情，資於思想，見諸詩文，號稱博雅，時顯妙趣，形成所謂文人之學。

當時詩壇，自乾嘉翁方綱大力倡導，宋詩派漸起，經由嘉道咸年間程恩澤、祁寯藻等臺閣學人的推波助瀾，學宋已成主流；至同光之際，宋詩儼然大宗，始有後來的同光體，而早期「都下亦變其宗尚張船山、黃仲則之風，潘伯寅、李蒓客諸公稍為翁覃溪」〔註97〕之謂，隱然承認了當時李慈銘在京師引領風尚的地位，他的詩文名望甚至高過了學術聲譽，其門下士多學問與辭章並重，是典型的學人詩群體，雖然風格取向不同，但均在此二端中尋求平衡。李慈銘主張經史之中，有詩學的滲透，卻不要淪為詩人解經；辭章之內，有經史的參與，又不要形成學問之詩〔註98〕；雖然他自視為經師，治經為首，餘事作詩，但學問須化為水中之鹽味，不得成眼中之金屑〔註99〕。袁昶、沈曾植為同光體浙派健將，以學為詩，有時殊難索解，甚至破壞句間結構；樊增祥則正相反，由於學力不及袁沈，所以更多的呈現出詩人之詩的面貌，注重色彩、韻律等形式功能，雖也運典，但與情境切合，整體感強。筆者通過梳理李、樊唱和詩後認為，李慈銘大部分敘述日常生活、交際應酬的詩都實現了詩、學相合的主張，風格「清淡平直，並不炫異驚人，亦絕去浙派餖飣之習」〔註100〕，但又簡古雅馴，而樊增祥只學到了他的清麗綿芊，卻

〔註96〕同上，第171～172頁。

〔註97〕陳衍著，鄭朝宗、石文英校點：《石遺室詩話》，人民文學出版社，2004年版，第4頁。

〔註98〕周容：《論李慈銘與樊增祥的詩歌理論及其創作》，第38頁，相關論述參考此文的第35～43頁。上海大學2009屆博士學位論文。

〔註99〕或許如前所述，李慈銘的學問「為學人則不足，而以學人之詩，則綽有餘裕」（《談藝錄》五三條，錢鍾書論錢載語）。

〔註100〕陳衍著，鄭朝宗、石文英校點：《石遺室詩話》，人民文學出版社，2004年版，第175頁。但錢仲聯說李慈銘詩「未免落乾嘉以來浙派窠臼」（錢仲聯編：《近代詩鈔》，江蘇古籍出版社，2001年版，第538頁），按照他給清中葉浙詩劃

乏學問沉澱的深致。李慈銘還有一類所謂「考訂詩」，陳衍多有列舉，謂之「考據金石題目，往往精確可喜」，頗合其口味；汪國垣也推稱「題詠金石書畫之作，稍稍同於復初齋，要不失爲雅音也」，或許正基於此，陳衍才將其視爲同光之際京師詩壇的代表「稍爲翁覃溪」，隱然有歸之入宋詩派的意圖，與李本意未必相符。這類詩純粹是學問的詩化，樊增祥極少爲之，但精於品鑒的工夫，卻也略似幾分。

從詩學取向上看，李慈銘與樊增祥風格雖異，但其路徑有同，樊少喜隨園，長喜甌北，李早歲亦溺於簡齋，孜孜於俚俗淺滑，以爲名章雋語；他們都經歷了對袁枚詩風的檢討與揚棄，李三十二歲始知倉山之惡劣，樊亦反省：

> 吾少愛隨園，雄名震白下。落落開濟才，抱書隱岩野。稍長習高論，賤彼不羈馬。殷浩束高閣，中心罷藏寫。要其透背力，鞭至石可赭。妖姬曳雲袿，俊鶻蹲秋華。後生仰頹波，殆非公意也。安得懲鄭聲，並令笙簧啞。今我嗜古人，毀方合以瓦。饋貧感高義，青燈卷重把。

由此開始分途，李徹底放棄學袁而改步晚唐、放翁、漁洋，及窺明詩，高揚七子，終以瓣香老杜；樊則不易故轍，但濟之以學，充之以道「性靈即是良知說，要讀奇書過五車」，力拯性靈派後學的膚廓淫佚之弊，從而形成「樊山體」的豔情風格：

> 久從正始著英聲，降格何緣逮永明。許用晦詩寧足重，實儀封體不相輕微之嘗效實儀封體。肯將妝束隨時世，且染髭鬢學後生。至竟夷光天下美，任教齲齒亦傾城〔註101〕。

他不忌寫豔格，但要宣正情，實際是要求在肯定人欲的同時，加以道德原則規之，有點接近洪亮吉的「性情觀」〔註102〕。承其師而來的「八面受敵」說，則演變成「多合千百古人之詩以成吾一家之詩」的「樊山詩法」〔註103〕，即

分的四大流派「屬鶚宗宋派、胡天遊奇情派、錢載秀水派、袁枚性靈派」分析，似乎是指未脫「性靈」風格，見錢仲聯：《夢苕庵論集》，中華書局，1993年版，第252～256頁。

〔註101〕樊增祥著，涂小馬、陳宇俊校點：《樊樊山詩集》，上海古籍出版社，2004年版。

〔註102〕洪亮吉與袁枚的差異，參考李瑞豪：《不一樣的性情》一文，載於《文藝理論研究》2008年第4期，第18～23頁。

〔註103〕樊增祥：《天放樓詩續集書後》，雖晚年成說，但思想始終貫穿其一生創作，

不專宗一家，亦無最高典範。

　　以地域分，樊增祥屬湖湘人，但汪國垣說他是「別派」，筆者認為他早期風格更近「江左派」，此派以俞樾、李慈銘為領袖「詩家既不侈談漢魏，亦不濫入宋元，高者自詡初盛，次亦不失長慶，跡其造詣，乃在心橅手追錢、劉、溫、李之間，故其詩風華典贍，韻味綿遠，無所用其深湛之思，自有唱歎之韻。才情備具者，往往喜之，至鬥險韻，鑄偉辭，巨刃摩天者，則僕病未能也」〔註104〕，正與時人對樊增祥的評價契合，所以將他歸為此派，未嘗不可。

三、文人空間，詩酒聯翩

　　樊增祥這一時期的詩詞唱和，多屬流連京塵的篇什，參考《越縵堂日記》的描述，基本可以還原當時的創作環境和意圖，反映出一幅幅文人公共生活的圖景。

　　在京城，士人多薈萃於宣南，進京趕考的舉子，六卿部曹的漢員，使這裡集結了最精華的文人群體，會館林立，書肆琳瑯，戲園遍佈，酒樓縱橫，雅俗共賞，市井味濃，公共園林、私家花園、佛寺道觀更提供了獨享安靜的去處「都門為人物薈萃之地，官僚筵宴，無日無之。然酒肆如林，塵囂殊甚，故士大夫中性耽風雅者，往往假精廬古刹，流連觴詠，暢敘終朝」〔註105〕，一代又一代文人以其固有的生活趣味和文人習性，為這片區域增添了一種特殊的文人氛圍。前代名士的逸聞趣事，附著在景物中，被後人追憶，最終這些地方的人文蘊涵由歷史記憶而擁有了超越物質層面的特殊風采〔註106〕。李慈銘營造與此的越縵堂、藤花閣是朋友觴詠的絕佳場所，清幽雅致；陶然亭、崇效寺、龍樹寺也屢屢見諸筆端，延續著二百年的文人傳統。姑舉一例，前文提到眾人共賞智樸《青松紅杏卷》，這是李慈銘藝文交遊中的保留項目，他

　　並在不同時期與人論詩中都有表述。

〔註104〕汪辟疆：《近代詩派與地域》，收入汪國垣：《汪辟疆文集》，上海古籍出版社，1988年版，第310～311頁。

〔註105〕朱彭壽：《安樂康平室隨筆》卷六，中華書局，1982年版，第283頁。

〔註106〕魏泉：《士林交遊與風氣變遷——19世紀宣南的文人群體研究》，北京大學出版社，2008年版，第13頁。姑舉樊山一例：祁寯藻在慈仁寺內設顧亭林祠，甲申三月，端木子疇及黃再同主持祀事，與祭者三十餘人。禮既成，再同於別室懸張穆像，拉樊同拜，樊曰「亭林吾師也，舟齋所學不能過我，何為拜之」。

在日記中曾記道「此卷以漁洋、竹坨、初白諸老（按：王士禛題詩四首，查慎行五古一首）題詩之故，來觀者無不留名。疥蚓續貂，以希附驥。余觀之三度矣，竟未留一字也」；如光緒八年三月初三，李慈銘與王先謙祭酒，陳翁、朱鼎甫兩編修於崇效寺修禊，並題拙公《青松紅杏圖》六首。樊增祥也數度造訪此地，如光緒十七年正月廿七，樊增祥偕眷重過棗花寺閱《青松紅杏卷》，歸來賦詩見詒李慈銘。

其實這也是有清在京文人的一例常見項目，翻看記錄清代京城典故、文士生活的雜談、筆記等史料，就會發現與龍樹寺觴詠等文事活動一樣，崇效寺品題《青松紅杏圖》是文人圈長久以來結下的文字積習，甚至形成了一種文化現象，自清初至民初，二百餘載代有傳承，《藤陰雜記》云「寺藏拙庵和尚紅杏青松照，時康熙庚午，漁洋、竹坨、王昊廬、查他山、陳香泉、孫松坪俱有題句」；《天咫偶聞》云「《青松紅杏》卷子，題者已如牛腰。首有王象晉序，後題以竹坨、漁洋冠其首，續題者幾千人，亦大觀也」，傅增湘詩云「紅杏青松萬首詩，披圖翻悔入山遲」〔註107〕，傳承的正是這份墨客風雅的興致，當然題跋中「金貂共狗尾偕陳，玉楮與敗葉參見」，震鈞痛詆「甚至有妄人，將己名與古人夾寫，真為不識好惡之尤。曾有某君題詩於匣以止之，亦無人肯顧也」〔註108〕。此畫歷盡波折「寺僧不肖，將其押之質肆」，庚子亂後，流轉入楊壽樞〔註109〕手中，最終物歸原主。周樹模《重過崇效寺》詩云：「拙庵《紅杏圖》，宣南有故事。世換更偷奪，舊觀還此地」，正謂此事。

畫作繪者拙庵，法號智樸，據《十朝詩乘》、《舊京瑣記》所記，為明末洪承疇部將，後聞洪投降，遂憤而出家，駐錫於崇效寺。畫中有一老僧趺坐「上則松蔭雲垂，下則杏英霞豔」，對其中的寓意，有兩種解讀，一種認為畫中鮮明地寄託著對松山、杏山兩役戰敗的感懷，題旨顯豁，震鈞、夏仁虎均持此說；但在郭則澐《十朝詩乘》的按語中，則消解了這種遺民之思「智樸字拙庵，主盤山寺最久，聖祖臨幸，屢和奎章，迭承恩賚，意不類前明遺逸。盤山故以紅杏青松著勝，就所見圖之耳。卷中名輩題詠甚夥，絕無涉及朱明

〔註107〕分別見戴璐：《藤陰雜記》，上海古籍出版社，1985 年版，第 94 頁；震鈞：《天咫偶聞》，第 158 頁，及蔣寅：《清集讀記》，《文獻》1997 年第 1 期，第 95 頁。

〔註108〕震鈞：《天咫偶聞》，北京古籍出版社，1982 年版，第 159 頁。

〔註109〕楊壽樞，字陰伯或寅伯，江蘇金匱人，己丑舉人，曾任軍機章京。

者，可以爲證」〔註110〕，題畫詩本應就畫意而申發，如果後說確鑿，那麼畫家與詩人的創作意圖都變得隱晦難明，兩種觀點孰是孰非，不僅僅涉及藝術問題，更牽涉到易代之際漢族文人的幽微心曲「枯僧大有滄桑感，說與時人恐未知」。只是越到後世，賡續者越少再去追問畫作的本意，只是把它視爲雅事的餘韻，而更著意於能否成爲前賢的異代知音了；直至民初才又接續了三百年前的遺風，重現諸老憑弔棲懷的場域，如樊山有《暮春花農侍郎約同子封、芝山、固卿、書蘅、石甫、掞東諸君過崇效寺看牡丹，感舊述懷，賦長句奉簡，並寄乙庵散原》：

> 白紙坊南叩僧扉，屢閱樸公紅杏詩。花開花落五十載，弱冠來遊今古稀……年年歲歲花枝紅，歲歲年年人不同。即論朝市有遷貿，四時那得常春風。春明當日看花侶，光緒中年散如雨。一霎江山瓊樹花，百年樂棘饅頭土謂李陶袁許王盛諸公。五尺行童奉琴蜜，如今老作黃梅祖。爲知九蕊珍珠叢，留待歐陽晚年譜。自我避地居海濱，三年看花偕沈陳。花枝了無南北異，所異南北看花人。風味匡廬甜苦筍，朋交羅浮離合雲。走馬惟言長安樂，啼鶯最憶江南春。眼前有酒須謀醉，眼前有花休濺淚。芍藥將開金帶圍，櫻桃更約紅雲會。掌故頻添日下詩，老禪何預人間事。君不見洛陽城裏張季鷹，但道人生貴適意〔註111〕。

以自適化解遺民情懷，使他遊走於「長安」與「海濱」兩種對立語境之間，不過是進退失據的自我緣飾；詩中流露的「遺」情，與其說是爲前朝，毋寧說是爲故我吧，那當然是後話了。

李慈銘和朋友們雅俗共好，也會時常流連於醵飲席間，詩詞這時只是穿插其中的興味的流露，或乾脆是唱和的由頭，無關宏旨，權當記錄生活的媒介；甚至徵歌選伎，與相公親昵。因此後人譏誚「近時名流，喜與倡優往還，自命風流高尚，詩集或詩話中，往往有贈某郎詩，和某郎句者，見之便隨筆抹去，以其詩格既低，不欲觀也。此風自李越縵始，後賢踵之，益復公然無忌」〔註112〕。時人嘗借「近日酒邊蹤跡頗多」而攻擊李慈銘，但他

〔註110〕 郭則澐撰，卞孝萱等點校：《十朝詩乘》，福建人民出版社，2000 年版，第 643
　　　　 頁。
〔註111〕 樊增祥：《樊山集七言豔詩鈔》乙卷，廣益書局，民國五年版，第 18 頁。
〔註112〕 由雲龍：《定庵詩話》，收入張寅彭主編：《民國詩話叢編》第 3 冊，上海書店
　　　　 出版社，2002 年版，第 576 頁。

不以爲意「余之寄託，固非此輩所知。即實有鍾情，亦何與癡兒事，而煩鼠輩饒舌哉」〔註113〕；他公開與友人出入「春明待榜，舊侶俊集，官事多閒，偕諸君會浙中五科同年於文昌歌院，合樂選舞，錦簇雲圍，玉漏屢添，玳宴未罷，亦計偕之勝事，期集之美談」〔註114〕；對伶人的態度較爲平等，曾贈銀給喪父者慰之，所作《花部三珠贊》〔註115〕、《哀傅芝秋》〔註116〕等文，處處流露出一種傾慕和愛憐惋惜之意。李慈銘如此解釋自己鍾情梨園的原因：

> 酒邊小史，小寄閒情。老輩風流，賢者不免。今者衣冠掃地，爭事冶遊。樂部人才，亦以日劣，風會頹靡，蓋與翰林不殊。其酒肉貴遊，風塵熱吏，皆改趨北里，恣狎淫倡，揮霍之餘，偶亦波及。而冷官朝隱，舉子計偕，往往託興春遊，陶情夏課，酒爐時集，燈宴無虛，清濁部分，流品遂雜。其惑者，至於遍徵斷袖，不擇艾豭，妍媸互濟，雌雄莫辨。其稍知自愛，謬附鍾情……余以冗官病廢，勞心著述，同人過愛，時以食酒相邀，冀爲排遣。雖甚勉強，偶亦追從。秋、霞兩郎，實所心賞，杖頭稍足，花葉時招。而魑魅喜人，蜉蝣撼樹，遂疵瑕頹叔，瘢垢魯男，增飾惡言，快弄利口。其相愛者，復勦泯其事蹟，隱厥姓名。豈知野馬滿空，何傷白日，雜花亂倚，奚病孤松？既爲之矣，諱之何益。若夫同集之友，所眷各殊，或隱諱於家庭，或嫌疑於風影，其下伎之名字，亦羞污於簡編〔註117〕。

篤定自己與所鍾之伶人的知音諧聲，並與那些徒具名士的「黑相公」劃清界限。有研究者將這些生活狀態歸納爲「三樓情結」，認爲在仕途經濟對文人產生強大制約力的傳統社會「文人交遊除追求逸樂外，尚有一種代償性的社會功能——無論是宦場得意、舉業受挫，抑或蔑棄科甲、追求隱逸，均可導致

〔註113〕《越縵堂日記》光緒三年五月三十日記。

〔註114〕李慈銘：《越縵堂菊話》，見張次溪編：《清代燕都梨園史料》，中國戲劇出版社，1988年版，第721頁。

〔註115〕李慈銘著，劉再華校點：《越縵堂詩文集》，上海古籍出版社，2012年版，第1200頁，爲丙子年十一月作。

〔註116〕李慈銘：《越縵堂菊話》，見張次溪編：《清代燕都梨園史料》，中國戲劇出版社，1988年版，第709～713頁。

〔註117〕李慈銘：《越縵堂菊話》，見張次溪編：《清代燕都梨園史料》，中國戲劇出版社，1988年版，第706頁。

文人走出或暫離修齊治平之士林社會秩序，或浪跡於山水之間，或寄情於藥酒天地，或流連於聲色之場」，「三樓」正提供了這樣的平臺「事實上，在明清社會，科舉文化與三樓文化，很大程度上結構了士大夫文化之兩端，科場乃士人競逐功名之地，三樓乃文人鬥巧矜長、儕流標榜、追求價值認同和寄附群體情懷的交誼場次。兩者各自衍生出不同的文化形式和社會價值，實際同構了一個完整的士大夫文化體系」〔註118〕。

　　如果說李慈銘寄情酒色有對晚境頹唐的無奈，熱鬧過後多歎老嗟貧的傷感，此時的樊增祥則樂在其中，他雖也過得清苦，常要賣文鬻字謀生，但畢竟早登龍門，實現了讀書人最大的夢想，又不甘寂寂以寒儒自終〔註119〕，所以面對「朋簪雲合，興會飆舉，歌樓飲肆，遊宴無虛日」的逍遙生活，他都傾心參與「連鑣競爽者以百數，君非友朋不樂；時或廣座宴集，非得君亦不歡也」，盡情釋放才情「君聰明天賦，五官並用，筆舌所至，顛倒英豪，雕繪萬象，時人畏而惡之，而勝流夙士推襟送抱，莫不賞其奇逸」，世人則競相追逐「市估酒傭，奉君使令，奔走恐後」，以年少倜爽，尤善博辨，有聲於京師，盛昱、寶廷等宗室學者，亦咸與論交。前簇後擁之下，年輕人身上比老輩多了一層任俠之氣「年少倜爽，尤擅博辯」、「倜儻有奇氣」、「以儒用俠」、「輕俠好義」是朋友給他的標籤，濮紫潛亦曰「雲門於天下事，無不可爲，獨不知堪將兵否」；羊辛眉曰『君將家子，寧不堪作將耶』〔註120〕，雖然我們看不到樊增祥行俠的具體事蹟，友朋的描繪也不無誇張溢美之雕飾，但眾口一詞，亦可作普遍共識之概觀。學者王鴻泰指出，明清士人文化中普遍有一種尚俠要素，「俠」本義是對抗現實制度的一類人，其對抗體現在文人身上，就是以豪放不羈的生活態度，排斥科舉正途的人生態度〔註121〕，就這點而言，樊增祥的「俠氣」並具有典型性，他熱衷並且已經獲得了功名，所以「俠」在他身上更可能是一種精神風度及行爲方式，陳平原曾總結千古文人的俠客夢，是盼望建功立業，或發泄豪壯狂蕩，亦或欣賞闊大雄奇的美感效果，是一劑

〔註118〕葉中強：《上海社會與文人生活》，上海辭書出版社，2010年版，第77頁。

〔註119〕張舜徽先生曾言學人著述之不易「必須刊落聲華，專意書史，先之以十年廿載伏案之功，再益以旁推廣攬披檢之學，反諸己而有得，然後敢著紙筆，艱難淡泊，非文士所能堪」。

〔註120〕樊增祥著，涂小馬、陳宇俊校點：《樊樊山詩集》，上海古籍出版社，2004年版，第2034頁。

〔註121〕王鴻泰：《俠少之遊——明清士人的城市交遊與尚俠風氣》，收入李孝悌編《中國的城市生活》，新星出版社，2006年版，第93～105頁。

彌補文弱酸腐的猛藥,更表達無所依傍的信念〔註122〕;「俠」之於文人的行為
模式,即廣交四海騷客,不斷延展自己的圈子,通過標榜聲氣確立自己的價
值,如前詳述,樊增祥就是這樣一路走來的,而當他們的社交活動憑藉都市
的發展建立起來時,「三樓」又提供了場所和遊藝項目,於是樊增祥式的「俠
遊」與李慈銘式的「冶遊」重疊了,其實唐代傳奇小說中的紅拂——虬髯模
式即是「俠遊」與狹邪合體的濫觴,英雄借秦樓楚館棲身,又在紅粉堆裏展
示氣概;佳人引大丈夫為知己,又於豪俠氣中尋求慰藉;在經過宋代社會文
人化以後,特別是晚明風氣使然,歌樓酒肆由接納英雄,逐漸轉向才子,俠
遊也實現了真正向狹邪意義的讓渡,但並非意味著趨同於蔑客老斗式的粗
俗,而仍然有那麼點惺惺相惜的感覺。這點上樊增祥繼承了李慈銘的衣缽,
尤其是晚年,多與優伶交往,在為他(她)們題詩作賦時,時常拈出其在某
一歷史事件中的正面性的作為,以歷史關照而非娛樂目的,表現出對伶人的
愛護;樊李對與伶人的欣賞還有代際傳承特徵,如慈銘之於朱霞芬、梅巧玲,
增祥之於小芬、幼芬及蘭芳,每每於文中提及,因緣際會之間,或在回味這
段與師友交遊的愜意時光吧。

第三節　翰林散館,外放知縣

光緒六年五月十八日庶吉士散館試〔註123〕,樊增祥名次在二等三十名,
改知縣即用,作《散館得知縣酬愛伯師見慰一首》:

> 人天小謫亦何言,猶荷高軒數過存。銀管試書新案牘,玉堂難
> 認久巢痕。但營升斗非臣志,得奉晨昏是國恩時以親老乞近〔註124〕。
> 獨有平生師友在,謫居長是望修門〔註125〕。

七、八月間,樊增祥經歷了舊友的紛紛離京,對自己外放也頗無奈「吾獨棲

〔註122〕陳平原:《千古文人俠客夢(增訂本)》,北京大學出版社,2010年版,第11
　　　　~12頁。
〔註123〕散館試閱卷者有徐桐、潘祖蔭、童華、邵亨豫、許應鑅、松森、錫珍、孫怡
　　　　經。
〔註124〕樊增祥履歷記載「是年五月赴部投供,以親老告近(清代規定,州縣官既不
　　　　得在本省任職,也不允許在距其家鄉五百里以內的鄰省任職);七月選授四川
　　　　梓潼知縣,因係原籍呈請迴避(即禁止同宗和外親姻親在同省任職)。」
〔註125〕樊增祥著,涂小馬、陳宇俊校點:《樊樊山詩集》,上海古籍出版社,2004年
　　　　版,第102頁。

棲就銅墨」，但事已至此，只得自寬道：

> 昔視京秩如登仙，今誇外吏多得錢。人生欲惡豈有定，視其取
> 捨區香膻。風塵鞅掌不自得，手擲雷封若敝屣。不能折腰督郵下，
> 卻來執戟長楊裏。昔厭外吏思爲郎，今對故人思故鄉。直以先機託
> 魚膾，豈惟高蹈追柴桑〔註126〕。

首先「寸草有心知念母」、「改官自爲寧親便」的行孝確是應有之義；其次
「我生墮塵海，日夕思江湖。相顧發深唱，纓冕寧非愚」，外官的俸祿較京曹
爲厚，且遠離囂攘的政治中心，所以「黃塵如許厭爲郎」；還有一層意思，翰
林院是學者薈萃之所，又有清閒時間，所以沉潛讀書、切磋學問成爲必然
「一時人才蔚興，多自京官中出」〔註127〕，即樊山所謂「熙朝故事君知否，
大半中書在翰林」，但治學貴在功力和天賦，樊氏自身的根柢並非完全勝任，
況且他自言「困學其如與世疏」，其心未必有志於學；還要耐得住板凳坐得十
年冷的寂寞而無悔，這與樊山隨適的天性也不太相符，所以爲了避免「誰能
更學春蠶死，自縛柔絲不自禁」，把精力浪費在皓首窮經上，改外也未嘗不是
合適的選擇。

七年三月初五，陶在銘自宜昌馳書致李慈銘，囑託轉告樊增祥，其父樊
燮已於二月十九日歿，促其速返鄉奔喪；初九李慈銘撰寫輓聯：

> 述祖繪麒麟，自束髮從戎，遍歷蠻煙瘴雨，百戰致旌麾，贏得
> 謗書盈篋，定遠生還，空看苔臥綠槍，塵埋金甲，讓群兒熟肫封侯，
> 灑淚湘天，未了枕戈遺恨在。
>
> 傳家有熊羆，以立身爲傲，分治朱武顧文，變聲葉翁博，詎知
> 殊樹偏凋，僧彌獨秀，剛□玉堂香□，花縣春生，待百里藝蘭視膳，
> 驚心風木，尚遲奉檄訃音來。

初十鮑臨撰輓：

> 繫籍掌伙飛，殺賊立功，繼建和門旗鼓，乃世將道家所忌，歸
> 去騎驢，閒招舊部漁樵，翠峽花前同一醉。
>
> 感恩仍士伍，讀書教子，不求杜曲桑麻，幸文明武節兼施，和
> 聲鳴鶴，詎料蓬山出入，靈椿天上已千秋〔註128〕。

〔註126〕《贈鄧比部丈即送歸黃岡》摘句，見樊增祥著，涂小馬、陳宇俊校點：《樊樊
　　　　山詩集》，上海古籍出版社，2004 年版，第 107～108 頁。
〔註127〕張舜徽：《愛晚廬隨筆》，華中師範大學出版社，2005 年版，第 372 頁。
〔註128〕李、鮑輓聯俱見《越縵堂日記》，第 735 頁。

　　《大清律例》規定，子爲父守制須二十七個月，期間不許慶宴享樂，故樊增祥自云「伏處堊廬，青琴絕響，大祥（喪期滿兩週年時的祭祀，此後生活逐步恢復正常）將屆，觚翰始親」。事實上他在回籍半年後，即入宜昌鹽釐局，薪水月三十金，稍足自給〔註129〕；從其詩作繫年看，小祥（喪期滿一週年）後即開始與友朋詩酒唱和，頗有違禮之嫌。光緒八年六月，樊增祥被湖北巡撫彭祖賢委任爲《湖北通志》局編輯「楚中文獻久凋落，徵訪故籍如追逋。從來方志有師法，橫生譏謗非吾徒」：

> 增祥行能無似，杍岱未親，猥以志局將開，採葑下及，往承鈞翰，待以總修；近捧聘書，命之編輯，望輕實重，遇密才疏。屬張中丞師招往太原，不獲從事桑梓，前者面陳一切，已蒙俯鑒下情，許其如晉矣；復以目例未定，俾獻芻蕘，譬如千門待闢，先成畫地之圖；萬里遄征，預作驛程之記。謹搜討舊籍，恪守師傳，分別款目，標舉義例，凡若干條，繕寫呈上，靜俟裁擇，抑志局原定章程，尚有不概於心者，因並陳之〔註130〕。

雖然參與時間不長，但多有謀劃，認爲當在嘉慶章學誠本《湖北通志》基礎上增刪補益，不必另起爐竈，並編《重修湖北通志商例》，體現了紮實的方志學功力。期間好友陶方琦在湖南學政任上亦遭丁艱，返越時過湖北與樊增祥相見。兩人同在通志書局，陶出示其作《湘蛶集》，樊「一再誦之，於是吾兩人之論文，乃如珀芥針磁，訢合無間」；方琦歎增祥近來詩作多高澹，因憶宋人「須放淡吟」之句，遂將這一時期所作命曰《淡吟集》。

　　當時樊增祥兼佐黃彭年幕，入學律館修習，黃以課士之法，將《大清律例》句讀勘異，逐條分析，又編入口訣，諧聲成文，以期解決士人服官後因扡格不通而受制於胥吏的困境，這段經歷，爲樊日後精於斷案奠定了基礎。

　　九年九月，徽寧池太廣道張蔭桓邀請樊增祥至蕪湖，他在安徽整頓關稅，主持礦務，政績卓然「半壁江淮付託深，憑君爲楫與爲霖」；當時法國剛

〔註129〕晚清禮制弛禁，服喪守禮者亦少，當時各省實缺候補各官，往往有丁憂逗留省城，營謀局務各項差使，延不回籍（《光緒朝東華錄》，第500頁）。痛心者嘗歎「此於理有所不順，於心有所難安，殊非鼓勵人才之道。且既薄於父母，而夤緣上官，即或小有才能，安能望其移孝作忠，實心任事？不過爲自己鑽謀地步」，此於官箴風化大有關係，不可不嚴行飭禁（《光緒朝東華錄》，第5998頁），關於丁憂的制度化規定，可參考歐磊：《清代官員丁憂制度論略》，《北方論叢》2012年第6期，第61～64頁。
〔註130〕《樊山文集》，廣益書局，民國二十五年版，第79頁。

攫取對越南的保護權，即劍指我西南邊境，清廷作為宗主國，又一次受到西方的直接威脅，二人討論「蛟魚跋扈紆籌策」，但立場並不相同：張因熟悉洋務而受知，屬於典型的「濁流」，所以哀歡書生議政乃「宣室大言空復爾，槫桑銅柱竟誰如」；樊則以清流的一貫立場，主張積極應戰，如他在十一月二十六日為張佩綸送行時所言：

> 朝廷南顧軫虵蛇，欲發樓船罪呂嘉。內翰慈寧承口敕，相公渤
> 海候星槎。新持玉節回鶉首時方自陝西還京，更擁朱衣祀禍牙。莫遣
> 和戎輕定策，河山尺寸總天家。

頷聯小注是指張佩綸剛從陝西查辦巡撫馮譽驥彈劾案回京，就被派往天津與李鴻章會商對策；樊增祥意識到唇亡齒寒「檳榔嶼上海氛惡，苴蘭桂管皆連營」，鼓勵他勸說李鴻章不要輕易言和。

九年十月，樊增祥服闕，準備赴都謁選：

> 白馬清流膽尚寒，楚人重戴沐猴冠。信知才氣消磨易，斟酌浮
> 名避就難。潘鬢幾何侵老境，毛錐無用且粗官。只應一則循良傳，
> 留與平生故舊看〔註131〕。

據余誠格記載，樊當時曾有不再為官的「高尚之志」，不過在其母親的一再催促下才被迫出山。二十二日抵天津，二十五日入都，與李慈銘相見「別去三年，天涯重聚，喜可知矣」。

十年正月二十五日，樊增祥選陝西宜川縣知縣〔註132〕，李慈銘在日記中記道「屬延安府，已界北山矣。南與同州之韓城接壤，去其宜昌本籍已二千餘里，為之不樂」。作為師友，不無悵惋之慨，對此樊增祥倒頗為坦然「選人大有蕭閒境，笑看諸君侍諫坡」。張之洞此時正在山西巡撫任上，來信屢盼樊增祥入幕〔註133〕，他始終以事羈縻推脫，實是不願寄人籬下，惟託朝廷命官施展才華；他曾向李慈銘自陳「彭祖自緣經術貴，林宗不掛黨人名」，表明追隨南皮只因其通經致用的才略。

二月二十九日，李慈銘為樊增祥《十鞭齋詩集》題辭：

〔註131〕樊增祥著，涂小馬、陳宇俊校點：《樊樊山詩集》，上海古籍出版社，2004 年版，第 130 頁。

〔註132〕《履歷》：九年十二月選授直隸唐山縣知縣，係告近人員；十年正月改選陝西宜川縣知縣。

〔註133〕張之洞嘗語張佩綸云「文案無人，一切筆墨皆須己出，不惟章疏，即公牘亦須費心改定，甚至自創」，得樊山則可分勞。

自有高歌動鬼神，樊英才調信無倫。誰言北地多浮響，未許東

川說替人（雲門詩得力於信陽，而兼取北地，其七律足追唐之東川、義山，而古

體勝之）。一入蓬萊依日月，七傳弓劍照麒麟。如今小試神明宰，種

稻公田為養親〔註134〕。

　　樊增祥喪偶後，一直未娶，三月十一日，李慈銘遣人往隔巷江寧陳家為

其提親，對方是朱少桐（字其煊，蕭山榜眼朱鳳標之子）妻子的侄女，但因

服制剛滿，不宜言姻事，逐婉言謝絕。

　　三月底，李慈銘終於應李鴻章之邀，赴天津主北學海堂講席，李自言辛

未二月入都後，忽忽十四年不出國門一步。臨行前，樊增祥作《奉懷愛伯師

主講天津》：

主張北學（按：天津書院號稱北學海堂）待何人？破例春風到海濱。

老愛蘭陵為祭酒，世傳高密是經神。道高上相皆嚴事，日久門人乃

益親。更憶浙西精舍好，東遊乘興欲抽身。

星郎鍵戶十年餘，時草玄文賦子虛。猗頓何如素丞相，楊枝能

事白尚書。文章蠶尾新編集近寫定散文一冊，坊巷覃溪舊賃居。風味

長安殊不薄，藥前茶後望籃輿〔註135〕。

北學既表地域分野，亦屬晚清學術之畛域，學風趨向質實，提倡樸學，重視

家法。

　　四月，張佩綸被派往福建，樊增祥賦《送幼樵學士駐防閩海》作別：

龍節親持下閩風，東甌形勢最繁雄。詔銜長樂宮中紫，衣拂仙

霞頂上紅。掌底山川毗舍島，帳前奔走海澄公。平生權略兼王霸，

可少髯參入幕中〔註136〕。

末句以郗超（東晉桓溫的記室參軍，因多髯被稱髯參）自比，或有入幕之意，

結合後面樊李對話，似當時張也有意招樊，但最後並未成行。

　　五月十日，樊增祥將撰寫的父親碑銘〔註137〕呈給李慈銘點評，評價為

「駢儷高警」。初九，劉仙洲夫人晤李慈銘，再為樊增祥議婚事，李詳問女方

〔註134〕樊增祥著，涂小馬、陳宇俊校點：《樊樊山詩集》，上海古籍出版社，2004年
　　　　版，第2026頁。
〔註135〕樊增祥著，涂小馬、陳宇俊校點：《樊樊山詩集》，上海古籍出版社，2004年
　　　　版，第149頁。
〔註136〕同上，第149頁。
〔註137〕題為《先考墓碑》，全文見《樊山文集》，第87～90頁。

年庚、聘禮等事宜。這次樊增祥欣然應允，十四日拜訪劉仙洲夫人，議定與
祝氏締姻，定於二十一日下聘，二十八日迎婦。閏五月朔，樊增祥移寓棉花
胡同，託李慈銘向名旦朱霞芬借鳳冠霞帔，送往新婦家，李致書並附紗褂、
羅襦、縠裙一襲；初二又書喜聯，以酒兩壇、描金蠟箋楹帖一副、金面牙柄
團扇一柄、《郡齋讀書志》一帙、爆仗四千枚、燭十斤給樊增祥賀喜；初四樊
增祥詣祝家迎娶新婦，媒人劉仙洲夫人先往，會諸親眷屬「當日夫人來歸，
伯希祭酒與王廉生、周薹叔、梁星海同送賀禮，伯希箋之『雲門公幃，已列
大名。又附以茶燭等物，另日開單送索』云云，星海箋之『雲門續娶祝夫人
甚賢慧』云云。是日輀將到日，蕈客在座，眾促其撰祝詞，匆匆集《易林》
數句；同人送喜禮每分一兩有零，重禮也」〔註138〕，晚上，李慈銘赴樊增祥
家夜宴看新娘子「娟潔如玉，與茗樓詩格足稱佳偶」；初六祝氏惠李慈銘絺
繡、扇韜等物爲回敬。

　　五月二十三日，樊增祥來夜談，言及近日張之洞、張佩綸事：

> 　　近日南皮、豐潤兩豎以朋黨要結，報復恩怨。惡余之力持清議，
> 深折奸萌，二憾相尋，欲致死力於我；遂廣引纖子，誘以美官。南
> 皮儉腹高談，怪文醜箚，冀以炫惑一時聾瞽，尤惡余之燭其隱也，
> 故日尋干戈。以雲門盛氣負才，益籠絡之。誘以隨往粵東，爲掌書
> 記。甘言重幣，煽惑百端，許以捐升同知，或登之薦牘，擢以不次。
> 幸其叛我，多樹敵仇。豐潤宵人，弄姿自昵，承南皮之餘竅，假高
> 陽之下風。依附虎皮，張歡虺蜋。妻發狂譫，甘作戎首。既知得罪
> 於余，亦力挽雲門，以爲余難。陝西巡撫邊寶泉者，漢軍旗人也，
> 巧宦而不學，與南皮同年、同鄉，夙相謬附……因語雲門曰，邊公
> 唯我所爲也，已爲若先容，當留置幕府，擇善地，或即權首邑；雲
> 門既惡所選宜川，山北苦寒，且荒瘠甚，聞豐潤言，不能無動。繼
> 入南皮餌，遂欲從之過嶺。余謂之曰，仕宦惟州縣可爲，捨自有之
> 官，而入它人之幕，已爲非計。且君以有母，呈請近地，今遠適嶺
> 外，必致人言，即吏部亦必格之。雖南皮悍然不顧律令，君何苦以
> 自累見在？朝廷既停事例，何例可捐。況不就眞除之縣令，而求銅
> 臭之冗丞，毋乃悖乎定制。凡實授官必到任始許捐升，南皮固全不

識吏事，君何昧耶？雲門雖不然余言，然亦因此自阻。觀於交際之

變幻，可以驗世會之睢刺。世無尼父，豈有顏回？況余與雲門本無

定分，翟公署戶，豈爭一雀之入羅。陰生授徒，未有雙鳳之投贄。

既欲割寧之席，不彎殼羿之弓。我豈容心，彼何過計〔註139〕。

可見當時樊以才名，爲各方所拉攏；李慈銘痛詆二張，自由其狷介好罵之個
性及私人恩怨使然〔註140〕；面對前輩的邀請，樊增祥不免動心，李慈銘則以
走正途相勸。

樊增祥將入秦，七月二十二日李慈銘贈以甌紬被、裁紫貂帽檐、武夷崇
岩茶一瓶等；二十四日晨，增祥以酒兩壇、夷糖四餅辭行，並作《將之秦中
留別同人二首》：

海水群飛白日寒，此時鳴佩去長安。諸公競灑憂時淚，百里叨

除本分官。捧檄聊爲將母計，著書休當罪言看。督郵倘敗陶公意，

歸去東溪有釣竿。

西行走馬欲何依，滿目山河景又非。汾上詩成秋雁過，關中木

落故人稀。相思隴右無芳草，回首修門但夕暉。此後西園清宴日，

憐余方採北山薇〔註141〕。

師友相對累唏，涕泣慘然良久，李慈銘謂「子之詩信美矣，而氣骨少弱，關
中漢唐故都，山川雄奧，感時懷古，當益廓其襟靈，助其奇氣，老夫讓子出
一頭矣」〔註142〕。

〔註139〕李慈銘：《越縵堂日記》當日記。

〔註140〕關於李張交惡，周容已詳細梳理，見其博士學位論文《論李慈銘與樊增祥的
詩歌理論及其創作》第一章。

〔註141〕樊增祥著，涂小馬、陳宇俊校點：《樊樊山詩集》，上海古籍出版社，2004年
版，第153頁。

〔註142〕樊增祥：《樊山續集自敍》，見樊增祥著，涂小馬、陳宇俊校點：《樊樊山詩集》，
上海古籍出版社，2004年版，第654頁。

第二章　清流的謇諤與否塞

　　同光之際，廟堂之上活躍著一個敢於言事，砥礪名節的翰林群體，時人稱爲「清流」，扭轉了長期萬馬齊喑的沉悶士議，在同治中興和光緒初年的內外格局中，他們先是被慈禧集團賞拔，成爲制衡地方督撫、抨擊洋務力量的中堅，但在中法戰爭中又成了替罪羊而被盡數廢黜，流風漸歇，直到十年後的甲午戰爭期間才又東山再起，以翁同龢爲中心，因此而有前後清流之說。樊增祥的清流生涯是在八十年代，所以我們主要以前清流作爲論述重點。

　　「清流」的內涵與外延，官方正史語焉不詳，私家筆記雖不絕如縷，但又說法不一〔註1〕；一般認爲，當時朝中以重臣潘祖蔭、李鴻藻爲首，形成南北兩派，張之洞、張佩綸爲北派羽翼，陳寶琛、黃體芳爲南派骨幹。其得名之「清」，可祖述至東漢末太學生的清議，世人對這種群體性論政的評價有褒有貶，黨錮之禍或清談誤國的教訓，使士人忌憚結黨妄議的罪名；宋代「清議」之謂再起，褪去「黨議」的陰影，明代結社講學，成員多稱清流；愛新覺羅氏則以此爲亡國之咎，立祖制視之爲懸禁，康雍乾三代文字獄屢興，更鉗制文人思想，所以只有個人的糾劾，而鮮見集體的討伐；當這次言路大開之始，警惕朋比的政治自覺使得反對者與參與者都格外的小心，「清流」之謂當是他人冠名〔註2〕，但也不無與風塵俗吏涇渭分明的意指：首先地位之清

〔註1〕　「清流黨」、「翰林四諫」的概念，見趙爾巽等撰：《清史稿》，中華書局，1977
　　　　年版，總第 12455、12460 頁。據筆者所見之時人筆記中，劉體智《異辭錄》、
　　　　黃濬《花隨人聖庵摭憶》、劉禺生《世載堂雜憶》等均有涉及，專門性的研究
　　　　著作則有辜鴻銘《清流傳：中國的牛津運動》。
〔註2〕　王維江：《誰是清流——晚清「清流」稱謂考》，《史林》2005 年第 3 期，第 8
　　　　～9 頁。

貴，因爲只有翰林出身者才能躋身此列，庶詹向來清閒，俸祿又薄〔註3〕，所以日子較外吏清苦，但它同時是進入中樞的先決條件，也就具備了掌握朝廷名器的可能性和話語權，所以不容小覷。其次思想之清正，顧炎武說古之哲王存清議於鄉里，漢代舉孝廉亦取之於清議，形成了名教以清議爲依託的傳統，其中所內含的蘊義使他在歷史變遷中獲得越來越多的籠罩力，成爲每一個時代士大夫的公論和通論，進而成爲天下規範之所在〔註4〕；當內政窳敗不堪，外交懦弱無力之時，士大夫那種道德自重與是非評判的主體意識又重新抬頭，他們高舉尊王攘夷（筆者以爲，前清流重在攘夷，後清流重在尊王）的正統主義，向被他們視爲濁流的洋務派群起而攻之。第三是文化之清高，有論者指出，同光清流運動不僅是一種政治現象，更泛指當時京官名士娛情金石、酬唱詩酒，議政而不廢論學的生活方式，此之稱謂更重在學人甚至文人身份的指認〔註5〕。筆者認爲這一特徵在南派清流身上尤爲明顯，他們的領袖潘祖蔭本身就是以學人面目出現在政壇的，其藤陰書屋爲京師考訂金石版籍者的聚集地，他所賞識的李慈銘雖然算不上標準的清流，但由上章論述可知，其門下士多可入流。樊增祥符合所有條件，亦應視爲清流後勁，他還參與了對伊犁危機的討論，並引起過當軸注意，只是他資歷尚淺，品秩不高，且言事後不久即遭外放，從此遠離輿論漩渦，不再有朝堂之上的諍言，所以梳理這一群體時往往被忽略；但他始終自省併踐行清流的操守，與此中人多有交往，理應發掘其典型的清流特質。

第一節　俄約事亟，彈章劾貴

　　光緒四、五年中俄交涉伊犁事件的最初敗筆，讓清流派在這場危機公關中集體亮相。四年五月二十二日，清廷派崇厚出使沙俄〔註6〕；次年七月初

〔註3〕何剛德記「從前京官以翰林最清苦，編檢俸銀每季不過四十五金」，見何剛德：《春明夢錄・客座偶談》上卷第三十七頁，上海古籍書店，1983年影印本。

〔註4〕楊國強：《晚清的清流與名士》，《史林》2006年第4期，第1頁。

〔註5〕陸胤：《近代學術的體制內進路》，北京大學2011屆博士學位論文，第3頁。

〔註6〕內閣總理衙門於五月二十二日派「尚能辦事，於中外交涉情形亦俱熟悉」的崇厚前往相機辦理。六月二十一日上諭賞崇厚賞戴雙眼花翎、頭品頂戴、太子少保、總理各國事務大臣、吏部左侍郎派充出使俄國全權大臣。崇厚此行，未入新疆而行水路，對伊犁地方情形不甚了了，張佩綸曾在《請勿給崇厚全

十，崇厚寄回俄人所繪伊犁分界地圖，總理衙門以「圖中所指，將同治三年經明誼議定之界，欲於西境、南境各畫去地數百里，並將伊犁通商八城之路隔斷，致伊犁一隅三面皆為俄境，彈丸孤注，勢難據守，萬不可許」回覆，但崇厚在未經請旨的情況下，於八月十七日簽定《里瓦幾亞條約》、《璦琿專條》、《兵費及恤款專條》及《陸路通商章程》〔註7〕等條約，並擅自回國。

一、清流及樞臣的反應

訂約消息傳來，朝野譁然，沈葆楨、左宗棠、李鴻章等疆臣紛紛疏奏不可行及商議補救措施，「翰林四諫」（通常指張之洞、張佩綸、寶廷、黃體芳）更是彈章紛至，十一月二十一日，翰林院侍讀學士黃體芳最先發難，上《奏崇厚專擅誤國請議罪摺》嚴斥「未有荒謬誤國如崇厚者也」，望朝廷「特伸威斷，敕下廷臣會議重治其罪，以為人臣專擅誤國者戒」〔註8〕；此摺促成當日上諭「出使俄國大臣崇厚先行交部議處，所議條約等件著各臣工妥議具奏」。十一月二十七日，俄方提出抗議，總署懾於淫威，強調兩國「素敦睦誼，仍以和好起見」。

針對這種仰人鼻息的說辭，十二月初五日，司經局洗馬張之洞上《熟權俄約厲害摺》〔註9〕，歷陳條約不可許者十，力主改約「必改此議，不能無事；

權及便宜行事字樣摺》力駁其弊。

〔註7〕 一系列條約包括界務、通商、償款，主要內容：俄國歸還伊犁，但中國須將霍爾果斯河以西土地及伊犁以南之特克斯河流域、穆素爾山口等地割歸俄屬，並將塔爾巴哈臺以西邊界稍加修改；俄商運俄貨北路可走張家口至天津，西路可走嘉峪關至漢口，並可運中國貨由天津經通州或由漢口經漢中、西南回國；俄人得在松花江行船至伯都訥，得在嘉峪關、烏里雅蘇臺、科布多、哈密、吐魯番、烏魯木齊、古城添設領事官；中國償還俄國五百萬盧布（折合中國庫平銀二百八十萬兩），換約後一年內還清「這些條約將比較富庶和面積較大的部分割讓給俄國；通天山的關塞，特別是乾隆的那條從固勒札到阿克蘇的軍道所橫過的莫薩山口，都讓給俄國；給予俄國人在中國西部很大的旅行自由和貿易特權。並且在這些割讓之外，中國還給俄國作為償付俄國佔領伊犁的軍費。這些條件只會是戰勝國強加於戰敗國的，但絕不能是由兩國普通交涉的結果所產生」。見〔美〕馬士著，張彙文等合譯：《中華帝國對外關係史》第二卷，商務印書館，1960年版，第365頁。

〔註8〕 王彥威纂輯，王亮編，王敬立校：《清季外交史料》，書目文獻出版社，1987年版，總第331～332頁。

〔註9〕 苑書義等主編：《張之洞全集》第一冊，河北人民出版社，1998年版，總第32～35頁。《清季外交史料》卷十八收入此摺，原名《奏要盟不可曲從宜早籌禦侮摺》。

不改此議，不可爲國」；援引萬國公法例，堅決將崇厚拿交有司，明正典刑；聲言俄國內虛，朝廷不必懼怕，並以訴諸公論爲支持；主張緩索伊犁「索伊犁而盡拂其請，則曲在我，置伊犁而仍肆責言，則曲在俄」；利用英俄在該區域地緣政治中的潛在利益衝突，以夷制夷。在外交戰的同時，他堅持修武備籌「設防之處大約三路，一新疆，一吉林，一天津」，新疆有左宗棠以靜待動；吉林去俄甚遠，懸軍深入，餽餉艱難，不能用眾；俄國兵船扼於英法，公例不能出地中海，即強以商船載兵，亦不敵鐵甲船，故若從渤海入侵，靡費巨帑新建的北洋艦隊正可扼守天津。張之洞洋洋數千文，以洞悉中外的語氣，條分縷析，跌宕磅礴；且一石二鳥，既代表「中外群臣之公言，非臣一人之私言」，又旁敲側擊了李鴻章的洋務事業；其局限性在於仍以疆放重於海防，提出「分南北洋海防經費之半爲經略東三省之資」。

朝廷迫於各方壓力，次日發布上諭，將崇厚革職拿問，交刑部議罪。十二月十六日，張之洞又上《詳籌邊計摺》，詳述應在加強武備的前提下再行談判〔註 10〕。兩摺實爲後來的廷議定下備戰、緩約、懲凶的路線「指陳皆援經據史，規切時勢，有關至計」，爲張之洞帶來了巨大的政治利益，之後奉召觀見，列席總署會議，六年二月初八日由司經局洗馬升翰林院侍講，六月初六補授右春坊右庶子，七月初三充日講起居注官，七年二月初十日補授翰林院侍講學士，從正六品驟遷至從四品，在清流中異軍突起，被視爲「牛角」。

在張之洞的引領下，翰詹科道們通常揣摩奏摺尺度，協調行動，據陳寶琛回憶「自俄事起，公及張幼樵侍講與余三人，累書陳言，各明一義，公構思稍遲，侍講下筆最速，三人不分畛域，或公口占而侍講屬草，或兩公屬草而余具奏，或余未便再言而疏草由兩公具奏」〔註 11〕。十六日黃體芳、寶廷，張之洞各上疏陳，寶爭毀約「改崇厚之新約易，改樞廷之成見難」，張言籌兵籌餉，黃專劾李相併及恭邸〔註 12〕。兩宮召見三人，言頗切，遂出上諭：吏部奏遵旨嚴議，請將前都察院左都御史崇厚照違制例，議以革職。崇厚奉命出使，並不聽候諭旨，擅自起程回京，情節甚重，僅予革職不足蔽辜，著先行革職，拿問交刑部問罪。

相對於清流的咄咄逼人，當軸則多諾諾不語，翁同龢日記五年十二月初

〔註10〕苑書義等主編：《張之洞全集》第一冊，河北人民出版社，1998 年版，總第 36～41 頁。

〔註11〕許同莘：《張文襄公年譜》，商務印書館，1947 年版，第 23 頁。

〔註12〕陳義傑整理：《翁同龢日記》第三冊，中華書局，2006 年版，總第 1465 頁。

五記：發下張之洞一摺，王仁堪等二十二人一摺，盛昱一摺，王、盛皆主殺使臣，盛言旁及於保薦使臣之人，張則力言宜戰，略言十不可四要。寶廷則主戰而沉痛惻怛，王漱蘭、李端棻議大略宜修戰備，百僚相顧不發，駢頭看摺，雜然一群鵝鴨耳。出邀談，齡（按：指愛新覺羅・載齡）相國云張摺甚好，可照行，但須俟上親政後再議。余曰此推諉之詞，議而不議，不敢附和〔註13〕。

初十內閣公摺上，兩宮皇太后懿旨：前有旨將崇厚所議條約章程等，交大學士、六部九卿、翰詹科道妥議具奏，茲據大學士等遵議覆奏，並侍郎長敘等說帖三件，另議者十四件（司業周德潤、吏部尚書萬青藜、侍郎錢寶廉等，中允寶廷、給事中張楷、郭從矩等，御史余上華、吳鎮、胡聘之等，孔憲毅、黃元善、田福墀等，鄧承修、張華奎等），又前據贊善高萬鵬、御史鄧慶麟、侍讀王先謙等、編修於蔭霖、御史葉蔭昉先後陳奏各摺，著一併交親郡王、御前大臣、軍機大臣、總理各國事務衙門、王大臣、大學士、六部、都察院堂官再行詳細妥議，具奏醇親王，亦著一併會議具奏。但萬青藜未至，黃體芳亦被召不至，自請議處。

久寓京師的李慈銘一言說破其中堂奧：總理衙門、王大臣皆迴避，軍機皆兼總理者亦迴避，而今復詔與議，蓋政府以避事為取巧也〔註14〕。其實朝臣的主張在禮親王世鐸奏軍機處的奏摺中已經顯露，「各摺雖措詞不同，而用意不外崇厚所定約章專條不可許，並應治崇厚之罪，籌戰守之策」。對於後兩條，一則以「崇厚已交刑部，應俟定擬，恭候宸斷」之辭拖延；一則以「容臣等詳細妥籌，另摺具奏」含混應付，只有對第一條提出「專條窒礙難行，請遣使前往轉圜」〔註15〕，實際為解決崇厚事件定下了調子。

二、樊增祥的「請殺摺」

在下交劾而上無為的矛盾糾葛下，時間拖到了光緒六年。終於兩宮皇太后於正月初三、初六兩頒懿旨：崇厚所議條約等件，有違訓越權之處；京外大小臣工陳奏，均稱事多窒礙；著派一等毅勇侯、大理寺少卿曾紀澤前往，將應辦事件再行商辦，以期妥協而重邦交。另刑部奏崇厚違訓越權，情

〔註13〕 同上，第 1462 頁。
〔註14〕 《越縵堂日記》光緒五年十二月初六日記。
〔註15〕 王彥威纂輯，王亮編，王敬立校：《清季外交史料》，書目文獻出版社，1987年版，總第 345 頁。

節重大，所有應得罪名，著親郡王、御前大臣、軍機大臣、總理各國事務
衙門、王大臣、大學士、六部、都察院堂官會同定擬具奏，醇親王一併會議
具奏。

正月十七日，庶吉士樊增祥即上疏《奏崇厚使俄違訓越權請亟正典刑
摺》：

> 翰林院庶吉士樊增祥奏：為使臣罪無可逭，請亟正典刑，以儆
> 行人而謝敵國。事竊臣伏見崇厚使俄，違訓越權，經廷臣交劾，逮
> 繫論罪。昨讀邸鈔，已欽派大理寺少卿曾紀澤往俄，另行商辦。又
> 以崇厚情節重大，特命親王大臣、部院掌官會同定擬。仰見皇太后
> 皇上誅罪殛奸，至明至斷。夫條約既煩更定，則訂約之人不得不
> 誅，行人苟可不誅，則所定之約不能不許，勢無中立，事不兩全。
> 會議諸臣既知條約之萬不可許，即知崇厚之萬不能生。蓋外國之所
> 謂違訓，即違悖詔旨之謂也。外國之所謂越權，即專擅誤國之謂
> 也。往者英之獄，成憲昭然，而況崇厚目無君父，貽害國家，其罪
> 甚於耆英百倍。有臣若此除論斬之外，本無他條可援，而臣猶虞其
> 未決者，則以崇厚自辦夷務以來，於通商各國百端取媚，我朝遂以
> 為罪，而外國皆利其奸，一旦加誅，不惟俄國不平，即他國亦必為
> 之稱枉，恐王大臣瞻顧全局，議罪不免從輕。臣以為苟出於此，則
> 褻上國之天威，隳臣民之銳志。使俄人益得有辭，而曾紀澤無從另
> 議，留一至愚極庸望君媚敵之崇厚，而擾國憲，啟戎心，卒使新約
> 歸於必行，狡謀終於得遂。此忠臣志士所為先事寒心者也。夫曾紀
> 澤雖曾國藩之子，而韓門出絳，張氏生均，平日傾心泰西，吐棄周
> 孔，過庭之誠，掃地無餘。此次朝廷簡命，不過謂其於彼中語言文
> 字，粗能通曉，又奉使歐洲，赴俄較近，論其讀書嗜古，容非安心
> 賣國者流，特其見解既偏，總為西人百倍於中朝，西法遠逾乎孔教。
> 充此一念，雖使腹地遍佈洋商，邊陲盡為俄有，彼將視為固然，而
> 不復與之爭論。此其為害，何可勝言。故崇厚不即加誅，則曾紀澤
> 以為得罪於俄國，恐遭非禮之侵凌；得罪於本國，轉有幸逃之法網。
> 是使俄國得一忠臣，為崇厚添一護法，其於國事，究竟何裨。況崇
> 厚一誤，可令曾紀澤往；若曾紀澤再誤，庸可再更再講乎？欲令曾
> 紀澤使不辱命，惟殺崇厚足以儆之；欲俄人不執前議，以惟殺崇厚
> 足以謝之。不特此也，崇厚所許各條約，中國臣民知其謬，彼雖不

慧，亦何至全無心肝。所以敢於違悖，敢於專擅者，誠見今之大勢，以夷務爲急，凡涉通商換約事宜，但有隱忍遷就之情，決無譴及使臣之事。用是不惜土地，取媚俄人，以爲但得帝國之歡，即不復畏朝廷之法。縱或偶干天怒，而總署諸臣既與同舟，誼均休戚，亦必能爲之斡旋，爲之免死。有此成見在胸，故能悍然無忌。此則崇厚之心之猶堪寸磔者也。夫以居心若此，猶令逃刑，則凡後之辦理洋務者，其視國家利害全不與一身之休戚相關，誰復肯力折強鄰，保全邊境。則一計及後來之事，猶可動色驚心，伏願皇太后皇上速伸乾斷，立置重典，以伸公憤，以儆將來。則後之出使諸臣，縱不愛國，亦當愛身，既知畏敵，豈不畏死。庶幾鑒於覆轍，周蹈前車。臣誠愚誠賤，不足以知大計，第見拿問崇厚之時，俄國使臣咆哮於總署，而上海洋報復故爲疑諷之詞，足見崇厚之與外人久已聯合一氣，此際求生念切，保無乞救西人，屬其以好語轉圜，以危言要挾，皆於邊事有礙，於國體有關。總恃皇太后皇上內斷於心，勿爲所奪，天下幸甚〔註16〕。

這是第一封上奏請定崇厚處斬的專摺，也是在此次輿論場中跳出的第一位「準」官員，樊增祥當時的勇氣的確可嘉。其實他早在光緒五年十月入都後，就參與到俄約事件的討論中，在《子壽丈來都流連旬日敬呈二首》中曾寫道「新亭置酒及新春，憂國談邊涕淚頻。誰使嚴徐傳諫草？似聞頗牧出詞臣」，還曾細心研讀何秋濤專論俄事的《朔方備乘表》〔註17〕；就在張之洞遞《熟權俄約厲害摺》當夜，樊增祥曾與李慈銘交談「雲門來，近日因議俄羅斯條約，部院庶僚多發憤，相約合疏擊崇厚。余感歎日知好中亦有與其事者，此亦公議之僅存也（翰林院修撰王仁堪、庶吉士盛昱各一摺）」。李慈銘在十二月初六記道「御筆施行，潰心腹以召癰，啓扃鐍而餌盜，而自居於有功無過，宜志士爲之裂眥，勞臣爭欲食其肉」。在二十七日的生日詩中又寫道「君

〔註16〕王彥威纂輯，王亮編，王敬立校：《清季外交史料》，書目文獻出版社，1987年版，總第348頁。

〔註17〕是書成於咸豐年間，著者嘗謂「俄羅斯地居北檄，與我朝邊卡相近，而諸家論述未有專書」，乃採官私載籍，爲《北檄彙編》六卷，復增衍圖說爲八十五卷（刊本訂爲八十卷），進呈御覽，賜名《朔方備乘》；後稿屢遭毀佚，其中《俄國圖說》殘散尤甚。光緒年間由黃彭年偕畿輔志局同人重爲補綴排類，重印全書。見黃彭年《刑部員外郎何君墓表》、《朔方備乘序》，收入《陶樓文鈔》卷七第27頁、卷八第34～36頁。

不見北門相國操璇璣，年年上壽開黃扉。珠履未散漏將盡，尸居瑟縮同雞棲。西郊冢宰亦當軸，三日後堂恣絲竹。彈章一紙天顏嗔，匿景仄行學藏六。又不見御史大夫稱貴疆，連天椒畹皆金張。虜廷屈伏比良嗣，朝議爭欲烹弘羊」，可見樊增祥的奏疏已經醞釀一月有餘，但平心而論，他的主張更多是附著了處士橫議的意氣與激憤，而不似張之洞等人的從容與切要。如果說主殺崇厚是受了李慈銘的影響，那麼對派遣曾紀澤的看法，則顯得過於偏狹。在朝廷選擇新使的問題上，寶廷因稱對曾紀澤「夙未深知」，故主張持謹；樊增祥也認為應慎之又慎，不可一誤再誤，但他的立論出發點竟是曾紀澤係國藩之子，而文正公當年在天津教案中的委曲求全，長時間被人誤解。所以在充分表明強硬立場和愛國言行之外，暴露了樊氏昧於外務，思想僵化的弊病，且以血統論是非，過於主觀臆斷，實為當時清流中「不滿曾文正所定天下之大計」（辜鴻銘語）的傾向之表現。與樊增祥相比照，他的好友、熟稔俄國事務的許景澄持論較為開通「俄事議起，公憤所集，沿溯源流，實有三誤：湘陰（指左宗棠）不揆交涉大局，在邊言邊，輕起索土之議，誤一；樞廷擇非其人，誤二；士大夫不明新舊條約，以為一切皆此次所許，激憤盈廷，勢成不解，辦事者幾無下手處，誤三」〔註18〕，認為喪權辱國的罪責不應有崇厚一人全擔。曾紀澤最終通過外交手段，在對俄談判中取得一定勝利，簽訂《中俄伊犁改定合約》，收回部分領土，反擊了樊增祥的杞人憂天。

從各方面勢力的態度反觀，這份「請殺摺」也有些失之操切了，樞臣方面如前所述，是希望「大事化小，小事化了」，畢竟是朝廷派出的使臣，如果擅啓殺機，既憚於外國施壓，也難以轉圜顏面；張之洞等人的諫言則「建設性」大於「破壞性」，儘量收拾殘局，並從長計議，由此反映出樊增祥初涉政壇時的不成熟。

此摺一上，驚動內閣，起初刑部與總署諸公皆比照刑律「增減制書條（條約係欽定，即與制書無異）」，論處斬監候。但翁同龢在日記中特別點明「看樊增祥摺，請立誅崇厚，醇邸（指奕譞）擬另議」，似乎觸動了王大臣的敏感神經，但人微言輕的樊增祥奏摺未能改變最終判決，二十三日兩宮皇太后懿旨「禮親王世鐸等奏會議，已革都察院左都御史崇厚，罪名比律定擬斬監候一摺，著照所議辦理」。這是朝廷對崇厚本人的最終裁決。

〔註18〕 許景澄：《上趙桐蓀師》，收入《許文肅公遺集》，見沈雲龍主編：《近代中國史料叢刊》第十九輯，臺北文海出版社，1968年版，第813頁。

三、事件對各方的影響

光緒六年二月初一日（3 月 11 日），總理衙門將崇厚所訂約章逐條簽注，奏呈請旨。詔命親郡王、御前大臣、大學士、六部及都察院堂官公同閱看，張之洞被准參與閱看，進入中樞核心。

英法等國以判處崇厚死刑（實為斬監候），有辱俄國顏面為由，一再施壓籲請釋放崇厚「這個結果在主戰派看來，多少是對於那些主張對外、強調親善的人們一個打擊；駐京各國的公使，對於企圖用外交的慣例去解決國際糾紛的一個外交大臣所受到的待遇表示憤怒，何況這位使臣是由於交涉失敗而不是由於叛國而被定罪的」〔註 19〕，南北洋大臣李鴻章、劉坤一等也聲稱海防兵備不足，欲先請外交轉圜，以杜啓釁之端。有鑒於此，清流方面，五月十六日太僕寺少卿鍾佩賢《奏陳處分崇厚罪名意見摺》，內閣侍讀學士胡聘之、國子監祭酒王先謙等奏請《俟俄約挽回就緒再赦崇厚摺》，都擔心按照英法的條件赦免崇厚後，俄國仍不改約，所以主張在俄國答應修約前仍維持原判。少詹事黃體芳奏《不宜徇各國之請清釋崇厚摺》、修撰王仁堪奏《崇厚不宜減罪，疆臣宜圖奮勉摺》，翰林院侍讀學士張之洞奏《敬陳經權二策應付俄事摺》均主張不宜減崇厚罪，而應修備籌防。張還提出變通之策「如俄怒必不敢攖，英法之請必不敢拒，崇厚必不敢誅，則莫如明詔昌言，徑赦其罪而姑驅策之，令捐銀百萬以充邊餉，責令仍往俄國，交曾紀澤差委，戴罪自效，更議條約，如條約不改，邊釁終開，即令曾紀澤在彼處將該革員及行正法」〔註20〕。

內閣方面，五月十九日醇親王奕譞奏請《乘英法調停之際以赦崇厚為條件挽回俄約摺》、禮親王世鐸等奏《遵議崇厚罪名應徇外使之請予以減免摺》，均主張聽從英法使者所謂居中轉圜的條件，解除崇厚罪名。總理衙門先後與李鴻章、劉坤一密商，意見相同，請旨遵行，並密諭曾紀澤將此事知照俄方。七月初七，上諭崇厚加恩開釋，將崇厚暫免斬監候罪名，仍行監禁〔註 21〕。

〔註19〕 〔美〕馬士著，張彙文等合譯：《中華帝國對外關係史》第二卷，商務印書館，1960 年版，第 366 頁。

〔註20〕 苑書義等主編：《張之洞全集》第一冊，河北人民出版社，1998 年版，總第 47～48 頁。

〔註21〕 曾紀澤從俄國電請開釋崇厚「乞將崇厚罪名寬免，為轉圜第一步，雖乾清議不敢辭」。樞臣與慈禧商議，後定奪「崇厚罪名原有俟曾紀澤到後再議之意，今俄既接待我使，且云條約尚可改，則崇厚傻不傻亦甚不要緊，不殺，伊能

在此之前，崇厚即知奏請開釋之信，此事都下哄傳，為此張之洞上《請防範崇厚摺》，認為「外國洋人在俄與曾紀澤商有成說後，即有人先用電信報慰崇厚。蓋崇厚辦理洋務多年，家本巨富，與各國使者厚為結納，以故交情甚深。觀其羽翼如此之廣，消息如此之靈。此日難保不胸懷怨懟，將中國虛實，輸情外國，從中播扇，務使原約不改，更加要求，以掩其前此所辦之罪。且迎來送往，不知謝絕，毫無愧恥，毫無畏憚，應加防範禁絕」〔註22〕。沒過多久，崇厚捐銀百萬以充海防後，徹底恢復了自由。

樊增祥的命運，則在光緒六年的散館試後發生了逆轉，因被列在二等而外放〔註23〕。依他的文采，這一結果實屬非常，具體緣故因史料所闕，已不可考，但筆者認為有兩方面原因，一是樊增祥自光緒三年五月點入翰林後，八月即告乞假，直到五年十月才回京，二年多未在館中修習〔註24〕，並且沒有必須長期告假的事由〔註25〕，所以違反了翰林院對庶吉士的相關規定；更重要的是，時人都以為他的疏陳可能觸怒了某些權貴，特別是滿蒙貴族集團，最終導致黜落。樊增祥後來在《自敘》中云「是時言路方開，清流奮起，余坐聽批鱗之論」，並說當年散館試後，自己的考卷為錫珍〔註26〕尚書所擯棄，時南派清流魁首潘祖蔭亦在讀卷之列，事後李慈銘、沈曾植嘗言「公力爭不得，心甚憤惋，狀易簀之前五日，猶與子培道及」，從中也可管窺有清自始至終未曾平復的滿漢之爭的激烈。余誠格、張佩綸等亦持此論：《樊樊山集敘》謂「以散館入都，時俄事方棘，言者蜂起，先生亦有所論列，當軸弗善也。

逃往何處？著即寬釋」，見《翁同龢日記》七月初六、初七記。

〔註22〕 苑書義等主編：《張之洞全集》第一冊，河北人民出版社，1998年版，總第57頁。

〔註23〕 依例，在館三年後又掌院學士請指定期散館，評卷分三等，一等留館，二等可以外放或留館，三等被除名，入歸班進士。

〔註24〕 為了加強對庶吉士的管理，雍正年間設庶常館（亦稱教習館），戶部提供廩餼，月銀四兩五錢。考課甚嚴，教習凡有訓誨，必恭敬聽受；每日清晨進館，申時乃散，毋得偷安。如有遲到早退或屢次託故不入者，館師記過登簿，每月開名呈送；每月作課四篇（文二、詩二），即日交卷，批改詩文必遵奉行改；每月赴內院考試，逢雙月必御試一次（詳見《庶吉士進學規條》，轉引自邸永君《清代翰林院制度》，第104～105頁）。

〔註25〕 清代制度規定，官員可以告病、丁憂或為父母終養、遷葬、治喪為由請假，但有嚴格的時間和條件限制。如對終養的規定，父母要在七十以上，且無人奉養的情況下，才許准假。顯然，從現有材料分析，樊增祥乞家返鄉的理由並不具備。

〔註26〕 額爾德特錫珍，滿洲鑲黃旗人，官至吏部尚書。

試列二等」；《樊山詩集敘》中亦云「以上書劾權貴出爲長安令」〔註27〕。

　　二等庶吉士也有外放和留館兩種可能，而以後者爲貴「張詞臣以神仙，詆縣令爲畜道」〔註28〕。庚辰科庶吉士散館後，留館者超過半數（此科庶吉士共七十九位，其中四十九位留館），而樊增祥竟被改外；余誠格記錄了一個細節「先生名與湖南孫宗錫相次，孫在湘序第四，先生在鄂第三。已而孫得館職」，在樊名之下者反而後來居上，實在令人費解。其中原委，亦頗有意味，後來樊增祥聽聞，當年散館被置二等後，本應可以改爲部曹，但當時的北派清流領袖李鴻藻對同僚說「此人有才，可試令」，官場沉浮，以一人言興，亦以一人言廢。而此時他與張之洞的關係也發生了微妙的變化「時清流方盛，南皮爲之盟主，廣雅堂中戶屨恒滿，先生雅不欲附和，南皮疑其稍持異同，故薦剡不及，先生無悶也」，據周容分析，這種「高風亮節」的背後，似乎與張之洞、李慈銘失和，而樊增祥不知如何自處有關，總之登龍之始的無援，注定了日後仕途的崎嶇。

第二節　但談時政，不事搏擊

　　短暫的郎署生涯就此告一段落，但關心政治的心情從未放鬆。當時伊犁危機是中國邊疆面臨的最大威脅，舉國無不以一戰爲快；左宗棠在西北控兵六萬餘，最希望在戰場上同俄國人一決勝負，徹底收復伊犁〔註29〕，清廷採納他的建議，命令積極備戰，以配合曾紀澤赴俄修約。俄國對此一系列舉動表示抗議，並在伊犁地區集結九萬以上的兵力〔註30〕，甚至揚言以封鎖遼海，

〔註27〕　見樊增祥著，涂小馬、陳宇俊校點：《樊樊山詩集》，上海古籍出版社，2004年版，第2029頁。

〔註28〕　翰林外轉，爲清代首創「著內閣、翰林院掌院、教習秉公別擇，其學問優長，字畫端楷，或精於翻譯圖書者留本衙門（指翰林院）辦事及各館纂修；其或才具練達，可當科道吏部之選；或長於吏治，編檢可爲道府，庶吉士可爲州縣者」。散館後被任命爲州縣官的翰林在當時稱爲老虎班，在獲得職位時有很大的優先權，但與留館相比，政治前途上不可同日而語。雖然起初官秩同爲七品，且京官清貧（冰敬、炭敬等灰色收入不算），但日後可入直內廷，又可簡放學政、主考，居清要而握文衡；而知縣起點低，晉升慢，若干年後，昔日同寅，已有高下之分。

〔註29〕　左宗棠：《復陳交收伊犁事宜摺》，《左文襄公全集》卷五五，第三一至三九頁，沈雲龍主編：《近代中國史料叢刊第六十八輯》，臺北文海出版社，1979年版。

〔註30〕　〔美〕馬士著，張彙文等合譯：《中華帝國對外關係史》第二卷，商務印書

進逼京師東西夾擊，迫於列強壓力，七月崇厚被開釋。當時清流派仍堅持強硬，俄國亦步步緊逼，八月十七日，俄使布策挾兵船前來，於崇約外提出更多無理要求「允之則貽患尤甚，拒之則兵釁立開」；深恐大局不可收拾，次日中樞及六部、翰詹妥召商議對策，軍機及恭親王力言戰無可恃，寶廷、張之洞等清流派則仍主廢約備戰。

朝野對是否以武力抗俄極為關切，八月廿七日，李慈銘作《有感》：

> 一聞雷燽走艨艟，屢誤甘泉報舉烽。幾葦闕前誇鷩擊，有人橋上戲龍鍾。狌牢已見歸良嗣，狗國何曾敬郭烽。一檄指揮諸將譬，不堪此手只攜節。

次日又作《次日用前韻寄竹篔雲門》：

> 赫蹄海上迅追鋒，瞬息戎機達九重。東去鐵營連黑水，西來玉節入甘松。翰情詎有中行說？約誓長依贊普鐘。與子且為山澤侶，短衣射虎一相從〔註31〕。

樊增祥則作《和韻答愛伯師感事之作》討論：

> 珠盤玉斧竟何從？萬里天驕費折衝。乘障只應煩博士，算緡真欲困司農。浮江組練新征戍，絕塞兜零數舉烽。誰識相公驢背上，短詩歌後日從容〔註32〕。

郭則澐在《十朝詩乘》「李越縵詩多及朝事」條中引用了李慈銘的《有感》，並指其中的「龍鍾」一句「謂萬藕舲尚書亦有所陳奏」，筆者以為此說恐泥於史實，查當時親歷者如翁同龢的日記，萬青藜（號藕舲，時任禮部尚書）並未發聲，故所謂「龍鍾」，應是李譏諷那些深居高位、但游移畏葸的老臣，非有所特指；他對曾紀澤的出使也並不看好，或許也囿於前面提到的保守成見。樊則更關心當時窘迫的國庫開支能否支撐一場戰爭，對此張之洞曾提出借外債以緩急的權宜之計；頸聯注意到開辦北洋水師學堂及由此引起的海防與塞防的思考；尾聯則戲謔地提到了首次在中國出現的電報。

作於光緒七年初的《都門雜感》八首則進一步反映了樊增祥對於這場外交危機及引發的後果的整體思考：

館，1960 年版，第 366 頁。

〔註31〕兩詩見李慈銘著，劉再華校點：《越縵堂詩文集》，上海古籍出版社，2012 年版，第 379 頁。

〔註32〕樊增祥著，涂小馬、陳宇俊校點：《樊樊山詩集》，上海古籍出版社，2004 年版，第 105 頁。

興京鬱鬱古仙寰，鼇軸東迴國步艱。西曬久封雷煮海，北烽高
並雪峨山。極邊茶馬仍通市，舊國參貂稍入關。屏蔽漸虛肩背削，
廟堂爭得破愁顏。

窺人魑魅涉重溟，歃血珠盤浴劍腥。已見仙槎通碧澥，亦聞薑
發覲彤庭。十洲書檄傳飛電，萬國衣冠聚寶星。曾記尚書憂國語，
急收黑水入圖經。

南北天山久厭兵，中原民力盡西征。高宗舊費籌邊略，突厥新
寒款塞盟。葱雪十年煩轉鬥，波蘭八部亦縱橫。如何再遣樓船使，
始終無人似陸生。

貂錦如雲出備邊，茫茫遼海列戈鋋。旗翻玄菟城頭月，箭射盧
龍塞外天。羽檄頻煩征北馬，軍儲絡繹饋東錢。中丞家世通侯貴，
莫遣回溪折翅還。

廿年債帥總西師，軍奇從容得便宜。暫報關中鐵如意，來參天
上玉罘罳。將軍跋扈終非福，老子癡頑詎有知？至竟虛名誰啖得？
臥龍巾扇到今疑。

蜀將桓桓謁玉京，朝廷動色待花卿。相公對客仍吳語，戰士連
營半楚聲。老去廉頗惟善飯，事前趙括易言兵。紛紛灞棘皆兒戲，
誰爲官家致太平？

西朝冠帔怯晨興，宵旰猶煩玉幾馮。邊奏亟呼蓮燭視，國醫連
用鶴書徵。建章花發稀回輦，扶荔春寒罷進冰。欲治常儀萬年藥，
須教瀛海一時澄。

堂堂中庶鬱孤忠，指畫天山及紫濛。昔折蕚瑽金殿上，今爲頗
牧禁林中。間坊冷局憂天下，痛哭危言動兩宮。待取中朝相司馬，
四夷拱手慕華風〔註33〕。

樊增祥處於京師，能夠及時掌握各方消息。組詩基本以兩首爲一個主題，首
先描述了當時四周不靖的形勢：法越和議定，朝鮮與日本媾和，琉球被日本
強呑「數年之後，屏藩盡失」〔註34〕，朝貢體系岌岌可危。其中尤以俄國爲

〔註33〕樊增祥著，涂小馬、陳宇俊校點：《樊樊山詩集》，上海古籍出版社，2004 年
　　　版，第 110～112 頁。
〔註34〕同治十三年五月，法、越簽訂《第二次西貢條約》；光緒六年八月，朝鮮遣使
　　　來告與日交聘事；光緒三年，日本阻琉球入貢，七年二月日本使臣宍戶璣來
　　　議琉球條款，不協，清廷敕海疆戒備。

甚，而各國以斡旋爲名向清廷施壓，正如第二首中間兩聯所描繪的那樣，表面一團和氣，其實各懷鬼胎，身後都以武力爲恃；對此樊增祥的態度比較矛盾，他極知朝廷實在無力應戰，但又不甘屈服於軍事威脅，所以轉而寄希望於談判桌上的勝利。當時清廷以「時事孔亟，俄人意在啓釁」爲由，急調左宗棠赴京，表明用兵策略轉向先以京畿爲重，也受到清流派等各方勢力支持的影響，張之洞仰慕左宗棠「老於兵事，臨時操縱，自有卓見定衡也。京師必有此等緩急可恃之重臣，方免宵旰獨憂，人心震動」〔註35〕；但樊增祥對此任命頗不以爲然，滿紙怨憒之情，這種非理性的看法，一定是父輩恩怨所積蓄的私憤遠未消散所致。在他眼裏，當前能力挽狂瀾，拯救危局者非張之洞莫屬，的確張之洞在光緒初年處理對俄事務中扮演了重要角色，引領清流諫言獻策，並因此飛黃騰達，樊增祥在結尾對其師極盡溢美之辭，雖有過譽之嫌，也在情理之中，但張之洞缺乏左宗棠長期的實戰經驗，才是眞得有些紙上談兵。

當樊增祥光緒九年再入京師時，中法戰爭剛剛發生，清流同人仍然積極主戰，但情勢已今非昔比，當朝以議和爲大計，慈禧對他們漸生厭感；而當外交危機迫在眉睫之時，樞廷又發生了巨大變故，當時慈安太后已薨，慈禧羽翼漸豐，遂視恭親王爲權力的最大阻礙，她利用醇親王奕譞與奕訢的矛盾，聯手借戰事將其扳倒，又以清流橫議爲名，連同寶鋆、李鴻藻等一併罷黜，開去一切差使；重建以禮親王世鐸爲領班軍機，戶部尙書額勒和布（滿）、閻敬銘（漢）、刑部尙書張之萬、工部左侍郎孫毓汶、刑部右侍郎許庚身爲軍機大臣的新軍機處，晉升奕劻爲慶郡王，主持總理衙門，這就是晚清歷史上著名的甲申易樞事件。不久，十年三月十三日，樊增祥有感作紀事詩：

> 數行嚴旨出深宮，一日三公策免同。上意用兵誰決策越事方棘？中書伴食久無功。清流禍起衣冠盡，甘露時危政府空。至竟聖朝全體貌，上尊恩禮貫初終。

> 左戶星郞惜起家，鈐山清望滿京華。朝廷多事由藍面，臺鑒無人裂白麻。海內騷然皆怨苦，人情不近必姦邪。相公未識周官字，自比荊舒意太誇京師有聯：辭小官就大官，十八年養望林泉，自畫供招王介甫；

〔註35〕張之洞：《海警日迫急籌戰備摺》，收入苑書義等主編：《張之洞全集》第一冊，河北人民出版社，1998 年版，第 59 頁。

改戰局爲和局，七百萬發空銀庫，毫無把握奏會之〔註36〕。

重大的人事變動，必然經過長期醞釀，但其觸發點，往往有意想不到的細節。據《翁同龢日記》記載，三月初四樞臣覲見，慈禧因前線失事深感憤懣，而恭王則喋喋不休地大談爲太后獻壽事「極瑣屑不得體，慈諭意在責備」，次日竟亦如是，連翁同龢都歎道「天潢貴胄，親藩重臣，識量如此」〔註37〕。恭王一代輔政名臣，見識自然不會如婦道人家，其必有隱衷，但這段插曲或許就是壓垮他的最後一根稻草。初八，盛昱奏劾軍機大臣貽誤國事，請予懲處，慈禧一班乘勢而動，五天後宣佈易樞懿旨「恭親王奕訢家居養疾，大學士寶鋆原品休致，協辦大學士李鴻藻、景廉俱降二級，工部尚書翁同龢褫職仍留任」〔註38〕。清流在其中貌似扮演了推波助瀾的角色，以致給人「及甲申，其力遂足以搖動樞臣」〔註39〕的印象，其實不過是權力鬥爭黨同伐異的棋子，果然當盛昱等提出樞臣雖有愆，但畢竟重任，不宜輕動，且醇親王不宜與軍機大臣會商事件的主張時，慈禧隨即敷衍「毋庸再議」。樊增祥似乎預感到易樞後的政治格局「清流禍起衣冠盡，甘露時危政府空」，清流或將受創，軍機全班出局。歷史的走向確如其所料，朝廷將清流主將悉數派往前線會辦軍務，名義上以積極應戰爲除舊布新張目，實際用違其材「書生典戎，以速其敗」〔註40〕，清流盛極而亡，亡極將悔，隨即風流雲散；太后之意益伸，權力更難節制，誠爲晚清政治之一大轉捩。

次首是樊山對新進軍機大臣的評騭，特別對戶部尚書閻敬銘頗有微詞。首聯「左戶星郎」指其由戶部主事起家累遷至尚書，「鈐山」指明代巨蠹嚴嵩，曾任戶部侍郎；頷聯「藍面」指唐代奸相盧杞，尾聯小注據說亦出自閻疏〔註41〕。樊譏諷他名滿天下，實大奸似忠；自比王安石，全不懂變通理財〔註42〕；而閻素以清介著稱，整頓陋規，嚴懲腐敗，所以銜恨者深惡痛絕，

〔註36〕樊增祥著，涂小馬、陳宇俊校點：《樊樊山詩集》，上海古籍出版社，2004年版，第146頁。

〔註37〕《翁同龢日記》三月初四、初五記。

〔註38〕趙爾巽等撰：《清史稿》，中華書局，1976年版，總第877頁。

〔註39〕震鈞：《天咫偶聞》卷六，北京：北京古籍出版社，1982年版，第156頁。

〔註40〕黃濬：《花隨人聖庵摭憶》，上海古籍書店，1983年版，第69頁。對此亦有不同觀點，可參考陳勇勤：《論甲申易樞後清流黨人任海疆三會辦問題》，《歷史檔案》1992年第1期。

〔註41〕劉體智：《異辭錄》卷二，上海書店，1984年版，第47頁。

〔註42〕「周官」典故，指王安石著《周官新義》，以託古改制作爲變法藍本，這裡突

極口醜詆，樊或聽信此類傳言，才說出「人情不近必姦邪」的話，明顯失於褊狹。

時議也普遍認為改組「不饜人望，至樞密大事但聽於醇邸，尤非所以善處親賢。或謂政樞之易，醇邸陰主之，故談者往往有『角弓翩反』之慨」，李慈銘不解道「樞府五公〔註43〕悉從貶黜，而易中駟以駑產，代蘆葑以柴胡」〔註44〕。臨戰易樞，自亂陣腳，也並未改變議和的主調，終於在不敗而敗的境況下簽署條約，承認了法國對越南的佔領。同時由於清流的失衡，朝臣唯慈禧馬首是瞻，權貴以揣摩為能事，以固寵為宗旨，賄賂公行，風氣益壞。

樊增祥曾在致張之洞書中，和盤托出自己見聞的朝堂內幕，可鑒政紀之敗壞：

> 都門近事，江河日下，樞府惟以觀劇為樂，酒醴笙簧，月必數數相會。南城士大夫，借一題目，即音尊召客；自樞王以下，相率赴飲，長夜將半，則於筵次入朝，賄賂公行，不知紀極。投金暮夜，亦有等差：近有一人引見來京，饋大聖（按：指孫毓汶）六百，見面不道謝；相王（按：指世鐸）半之，道謝不見面；洨長（按：指許庚身）二百，見面道謝；北池（按：指張之萬）一百，見面再三道謝；其腰繫站裙（按：指額勒和布）者，則了不過問矣。時人以為得法，然近來政府仍推相王為政，大聖則左右贊襄之，其餘唯諾而已。高陽（按：指李鴻藻）與北池締姻，居然演劇三日，習俗移人，賢者不免，仍令信之（祥與比鄰，不堪其擾）。竹篔昨日談及，大聖近來於函丈，亦不甚為難，常熟雖不合，然渠亦自命清流，夫子負天下重望，渠決不肯顯然樹敵〔註45〕。

即使處江湖之遠，樊增祥依舊心憂魏闕，光緒十五年正月廿七日，光緒帝舉行大婚，二月初三親政，樊增祥作《讀邸報恭紀》：

> 又見珠簾撤紫宸，履端歸政降鶯綸。金甌不改山河舊，玉殿重瞻日月新。五柞巡遊攜嗣主，九蓮供奉遍都人。分明記得延英語，

出其經濟措施。

〔註43〕當還包括兵部尚書景廉（降二級調用），工部尚書翁同龢（退出軍機處，加恩革職留任）。

〔註44〕李慈銘：《越縵堂日記》，廣陵書社，2004年版第14冊，總第10245頁。

〔註45〕黃濬：《花隨人聖庵摭憶》，上海古籍書店，1983年版，第249頁。

社飯香時念老身。

少長椒庭侍宴遊，聖年十八備長秋。官家早已虛金屋，太母欣然賜石榴。班政翟衣臨繭館，問安珠佩過龍樓。女堯坐對皋夔笑，佳婦佳兒共白頭。

一德親賢翊紫微，肩輿許詠杏黃衣。弓刀並沐金桃寵，珠玉新題玉鶴歸慈聖常畫松鶴，詔王題詩其上。大禮深譏明宰輔，畫堂仍入漢宮闈。神機十萬今龍武，齊擁橐鞬聽指揮。〔註46〕

第一首記慈禧表面撤簾，還政光緒，自己退處頤和園事，實爲迫於清議的非得已之舉；次首記光緒大婚事，頷聯語帶微諷，意在說光緒成婚太遲，按清朝祖制，皇帝一旦大婚就要立即親政，慈禧爲怙權一再愆期，又將自己的內侄女立爲皇后，於是仍能操縱朝局；但不管怎樣，光緒親政是群臣所企盼的。末首寫所閱邸鈔內容，即三月廿三日慈禧觀看頤和園操練神機營水陸各軍事，由醇親王親自經營，當時情形「隊伍整齊，聲勢聯絡，實深嘉悅」〔註47〕；由於奕譞乃光緒生父，與帝、后的關係十分微妙，樊增祥不由聯想到明代嘉靖朝的大禮儀之爭。郭則澐評價這組詩「皆風華典麗之作」，但沒有揭示權力過度背後的糾葛與隱伏的危機。他又作《後春興五首》：

午夜鐘鳴紫禁開，掖門一炬失崔嵬。金鋪碎積琉璃瓦，內庫飛殘錦繡灰。慈聖詔停瑤島役，公卿爭赴柏梁災。銅駝無恙長安陌，莫效當年索靖來。

冰合金門溜轉遲，遂牽錦纜補坤維。投瓊久已通河伯，鑄鐵無勞問海師時西人有鐵堤之議。邾子頻年刑白馬，甘泉一日到紅旗。河東使者能稽古，對客長吟寶鼎詩。

水落魚龍猶偃蹇，雪中鴻雁盡流離。兩河州郡人相食，千里江淮歲洊饑。宮府近聞減遊宴，泉刀久已竭公私。三吳開府今長孺，稍喜蹛金得便宜。

去國荊舒氣不驕，尚叨文綺謝神糕。唯阿掾屬浮雲散，標榜聲名見晛消。相業惟聞餐脫粟，民錢頃已罷青苗。暮年蛇足誠多事，悔不空山保後凋。

〔註46〕樊增祥著，涂小馬、陳宇俊校點：《樊樊山詩集》，上海古籍出版社，2004年版，第235頁。

〔註47〕朱壽鵬：《光緒朝東華錄》，中華書局，1958年版，總第2605頁。

輸金爭以助邊名，墨敕斜封出上清。朱紫有時加土木，白衣一
日致公卿。誰爲殿上批鱗手，禁斷階前仗馬聲。賴有朱屠雙御史，
朝陽能作鳳皇鳴〔註48〕。

鋪敘十四、十五年京、地大事，先寫上年十二月十五日紫禁城大火事，當時
正在籌備光緒大婚，卻突發險情，貞度門、太和門、昭德門焚毀殆盡，古人
認爲災異昭示政治不善。的確當時內憂頻仍，二、三首著重關注黃河在十二
年至十四年的數次決口，已經殃及江淮流域〔註49〕，甚至出現人吃人的慘
狀；慈禧不得已中止頤和園工程及宮中奢靡，做出與民分憂的姿態。當時朝
臣乏謇諤之言，幸得朱一新、屠仁守二御史諍言，前者嚴劾李蓮英隨扈醇親
王閱海軍，言論侃侃，不避貴戚；後者力闢飽受詬病的海防捐，以爲敗壞吏
治，並請停修園子，因此頗招怨府。組詩由不祥之兆起筆，充滿了對親政開
局的擔憂。

　　除了批評政策及廟堂物議外，樊增祥還關注選人用人的得失，他重道德
而不尚空談，以務實任事爲根本。光緒九年，當時任山西巡撫的張之洞誠邀
其入幕時，他婉言謝絕，只敬上一封書信，詳細闡明了他的選人用人觀：

人才難得，求才於今之仕途，則尤不易。天下無論何事，皆先
講明而後嘗試之，至於服官則不然。以甲科進者，當讀書之時，知
有帖括而已，其於世務懵然也；以軍功捐納進者，知有聲色狗馬之
樂、盜財積穀之方而已，政何以平，訟何以理，勿問也。然而貿貿
入仕爲大吏者，亦循資而用之，輪班以委之；是以牧民之日，爲試
手之初，大邑大官，不如美錦，此仲氏所以賊夫人，而子產深歎於
尹何者也。夫平居不立志，臨事不究心，上無激勵考課之方，而下
惟以妻子財帛爲事，是故以之治民則民殘，以之任事則事敗。

　　今欲簡拔才俊，當自破除常格始；欲培養人才，當自激發志氣
始；欲其競於功名，當自重氣節尚事功始；欲其以實心行實政，當

〔註48〕樊增祥著，涂小馬、陳宇俊校點：《樊樊山詩集》，上海古籍出版社，2004年
版，第235頁。
〔註49〕（光緒十三年）八月十三、四日，河南鄭州石橋黃河陡決三四百丈，全流東
趨，由沙河、陳州經安徽之潁、泗，挾淮水入洪澤湖，直抵江南揚州府，至
所屬之臺東縣入海。三省地面約二三十州縣，盡在洪流巨浸之中，田廬人口
漂沒無算，而里下河一帶富庶之區適當其衝，行見糧鹽俱壞，江淮交病，見
《光緒朝副錄檔》劉恩溥摺，轉引自《光緒朝（1875～1908）災荒研究》，第
47頁，山東大學博士學文論文。

自祿足以養廉始。今天下之患在於貧，而吏治之弊在於庸：貧則其賢者捄死不贍，而無暇遠圖：不肖者惟利是營，而罔恤廉恥；庸以積習相仍，因循不振，遇事數衍曰「宰邑之良」，先意承迎曰「逢時之俊」。其有位置自高，材器殊異者，非置之閒散，即加以排斥，志氣何自而興，功業何自而出哉？且夫君子用人，當其少也，則用其氣；其壯也，則用其才與識；及其老也，則用其望而已。此數者用之失當，則各有所絀，養之有方，則兼收其效。何以言之，少年始仕，本質未漓，鼓行而前，無所撓屈，然鹵莽之失，往往有之；及其更事既多，浮情漸戢，事理或覘其深，物情略窮其變，而疇昔盛氣，耗於室累者什之三，墮於名場者什之七，事至物來，有不可爲而爲之，可爲而不爲者矣；之五十六十以後，宦成名立矣，而禍福太明，人情太熟，其視天下事，舉不必爲，而後世名亦無足慕。王公憒憒，伯始中庸，朝廷或以舊人任之，以宿望推之，而得其力者寡矣。夫以氣任事，猶水之浮物，風之驅雲也，才者，舟之帆楫也；識者，車之軌途也，望者猶木之有豫章，物之有麟鳳也。三者皆乘氣而用，氣不足則雖有虛名而不獲實效，今欲使人才日出，士氣日伸，亦終無以易祥前說矣。夫資格限人，賢豪短氣，官場錮於積習，長吏局於成見；試用確有年限，委署不過瓜期。隨其班次爲銓敘，而才之優劣不與焉；因其境況爲調劑，而事之治否不問也。大府以虛文飾聽，屬吏以謹願藏身，雖極循良，而任滿者民不能留；雖甚庸懦，而資深者上不能抑。遂使驥駑同皂，蘭艾連莖，何以奔走賢材，激揚風華哉？今惟舉資格之說，一切破除之，則賢者興而不能者勸矣。志者氣之帥也，志氣者，學問事功之原也。志至而後氣至，氣至而後事成，事集而後名立，人莫不慕功名，而往往無志節者，貧累之也。今天下士貧於學，農貧於田，商貧於市，官貧於朝，夫身爲士大夫，而日有溝途之懼，家無宿舂之糧，誰能忍死而屬夷憲之節，周孔之道哉？夫官貧由於祿薄，而今所謂官，雖薄祿無從得也。一省之官，浮於缺者數倍，浮於差者亦數倍。侏儒飽則臣朔饑，雞距長澤鳳毛短，國家何愛此什伯闒冗之員，而不伸二三豪俊之氣哉？今誠嚴加澄汰，明立限員，員與缺不得過一倍，德與才不必限一科，要取祿足以代耕，而器足以適用。由是寬其小過，責其成功，

能者盡其所長，賢者久於其任，使夫一二志節之士，恃上官之知我，
而敢於有為，恐大賢之薄我，而嚴以自守。如是則經世之才日眾，
而剛勁之氣不衰，以之亭毒八表，鞭撻四夷，美哉始基之矣。祥於
夫子有史遷執鞭之願，無子路不說之時。自侍几席，粗聞緒論，竊
嘗鑒人論之臧否，究當世之利病，屬我夫子考試雜流，疏通仕路，
聊復發之如此，用以證其所得，質其所疑〔註50〕。

這是典型的體制內的聲音，但也有的放矢，首先他意識到出身科舉制度下的
官員，往往昧於實務，恃軍功捐納進身者惟以私利與邀寵為能，則更不論矣，
所以先要掌握合理的治政之術，才能付諸實踐，並要真正究心於地方時政，
才能有所作為。其次他提出選官用人的策略在於打破按資排輩，以戒庸得真
才；激發氣節，仍是清流講求的道德主義；但又不避談現實的厚祿養廉，由
此更需要精簡隊伍，保證能者多得。他還就各年齡層人心的不同狀態，提出
合理的梯隊建設，顯然脫胎於孔子「少之時，血氣未定，戒之在色；及其壯
也，血氣方剛，戒之在鬥；及其老矣，血氣既衰，戒之在得」的論斷而反用
之，將年輕人敢想敢幹的衝勁、中年人成熟穩健的才識、老年人德高望重的
資歷搭配調用，以平衡各自鹵莽、中庸、世故的弊病。

樊增祥深耕地方，踐行著自己的為官之道，三十年間，他以一個過來人
的視角，用切身經驗呼應了年輕時的論斷，如在《老儒》中寫道：

十科難得主文知，金榜無名淚暗垂。青史未譜唐宋事，墨程苦
守正嘉時。高談封建師王者，閒伴童蒙點學而。三月幾曾知肉味，
黃韭百蔞最相宜。

樊增祥雖熱衷八股，但認為以「美錦學制，未離學究之迂疏」，下者更如這個
屢試不第的老童生，胸無積學，墨守程序，只在消磨餘生中高談經濟，所學
非所用。

又如《老吏》、《老幕》中所揭露的：

工為鬼蜮與人殊，抱牘堂前慎走趨。累世居倉成大鼠，有時分
芋弄群狙。印偷聖相知能返，錢盜乖厓不畏誅。包老來時翻得計，
愈清嚴處愈糊塗。

獄詞烏府教詳定，臆說龍莊有異同。萬事繁難求伯始，一生法

─────────────

〔註50〕 樊增祥：《上南皮夫子第二書》，收入《樊山文集》，廣益書局，民國二十五年
版，第78～80頁。

律守文終。

樊增祥究心吏治，久牧地方，於基層政權中胥屬、幕僚的明暗規則深悉竅要，這些不入流的職位多由當地人長期充當，故蒞任長官常須仰仗；在這種共生關係下，州縣不熟民間利病；胥吏從中巧於周旋，於是上下隔閡，中飽私囊，陋規貪贓屢見不鮮，又很難監管與杜絕。幕僚主管刑名與錢糧，與書吏類似，深知法條與其中的漏洞，這就為他們深文周納提供了便利〔註51〕，這兩類人事是制度異化的結果。

而在《老令》與《老臣》中，則儼然夫子自道：

> 百里栽花四十春，一生官職為他人。等身墨牘朝朝判，過眼黃
> 金歲歲貧。妻子豪奢拘檢少，臺司風旨揣摩頻。怪來宦轍平如砥，
> 時有私書謁要津。

> 白首丹心佐上清，眼看子弟到公卿。洛陽年少多才氣，知否君
> 王重老成〔註52〕。

刻畫了一條沉浮宦海，由縣令一步步精明練達，老來終得高位的仕途經歷，正循著他所提出的進階路線。幾首詩串連起清末官場生態，嬉笑怒罵，雖格卑意淺而猶見心曲。

〔註51〕關於書吏與幕友，參考瞿同祖：《清代地方政府》，法律出版社，2003年版，第59～87、143～178頁。

〔註52〕諸「老」詩見樊增祥著，涂小馬、陳宇俊校點：《樊樊山詩集》，上海古籍出版社，2004年版，第962～968頁。

第三章 翰林知縣的治事與爲文

第一節 爲官一任，造福一方

一、徙任各縣的政績

光緒十年九月八日，樊增祥抵達西安，十月赴宜川，十一月廿六日接印，正式開始了縣令生涯；與他同官陝北的好友還有懷遠知縣李爽階、甘泉知縣張世英，身爲外放翰林，手眼自不同於一般俗吏，即便地處僻遠苦瘠，依然秉持「粉澤自關儒者事，好持經術答斯民」的信念，而「同爲北山安靜吏，好紓官馬遞詩筒」就成了他們政餘之暇最好的溝通方式。

樊增祥爲官一方，儘量不假胥吏「余居憂時，讀律三年，及到官，用汪龍莊官須自作之言，不用丁幕」，凡事親力親爲「行輿置筆筒，隨處記村名」、「十歲丹州兒，發語鈍如椎」是他深入鄉間，瞭解民情的點滴寫照；「向來通脫無呵殿，只用鉗奴擔酒來」展現了他接觸百姓，躬身親民的平易近人。他在宜川任期雖只半年有餘，但因清丈復荒、禁種罌粟〔註1〕等政績，得到當地百姓的愛戴，曾自詡爲「田婦群知內翰名」、「父老依依戀斾旄」；並因此爲巡撫邊寶泉知遇，六月六日以學識優長著調闈差，卸宜川縣令，七月十六日離任，八月充任陝西乙酉科鄉試同考官。九月准調醴泉知縣，兩個月後又署理咸寧知縣，可謂「小謫蓬山歲幾更」。

〔註1〕 見《復邊中丞禁煙稟》、《代邊撫軍禁種罌粟示》、《上邊中丞論宜民賠納荒糧狀》、《覆本府問絕糧事》，收入《樊山公牘》，民國上海會文堂書局版（未標年），第1～14頁。

十二年春，樊增祥結合在陝任職一年的感受及對時局的關切，作《春興八首》：

鬱拂高樓萬里心，神皐雄秀此登臨。青門柳合新豐碧，紫閣峰連太白陰。喜見衣冠還古處，時聞彝鼎出幽深。銅仙辭漢知何處？西北浮雲自古今。

十年甘隴息戈矛，父老如聞説隱憂。遊獵時時驚鹵騎，耕犁往往雜降酋。弓刀拜路能無詐，鉛藥連營卒未收。回鶻健兒經百戰，風煙愁煞古河州。

采薇曾陟北山阿，土曠丁稀可奈何？蓬户生男應受賞，荒田無主尚催科。山河殘破春無色，亭堠凋疏盜轉多。爲語司農經國計，莫教窮鳥困虞羅。

玉堂曾記賦春寒，鳳閣鸞林接羽翰。人謂子瞻宜學士，衆知唐介稱言官。文章朝貴玄金購，封事深宮動色看。墜翼青冥今幾載？袍靴淪落古長安。

傳聞三海起蓬萊，駁娑陪遊迤邐開。月下錦帆回翠水，春深璚舄上瀛臺。外間百戲趨宮市，内裏千官助殿才。椒掖有人諳漢賦，矢音剛道柏梁災。

升平相業視床棱，臺寺諸賢力詎勝。外吏幾曾褒郭琇〔註 2〕，中樞有意出彭鵬。頻聞直節投邊徼，稍覺危言取上憎。往日翰林稱四諫，朝衣剩積淚成冰。

兵事南交久晏然，尚書談笑靖朱鳶。越人互市檳榔嶼，黎女清歌茉莉天。置戍珠江增鐵艦，勒兵瓊海税沙田。粵華頂上千尋石，要與燕然一例鐫。

鳴琴爲政亦風流，儒俠參差兩見收。麈尾過江名士物，劍端西嶽大王頭。賦才何地逢楊意？奏草無人問馬周。何限平生蕭瑟恨，五陵芳樹謾悠悠〔註 3〕。

前四首集中反映了作者所目睹與親歷的西北境況，首先是戰後的創傷，該地區民族混雜，教派林立，而地方官對於民間糾紛或消極應付，或處置不當，

〔註 2〕郭琇係康熙間御史，曾彈劾明珠，以直聲震朝廷，後爲僉壬誣陷，罷官廢置，《清史稿》有傳，樊增祥應以此自比。

〔註 3〕樊增祥著，涂小馬、陳宇俊校點：《樊樊山詩集》，上海古籍出版社，2004 年版，第 178 頁。

導致問題涉及面廣，遇事極易激化。同治元年，川滇農民軍、「髮撚」餘部等襲擾漢中、關中等地，陝甘交界的華州回民趁亂起事，蓄積已久的官民對立、回漢矛盾被引動，清廷派左宗棠鎮壓，前後十年，糜費無數，最終於同治十二年平定，但對本來就自然條件惡劣，經濟長期落後的陝甘地方破壞甚巨，並且因爲施政理念並未根本改進，所以武力的威懾只能起到暫時的作用，而動蕩的種子就此埋下，此後數十年，西北地區仍然民變不斷，直至清朝滅亡。樊增祥到西北時，戰爭結束已經結束十年，但當地百姓依然談之色變，裂痕遠未彌合，他也在反思這種單純剿滅的方式能否眞的根絕各種矛盾。其次是災年的困苦，戰後又遭丁戊奇荒，雙重打擊下的陝北靡有孑遺〔註4〕，但催科日仍，捐稅不除，這造成更多官逼民反的事件發生，陷入惡性循環。再次是盛世的追憶，陝西曾是周秦漢唐的京畿重地，是華夏文明的發源地，但歷史的風物抵不住現實的摧折，絢爛的繁華終墜入沒落的煙塵，千年之中，政治中心的位移與經濟重心的遷轉，長安漸漸褪去光芒，靜默於西北一隅，只能成爲作者撫今追昔的言說意象。作爲曾在京師文壇和政界如流星閃過的青年俊彥，詩人很自然地完成了兩座故都的時空對接，後四首開始轉向對朝政的關注，他以在野清流的口吻，或用漢典譏諷清廷，或以本朝事直陳憤懣，在中法戰爭中，主戰派的清流陣營被分化瓦解，從此一蹶不振；所幸張之洞於光緒十年調任兩廣，與兵部尚書彭玉麟積極謀劃，購置艦炮鞏固海防〔註5〕，確保了廣東的相對太平。末首轉回自身，多少有點懷才不遇的遺憾。全詩後來寄給李慈銘評定，報書曰「子詩日益遒上，曩所許不虛矣」。

四月初九，陝西巡撫鹿傳霖奏揀員調補省會首邑知縣，以資治理事：

長安縣原知縣余麟書於當年正月十九在任上病故，即日開缺。長安縣知縣係衝煩疲難四項兼全要缺，例應在外揀選調補，該縣爲省會首邑，政務殷繁，時有發審案件，非精明幹練之員弗克勝任。鹿與藩臬兩司商議，於通省現任正途及應調人員內逐加遴選，非現居要缺，即人地未宜，惟查有准調醴泉縣知縣樊增祥年富力強，才識明敏，辦事勤能，任內並無一切違礙處分，自調署咸寧以來，辦理

〔註4〕 詩中有「村落才炊黍，山田半破荒」、「使君若照逃亡屋，盡在光明燭影中」。
〔註5〕 唐上意：《中法戰爭期間的廣東防務》，《學術研究》1986 年第 6 期，第 85～90 頁。

裕如，認為以之調補長安縣知縣，寔能堪勝任，洵有裨地方〔註6〕。

七月又調署富平知縣；八月黃彭年入關出任陝西按察使〔註7〕，樊增祥親赴驪山泠迎謁，並將在陝感受實言相告：

> 秦中自經荒祲，頗甚凋殘，夫何至此極耶？曰兵也、歲也；尚有言興利者，為官乎？私乎？前既開源而節流，近復造冊而徵信。其鉗制官吏若縛牛衡軛之上，而隨以鞭笞；其煩擾小民，若置魚泥淖之中，而恣其蕩滌。其實關中之治，迴非流俗可同，室鮮酣歌恒舞之娛，門無女謁苞苴之累，其人才如孟公綽之仕魯，可為老未可為卿；其行事如江夏王之用兵，無大敗亦無大勝。明公若求非常至才，與之上下縱橫，共贊神武中興之烈，則秦國聞其無人；若得安靜之吏，與民休養生息，使無歎息愁恨之聲，則如某比者甚眾〔註8〕。

他指明當地存在的疲民困境，荒祲過後，苛政更擾，所以要簡政輕賦；又言陝西官場比較清淡，亦難圖作為，而更適合他這種才短而廉淨者。他在途中路過灞橋，留下「柳色黃於陌上塵，秋來長是翠眉顰。一彎月更黃於柳，愁煞橋南繫馬人」一絕，詩中的灞上柳色，早已褪去王維筆下的青青新意，而是染盡碌碌風塵，不正是自己由清流轉而俗吏的寫照嗎？「黃」為色調貫穿全篇，既繫於陝北風貌，也逐層透出蕭瑟，末句和盤托出一個疲於應付，沉鬱下僚的形象，依然是那類我們熟悉的《詩經》傳統下夙夜在徵，仕途蹭蹬的小官模樣；多年之後，譚嗣同「往見灞橋旅壁，塵封隱然，若有墨跡，拂拭諦讀，讀竟狂喜，以為所見新樂府，斯為第一，而末未署名，不知誰氏，至今恨恨」〔註9〕。

八月，鄭州黃河南岸決口，波及直隸、山東，災情為三十年來所未有。這年五月剛剛接任河南巡撫的倪文蔚〔註10〕臨危受命，與革職留任的原河道總

〔註6〕《申報》1886 年 5 月 22 日載《京報全錄》。

〔註7〕黃彭年在陝西按察使任上興學懲亂，為關中書院添置書籍，建博學齋延請宿儒主講；摘示民間易犯條例，整頓保甲、明連坐法、嚴窩賊禁，擒誅盜匪巨魁等，政績頗著，《清史稿・循吏傳》有記。見王定祥撰：《清黃陶樓先生彭年年譜》，臺灣商務印書館，1978 年版，第 43 頁。

〔註8〕樊增祥：《上黃廉憲啟》，收入《樊山文集》，廣益書局，民國二十五年版，第64 頁。

〔註9〕錢仲聯：《夢苕庵詩話》，收入張寅彭等編：《民國詩話叢編》第六冊，上海書店出版社，2002 年版，第 301 頁。

〔註10〕倪文蔚，字豹岑（1823～1890）安徽望江人。1867 年入李鴻章直隸總督幕，

督成孚、新署河督李鶴年協同賑撫災民。樊增祥作《奉懷望江中丞豫州》：

> 戡定南交亟掛冠，豫州重與障狂瀾。女中堯舜知蘇軾，天下蒼
> 生望謝安。羅致梁園賓客易，調停蜀洛黨人難。公歸終上凌煙閣，
> 莫問吳中畫扇看。

> 朝廷有意塞宣房，千乘車旗出大梁。故舊今無毛武陟，功名前
> 有靳文襄〔註11〕。舟車絡繹輸南漕，泉幣艱難竭尚方。滄海橫流憂
> 不細，急封瓠子復流亡〔註12〕。

據《清通鑑》記載，關於治理方案，李鴻藻馳赴河南勘查災情後，認為應當改歸故道，閻敬銘等力主之，而翁同龢、潘祖蔭則持堵塞決口，兩派意見相峙，所謂「調停蜀洛」，即指上諭「此時萬分吃緊，惟在鄭工之速求堵合，故道之議，暫求緩圖」之說。當時朝廷命豫省截留京餉銀三十萬兩，且將來江蘇等處應運京倉漕米及水腳運費一併截留。九月又調撥內帑銀十萬交倪文蔚查明災區，核實散給，並由戶部提銀二百萬兩，解往鄭州決口堵築工程，並令戶部陸續籌款，源源接濟。同日戶部奏擬將洋藥加徵釐金一項歲入全數專供賑工之用，還停捐海防，改捐鄭工，並令鹽商捐輸，當匯交銀〔註13〕，但資金遲遲未到位「舟車絡繹輸南漕，泉幣艱難竭尚方」。樊增祥直道比黃河水患更為嚴重的是河工的糜爛，所以才會「急封瓠子復流亡」，治標不治本，且愈治愈潰。

樊增祥自宜川而咸寧，而富平，而長安「易地者四，勞形案牘，掌箋幕府，身先群吏，並用五官」。清代考核地方官的主要指標是收捐納糧，且繼任縣官須先墊付賠累。樊初到宜川時，由於前任為邀寵虛報奏銷，致使災荒過後，民瘼不減反增，所以樊增祥提出「晰其膠葛，平其苦樂，劑其多寡，考其虛實，舉宿累而一空之。庶幾現戶蒙麻，逃丁復業，而元氣可期漸復」，以安民蠲緩為先，以清丈復耕為要，逐步恢復了當地「昔歲流移數百家，於今隨地見桑麻」的年景。

晚清國庫空虛，稅賦日益加重，處於政權末端的縣令備感壓力：

> 四海饑虛賦大東，孔桑箕斂意無窮。雞豚簿錄茅簷低，猿獳圖

曾任廣東巡撫。

〔註11〕 毛武陟即毛昶熙，靳文襄即靳輔，兩人均為清代著名治黃專家。

〔註12〕 樊增祥著，涂小馬、陳宇俊校點：《樊樊山詩集》，上海古籍出版社，2004年版，第193頁。

〔註13〕 戴逸等編：《清通鑑》，山西人民出版社，2000年版，第7912～7914頁。

形紫閣中。朝士競攻皇甫鎛，深宮終相宇文融。封椿枉斂民錢盡，
艮嶽崔嵬紀汝功。

計相持籌在廟堂，監門圖裏任流亡。青苗已算民錢盡，墨牒徒
令士氣傷。社稷有靈終鼠杞，皇天不雨願烹桑關中久旱。九重若遣論
新法，臣是當時唐子方。

自詡宋相唐子方，對當朝的財政改革頗多怨言，爲民吁情的良苦用心昭然自
明。

煙毒之害，甚於猛虎，據統計，十九世紀六十年代，陝西鴉片種植面積
達五十三萬畝，至八十年代更是「煙苗廣植，無地無之」，與地爭利，致使「煙
愈多而糧愈少，荒年至糧無有而煙不能充饑，死人便至不可收拾」。鴉片種植
屢禁不止，一方面是民眾意識不足，更重要的在於官員視鴉片爲利藪，以課
收重稅的「寓禁於徵」政策，變相承認了種植罌粟的合法地位。左宗棠在擔
任陝甘總督期間，實行禁煙，但因各級官員陽奉陰違，禁煙效果微乎其微，
最終使禁煙令徒有具文。

樊增祥在宜川任上雖僅爲一縣之長，卻有滌蕩痼疾之志「樊山於此事深
惡痛絕，生性使然；曩年山右禁煙，亦即發於芻論」，欲傚仿其師張之洞在光
緒八年發起的山西禁煙行動。鑒於當地「民窮地瘠，數倍他方，現在啓徵，
催科正急，若煙苟一概芟夷，而二麥又難補種，是剜其肉無補於瘡也」的實
情，他主張分期分步禁種「罌粟之禁，當嚴於未種之先，不忍鋤於既成之後。
若已禁而仍種，此奸民之嘗試者也，法當芟夷；未禁而先種，特愚民之無知
者也，情可矜愍」，重在教化煙毒的危害，嚴懲徇情的官吏，並在經濟上擠壓
孳生空間。光緒十一年，戶部等衙門奏開源節流案，推廣洋藥捐輸，不分洋
藥土藥，均由戶部發票，每票捐二十四兩，於是地方出現了「禁種罌粟與推
廣藥捐者並行聯貼」的奇怪現象。樊增祥雖反對此舉，但迫於上官徵稅壓力，
只得以最低限額發放執照，同時提高售煙者的歲課，迫使「如其商力不支，
閉門歇業，亦於禁煙有濟也」；但他未能從根本上剷除此害，在離開宜川數年
後，罌粟種植死灰復燃。

作爲儒吏，樊增祥每到一地，都以興學振教爲己任「政術莫先於學校，
宦途最重者文衡」，陝西各地「自咸同以後，兵歲兩荒，井邑蕭條，民居蕩析，
不但農田草宅，兼之藝圃荒蕪。官師既失教於前，士子更因循於下。文教之
衰，而志學少也。科甲寥落，弦誦聲稀。年復一年，田間無識字之民，黌序

少讀書之種」；所以下車伊始，每每出示觀風整俗令，申明教育之重要「教人者非一術，耳聞在所先。可愛者非一民，而士居其首。民眾愚昧無知，則百業荒廢不興，是故有識之士，不以兵歲兩荒爲可憂，而以學校一荒爲大懼」；定期考課試士「鄙人從燕市而來，自比識途之馬。旬鍛季煉，月有常期；束脩不行，師資可得。其花紅獎賞，由本縣捐廉給發；有觀光赴舉者，本縣必捐給賓興」。以科舉爲圭臬，題目不出舊學，如「擬續皇清經解目例」、「擬續漢學師承記凡例」、「擬大婚禮成賀表」、「華山賦」、「關中秋色賦」、「擬韓昌黎秋懷詩十一首用原韻」；亦有切關時政「問陝西隱患有四曰回民、客民、會匪、遊勇，將欲銷患，未萌其道安在」、「汧隴以西增設防營議」，以發揮素蘊，吐棄陳言爲懸格，旨在振玉聲金，覬予關學。

方志爲一地千秋萬代，天地人倫的歷史記憶，修志者必具知往鑒今的史家情懷。樊增祥到任富平後的第二年，即著手續修縣志「樊君日夕勞，撫字訟庭之暇，則商榷邑事之損益，政治之得失，除耗蠹累，省不便法；覆核前令七年任內延人所爲邑志，不洽眾情，而捐助經費，十餘僅二三；君毅然身肩，以署爲志局」，飭邑紳分途採訪，條舉綱目〔註14〕：

富平縣志自乾隆三十六年，前令吳六鼇增輯後，至光緒七年，蕭署令任內，闔縣捐錢三千餘串，設局增修。迄今官經五任，時逾七年，纂修未有成書；增祥到任後，闔邑紳衿重申前請，復念縣志失修，已逾百載，中更兵燹，益以奇荒，私家罕著錄之人，故老失傳聞之實，而政事人物，積久滋多及此不修，後將何述？第存錢無幾，底冊全亡，若延訂纂修，張皇志局，正恐著書未半，存款已空；若再事徵求，重加科斂，一之爲甚，民復何堪。竊念卑職束髮以來，即勤鉛槧，今者風塵雖倦，結習未忘，爰與邦人別立新約，以縣令爲總纂，而束脩省矣；以縣署爲志局，而局用裁矣；使書院門生分行四境，而採訪齊矣；使八房書吏分揀案牘，而掌故備矣。蒞任數月，治理粗成，乃以餘閒，究心此事。惟書體宏大，條目繁多，終非一人所能集事；有候補直隸州譚麐者，自繳兵符，閒居韋杜，夙與卑職意氣相孚；本擅著書之才，雅抱卻金之節，來遊官舍，共校圖經，數月以來，粗有端緒。惟是撰述之事，不入交代之條，卑職卸任非遙，修書未竟，因念前有涑水，後有崑山，均以書

〔註14〕見《富平縣志稿》光緒十七年刊本譚麐、劉錕序，臺北成文出版社影印本。

> 局自隨，俾得告成一手，縣志雖小，其事則同，擬即攜至長安，續
> 成斯志〔註15〕。

未匝月而檄調長安，增祥攜書稿入省，丁內艱去職後仍屬譚麐續纂。

二、丁憂期間的文事

十三年十一月初十，樊母亡故，依例開缺；次年正月致書李慈銘告喪，並寄近年創作，信中情辭悽楚「其鶯啼序寄余及追悼子繢，極爲哀婉，誦之令人低回不能自勝」。其間增祥憂勞成疾「以積瘁之身，洊丁大故，遂得咯血疾，寅僚慰解，方藥將獲，至戊子春，杖而能起」。小祥之後，樊增祥瑟居無俚，遂與西安文人結成青門萍社，更唱迭和。成員十餘人，今可考者有譚麐、李嘉績、萬方熙、毛鳳枝、毛鳳清、謝威鳳、秦毓琪、劉開第、彭洵、席裕馹、趙元中等，多爲當地頗具人望的儒者，他們以消寒會的形式，每次立一主題，或切磋詩藝，或共賞書畫，或清言論政，或考證金石，尤以樊增祥與李嘉績雅號收藏，卓然群倫，爲當時關中地區重要的文人結社。

十五年四月七日，樊增祥從長安出發，返楚安葬母柩，五月下旬，樊增祥安排好母親安葬事宜後，黃彭年、張之洞〔註16〕爭延致之。他決定先下江南「一卻豫州之聘，尚稽吳苑之遊」，七月二十五日在吳淞口與黃彭年會合，並應邀入南京協助江南己丑恩科鄉試監臨，期間兩人流連篇詠，留下一部《紫泥酬唱集》，記述貢院外簾官的生活及分工，與趙翼描寫內簾的《分校雜詠》組詩相得益彰。

九月初，樊增祥抵達廣州，與時任廣東鄉試副主考王仁堪、順德知縣陶少簀等故交，繆荃孫、梁鼎芬等張之洞門人暢遊廣府；十一月，張之洞調任湖廣，樊增祥攜眷隨同返鄂。光緒十六年正月十三日，譚獻受張之洞之邀，入漢口主經心書院講席，二月十七日渡江入城，在陳豪處與樊增祥相見，十八年離抱，老友悲喜交集「故人黃土，有子溫文，相對悵悵」〔註17〕；樊山將近作詩詞稿本數卷贈與譚獻，譚閱後評點「詩一卷，才性窈深，音辭曠

〔註15〕樊增祥：《續修縣志稟》，收入《樊山公牘》，民國上海會文堂書局版（未標年），第28頁。

〔註16〕由《上張尚書師啓》知，張欲使「襄斠刊於故籍，治機要之文書」，見樊增祥：《樊山文集》，廣益書局，民國二十五年版，第65頁。

〔註17〕譚獻著，范旭侖、牟曉朋整理：《復堂日記》河北教育出版社，2001年版，第187頁。

邈。相其輪困離奇，非栄桷之材可儷；樊山詞如彈丸脫手，獨繭抽絲，不膩不豪，自成馨逸。詞乃本朝家數，遂撮竹垞、頻伽之長」〔註18〕；樊增祥則推重譚獻詩爲三百年來浙詩殿軍，可與李慈銘並駕。

閏二月初六，樊增祥、譚獻赴張之洞處，得見舊友孫詒讓。中午集飲五福堂，同席還有楊銳（字叔嶠）、廖平（字季平），均爲張之洞門下士。譚獻記曰「座上孫詒讓談《周官》，頗有條理，季平談《左氏》則進退無據，成《經傳疏證》數十卷，亦似向壁虛造。聞其本師王闓運本非束脩儒者，古曰飾六藝以文奸言，今乃破六藝以張橫議！吾與雲門塞耳不欲聞此不祥之言」〔註19〕。

這段記載其實可作晚清今古文經學之間直接交流的一件饒有趣味的個案，不同學術背景的文人濟於一席，碰撞與對話，闡發各自觀點。孫詒讓是晚清公認的樸學大師，以治《周禮》著稱，門徑廣大，著述宏博，梁啓超在《清代學術概論》評價他爲「有醇無疵，得此後殿，清學有光矣」，又在《中國近三百年學術思想史》稱讚《周禮正義》「可算清代經學家最後的一部書，也是最好的一部書」；他與譚獻均爲張之洞在浙所得之士，早年服膺李慈銘之學，曾多次造訪〔註20〕，與樊增祥彼此相熟。《周禮正義》同治末年開始動筆，光緒二十五年始成書，這次來湖北，是應張之洞集刊《國朝經疏》之議，準備將已完成的稿本數十冊整理付梓的〔註21〕。孫詒讓綜群經而備諸說，多聞闕疑，不拘成規，且在治經中注入了救亡圖存的信念，以周制比附近代西制的思路，帶有明顯的復古主義色彩，但他試圖立足傳統文化本位，挽救陵夷而欲有所作爲的精神，體現了通經致用的永嘉學派風格。

與孫詒讓學術門戶相對的四川廖平，是個在近代學術史上頗具爭議的人物。他六變己說，此時正處在崇今抑古的「經學二變」階段；他的治經方法「穿鑿過甚，幾成怪了」（梁啓超語），錢穆則謂「治經先立一見，然後攪擾

〔註18〕同上，第 188、339 頁。
〔註19〕同上，第 340 頁。
〔註20〕《越縵堂日記》光緒二年曾記「孫仲容孝廉來，琴西布政之子也，年少好學，言近爲《周禮長編》，搜集國朝諸儒說經之書已得數十種；又言陽湖莊大久名獻可，方耕先生之曾孫也，著有《周禮集說》，尚未刊，已屬人借鈔」。
〔註21〕光緒十四年秋，張之洞微孫詒讓所撰《周禮正義稿》，並謀付刊。當時疏稿尚未寫成，詒讓遂亟校核理董，至翌年始寫成《禮疏長編》稿。光緒十六年正二月間，往湖北張之洞官署以就商榷。然因事情有變，刊刻之事不得已而中報。此據林存陽博士說。

群書以就我，不啻『六經皆我注腳』矣，而考證遂陷絕境，不得不墜地而盡」〔註22〕，所以在時人眼中難免有進退失據、嚮壁造車之憾。但他於《三傳》均有著述，自言「初解《穀梁》、繼解《公羊》、己丑乃治《左氏》」，參與討論時，他已經完成《穀梁春秋內外編》（1885），其中包括《穀梁經傳古義疏證》、《穀梁傳義疏證》，還剛剛完成了《春秋古經左氏說漢義補證》〔註23〕。

　　樊增祥雖爲辭章名士，向不以經學顯著，但其師李慈銘喜於考據訓詁處見學問，且素薄公羊「右左氏而薄何劭公諸家之謬，多與餘意合」，故譏廖平學問爲「自負務爲高遠迂誕之說」，對王闓運更不遺餘力地諷刺「盛竊時譽，唇吻激蕩，好持長短，大言詭行，輕險自炫，亦近日江湖倿客一輩」，這是文人相輕與門戶之間的雙重態度使然；樊之學見，當亦受其影響。譚獻雖治公羊《春秋》，好求微言大義而不斤斤於章句，但亦與廖平異趣，理其學緣，則譚屬常州莊存與、劉逢祿後學，梁啓超喻莊存與爲清代今文學的啓蒙大師「著《春秋正辭》，刊落訓詁名物之末，專求所謂『微言大義』；其同縣後進劉逢祿繼之，著《春秋公羊經傳何氏釋例》，凡何氏所謂非常異議可怪之論，次第發明」〔註24〕；而廖早年師從王闓運，梁啓超曾言「闓運以治《公羊》聞於時，然故文人耳，經學所造甚淺，其所著《公羊箋》（書名爲《春秋公羊傳箋》），尚不待孔廣森」〔註25〕，在梁氏眼中，即有家法高下之分。其次在路數上，譚獻與廖平都經歷過一個由許鄭之學向西京之學的轉變，但譚亦尊奉章學誠「辨章學術，考鏡源流」的治學取徑，又借取其「官師合一」理念，推闡黃宗羲以學術爲公器，以有用爲鵠的的文化策略〔註26〕，學問追求質實。再次在義理上〔註27〕，譚獻等的觀點還僅限於學術領域，以思想完善制

〔註22〕錢穆：《中國近三百年學術史》，商務印書館，1997年版，第723頁，下小注尤精闢。

〔註23〕鄭偉：《近代經學家廖平著述彙覽》，《歷史檔案》2014年第1期，第118～122頁；趙沛：《廖平的左傳研究》，《管子學刊》2007年第3期，第111頁。

〔註24〕梁啓超：《清代學術概論》，中華書局，2011年版，第113～114頁。而錢穆認爲「莊氏爲學，既不屑於考據，故不能如乾嘉之篤實；又不能效宋明先儒尋求義理於語言文字之表，而徒牽綴古經籍以爲說，又往往比附以漢儒之迂怪」，但也承認其道夫先路之功。

〔註25〕同上，第117頁。

〔註26〕王標：《譚獻與章學誠》，《杭州師範大學學報》2009年第1期，第65～70頁。

〔註27〕可參考陸寶千著《清代公羊學之演變》，《清代思想史》，華東師範大學出版

度，廖平則更傾向將學說付諸於改變制度，並由此成爲康有爲變法的思想導源之一；譚獻似覺此太激進，故力抵之，至日後評騭《新學僞經考》時乃論其「以當六經干城，九儒正統，恐猶未也」，又云「持之有故，不無周內」、「畢竟非金城湯池，炫妍市怪而已」，抑揚予奪間，則仍視之爲學術異端，應是一貫其文化保守主義。

　　總之，這場學術「自由談」雖記錄極簡，但其背景淵源足可作當時各派一流學者的切片分析：道咸以後「清學的分裂」，至光緒中期已經畛域分明，但是不論是漢學內部的經今古文之辯，還是漢宋兩路的合流或分歧，在經歷了裂變與重組之後，學者不可能再游離於現實，而是逐漸溢出學術的範疇，引向各自的政治立場，實現經世致用甚而干預政治；在西方學術思想成爲主流之前，這些「古時丹」成爲士人在思考中國該往何處去後開出的藥方，並最終演進出戊戌變法時代的各種思潮，不過此時學術的爭鳴與論衡，已然轉變成彼時政治的角力與對抗。辯論發生在張之洞幕府，這是當時最大的學人集團，南皮以儒臣之姿，兼容並包，以漢學考據爲正宗，亦爲微言大義置一席，但當維新失敗後，他一轉而急欲切割「平生學術最惡公羊之學，每與學人言，必力詆之。四十年前，已然謂爲亂臣賊子之資。至光緒中年，果有奸人演公羊之說以煽亂，至今爲梗」〔註28〕，足見其圓滑。

　　七月十八日樊增祥挈家入都謁選，在武昌與譚獻相遇，因海舶未至，兩人得共晨夕敘舊，重理京華別緒。譚獻慨歎「齒墮髮摧，豈猶是當日洛陽年少邪」〔註29〕，互贈長賦留別〔註30〕。

　　八月初四，樊增祥過天津時晤張佩綸：

　　　　皤鬖三經塞草春，還京才氣許誰倫。超超眼領猶殊衆，奕奕文
　　章信有神。未用陳濤悲杜甫，終然蘇軾感宣仁。琿春江上邊烽急，
　　早晚君王起舊人。

　　　　心如皎日終當白，眼似西山無恙青。有幾故人思薦達，無雙國
　　士歎零丁。津橋柳暗啼鵙路，仙館花深畫雀屏。寂寞夷吾棲海表，

　　　　社，2009 年版，第 227～269 頁；陳其泰著《清代公羊學》及趙沛《廖平春秋
　　　　學研究》。
〔註28〕 苑書義等編：《張之洞全集》河北人民出版社，1998 年版，總第 10631 頁。
〔註29〕 《復堂日記》，第 193 頁。河北教育出版社。
〔註30〕 見樊增祥著，涂小馬、陳宇俊校點：《樊樊山詩集》，上海古籍出版社，2004
　　　　年版，第 248～249 頁。

可能無淚灑新亭。

兩人關係在中法戰爭後進一步加深，甲申馬江敗役，張佩綸遣戍察哈爾，期間樊增祥曾致詩書洊恤：

綸羽雍容出備邊，虎門岌岌沒狼煙。功名房琯陳濤路，號令韓琦好水川。背水一軍臨死地，裏創諸將泣空卷。平生恩怨同牛李，謗譽區區總浪傳。

廣柳遙遙別上都，愁看萬里荷戈圖。荒唐馬角歸何日，流轉龍沙跡太孤。終以生還期定遠，莫將死事責夷吾。古人三敗猶無怍，曹范由來是丈夫。

勝負兵家之常，一眚不掩賞刑。朝廷之柄，萬里遄歸，無待馬角之生，已沐雞竿之赦。某官起家中禁，捍患危疆，屬鯨浪之未平，遂龍沙之遠戍。三年不見，帝念賈生之才；一障可乘，人忌狄山之直。終回天鑒，重返帝鄉，氣濱鐵柱杖，隨學士以東還；頭上玉門關，喜君侯之生入。恩綸入耳，雪涕沾膺，而或者苛責夷吾，深譏范蠡，則長勺未捷以前，魯侯不疑於曹沫；彭衙拜賜而後，秦伯猶用夫孟明。能爲留侯之忍，則項可滅而劉可興；倘服得臣之刑，是晉再克而楚再敗也。故恩牛怨李，每致淆於功罪之間；而杆易嬰難，全不繫乎死生之際。勉持晚節，一雪群言。某九邊馳溯，三輔羈棲，詠飛鴻而公衰來歸，比鳥鳥而我頭將白。敢修簡畢，用布腹心，閱校尉戊巳之屯，知益精於邊事；編更生甲乙之集，願勉和於新詩〔註31〕。

十四年，張佩綸返京入李鴻章幕，在給樊增祥的回信中對其讚譽有加「賢者在陝，治行卓然，極爲潤民師（按：指邊寶泉，其女爲張佩綸繼室）所稱，舊地重臨，庶慰秦民所望」，並告知塞上三年自己潛心研讀《管子》之心得「暇日讀書，稍藥鄙陋。管子孤學，有意治之，而善本甚少，雖經孫洪及高郵王氏父子詳爲校正，訛脫猶多。鄙人聊以讀書百變，其義自見。『及思誤書，亦是一適』兩語，爲讀管之法，何敢云著書也。閣下既見與壽丈往復各書，略悉鄙人年來致力之處，即鄙人身世兩忘之跡，當亦曉然」〔註32〕，可見二人

〔註31〕 樊增祥：《與張學士啓》，收入《樊山文集》，廣益書局，民國二十五年版，第66頁。

〔註32〕 張佩綸：《澗於文牘》，《續修四庫全書》第 1566 冊，上海古籍出版社，2002

交情益篤。

此次來訪，樊增祥攜來張之洞書信及端溪研、欽州砂壺〔註33〕；從之後的樊氏書信知，大概受南皮託付如下事：

爲二張居間事。當時張佩綸入贅李家，爲新舊所排；張之洞則欲重建交誼，亦以此交通李鴻章。樊告知南皮，佩綸「識見之明決，議論之透快，其可愛如故」，但「雖居甥館，跡近幽囚，郎舅（按：指李經方）又不對付」，便勸南皮「何妨招其遊鄂，縱不能久留，暫住亦復甚佳」。

打探李鴻章對修建京漢鐵路的口風。起初海軍衙門欲修天津至通州鐵路，張之洞反對，所以當張奏請建造京漢線時，又受制於李；張後來主動彌合，遂「渙然冰釋」，李甚至稱「鋼軌既出，我少買洋軌，多以軌價付鄂，俾資周轉，是亦相助之道也」。

詢問李鴻章系統對開辦湖北紡紗、織布、繰絲三廠的支持。張佩綸稱自己「本不與公事，惟三廠事，若有稍近瑣屑，不欲徑達合肥者，可致電其代達」；但也坦言「不婚猶可望合肥援手，今在避親之列，則合肥之路斷矣」，想見其處境之尷尬〔註34〕。

樊增祥還將自己的《關中集》、《東歸集》、《轉蓬集》三卷詩奉呈佩綸評騭並屬其題序：

> 君學識英博，倜儻有奇氣，詩則調採葳蕤，音韻鏗鏘，使人味之不倦。自言初涉溫李，後溯劉白，於此事頗具甘苦。余玩其名篇，以情經文，以辭緯理，殆兼取四家之長，而不囿於四家者也。昌黎稱樊紹述三世以軍謀堪將帥策上第，紹述無所不學，海涵地負，放恣橫縱，不煩繩削而自合。然紹述文字晦澀，不副昌黎所稱，若君其足當之〔註35〕。

八月十二日樊增祥入京，拜見李慈銘「別已七年，天涯聚首，喜可知也」。當年五月初二，吏部知會李慈銘補山西道御史缺，故樊作《入都呈愛伯

年版，第537頁。

〔註33〕潘靜如：《張佩綸前半生事蹟考論》，蘇州大學2012屆碩士學位論文，第124頁注解2。

〔註34〕諸項由《花隨人聖庵摭憶》所刊載樊山書信內容概括，原文見黃濬：《花隨人聖庵摭憶》，上海古籍書店，1983年版，第249頁。

〔註35〕樊增祥著，涂小馬、陳宇俊校點：《樊樊山詩集》，上海古籍出版社，2004年版，第2026頁。

師時新入諫院》賀之：

> 詔遣英儒備諫垣，秋來無恙雀羅門。禮堂故有鱣魚瑞，朝列今
> 知獬豸尊。御史裏行應得路，春風中坐欲忘言。函關關尹知何幸，
> 重睹猶龍問道源。

李慈銘爲樊增祥謀楊家駒爲其賃慈谿居暫住，不久又移居半截胡同；十九日李慈銘在藤花樹爲黃體芳作壽筵，並爲樊增祥、繆荃孫接風；爲許景澄出使俄德荷奧諸國餞行，樊有《答許竹篔侍講啓》：

> ……起家玉堂之署，持節歐洲之庭。鯨波紅海，三萬里而有餘；
> 牛耳珠盤，十九人之在後。大君之命不辱，惟端木之獨能；二國之
> 言無私，非子貢而誰與？夫何風樹，載感使華，瓜戍三年，春暉旦
> 暮。邊城華表，丁令鶴何意歸飛？老母終堂，蘇武節向來如是。艱
> 難忠孝，感動華夷……圖畫奇肱之飛轂，箋釋周禮之毌人，謀深帷
> 幄，古來獨美留侯；表奏闕廷，識者決爲羅隱……往日新亭之泣淚，
> 大段蒼涼；一時蜀洛之黨人，莫非師友。蓋共討論者數十事，而頑
> 頡者二十年〔註36〕。

欽佩許景澄學通中西，不失傳統士人的家國情懷，並在清流與洋務之間遊刃有餘，見識較之李慈銘更通透〔註37〕。

李慈銘問及樊增祥在陝西各地的任職經歷，對其所行惠政、所斷讞獄，皆讚賞有加。樊以秦中公牘一冊乞閱「中多代大吏奏疏，言秦民疾苦之文，如減差徭、裁釐局、緩辦徵信冊，議禁鹵灘利〔註38〕，皆通達利病，訟牒判三道，皆精當事理而文尤雅」，又以厚樸花兩匣、桂耳兩匣、化州橘樹朝珠一串、竹根如意一柄、湖綢衣裁一領、銅水煙管一具及離京後所作詩集見詒，李閱後評價《東歸集》最佳，《關中集》、《紫泥酬唱集》中亦「佳句絡繹，頗觸吟興」。

〔註36〕樊增祥：《樊山文集》，廣益書局，民國二十五年版，第66～67頁。
〔註37〕李曾不屑道「坊局之選，得於鑒空；侍從之華，用以媚夷。饕無名之厚祿，被非分之服章，雖爲無識者所豔稱，終非志士所樂道，吾深爲竹篔惜也」，見李慈銘著：《越縵堂日記》，廣陵書局，2004年版，第8870頁。
〔註38〕樊增祥曾會勘富平鹵泊灘，根據地方實際，建議改鹽爲硝，雖有損於鹽引，但施力於當地，見《會勘鹵泊灘稟》，收入《樊山公牘》，民國上海會文堂書局版（未標年），第19～21頁；另可結合楊慈：《官鹽私運與私鹽官營：清代陝西鹵泊灘土鹽弛禁之爭及其與地方社會之關係》，《中國社會經濟史研究》2013年第3期，第34～42頁。

十月間，都中傷寒疫病大作，怡親王、寶廷、馮爾昌等顯宦名士染屙病卒。十月三十日，京中清流領袖潘祖蔭病逝，樊增祥作《挽潘伯寅尚書》：

> 木稼分明累達官，中興人物極凋殘。湘中氣已風雲盡（彭玉麟、楊岳斌、曾國荃三宮保相繼逝世），吏部光同日月寒。已遣鼓鼙傷將帥，可無舟楫共艱難。由來天下關憂樂，不獨儒林爲詠歎。
>
> 蓬山小劫墮罡風，無復京塵謁巨公。豈意屏身桃李外，猶聞扼腕玉堂中。文章往日逢人説，恩怨平生掃地空。十載門牆虛一面，恰從身後泣南豐。

潘祖蔭的辭世，使李慈銘失去了朝中的最大奧援，故其如喪考妣，以日記、詩文形式連篇累牘地述痛；樊增祥身爲後學，亦抒未列門牆之憾，最後一首指當初散館試被黜後，他曾恨潘祖蔭不識眞才，後來才知其欲施援手而不得。

樊增祥無意中看到袁昶致李慈銘的詩札中有「先生試評之，當復減雲門否」之語，於是以玩笑方式在師友間引發了一場樊袁優劣之辯：

> 無我無卿妙解頤，蒼茫袁謝得同時。揮毫並賦紅鸚鵡，獨步江東定屬誰。小山銀鈎絕妙詞，秦郎刻意纖秋絲。逼人咄咄黃雙井，更著功裘七字詩。

袁昶則答覆：

> 詩才舊麗屬夷陵，回雪流風和不能。君或過秦吾愧谷，傳衣未許妄擔承。縵堂老作開堂宿，謦咳風雷出病頤。誰是南能誰北秀，秤量喚取沈傳師〔註39〕。

樊增祥先以袁淑、謝莊典，說明自己與袁昶不相上下〔註40〕，又用秦觀、黃庭堅事點出兩者詩風不同，袁昶也認爲二者孰高孰低，以及繼承李慈銘衣缽的問題，只有請教更權威的師者。十一月初八，袁昶帶來新刻舊詩八卷，樊增祥亦將自己的詩集送閱，兩君欲爭得高下，李遂作《爽秋雲門各以詩集見視欲余定其優劣爰賦長歌詒兩君》，並請沈曾植公斷：

> 袁子清言琢冰玉，樊子秀語奪山綠。乾嘉以後將百年，二妙一時壓尊宿。桐廬梅花三百〔註41〕株，夷陵清峭天下無。盛年隨計旋

〔註39〕二人詩見樊增祥著，涂小馬、陳宇俊校點：《樊樊山詩集》，上海古籍出版社，2004年版，第299～300頁。

〔註40〕《宋書・謝莊傳》「袁淑文冠當時，作賦畢示莊，及見莊賦，乃歎曰『江東無我，卿當獨秀；我若無卿，亦一時之傑』」。

〔註41〕筆者按：《越縵堂日記》中原寫作「萬」。

通籍，各搜奇傑研京都。嚴灘夾嶂蔽林筱，巴峽啼猿楚天曉。故應
仙骨常人殊，胎息岩花狎溪鳥。漸西詩版傳玉京《漸西村人詩鈔》刊行
都中，茗樓十集東南行《樊山集》亦曰《茗花樓詩》，已分十餘集寫定。華嚴
合有長者論，卮言聊取鍾嶸評。譬之山耶，袁如峻崖裂冰瀑，樊如
白雲生澗曲。譬之水耶，袁如清湍激盤渦，樊如明湖翻碧波。譬之
木耶，袁如奇松偃地覆，樊如黛柏參天秀。譬之花耶，袁如苞紫含
丁香，樊如猩豔開海棠。譬之果耶，袁如脆梨寒沁齒，樊如蒲桃爽
無滓。譬之茗耶，袁如岕茶清而妍，樊如越芽翠且鮮。罕譬既窮喻
之食，雋永兼論味與色。一則江珧兼蝤蛑，一則玉膾金齏溲。世間
奇味不常有，安得日日供膳羞。南能北秀並肩出，獅吼龍吟善知
識。謬推蘇學稱秦黃樊爲秦，袁爲黃，敢比韓門論湜籍。鳴珂粉署行
珥蟬，花封鳧舄飛秦川。罇下琴尊暫相聚，鬥詩寫貴青鸞箋。愧我
跛牂附不朽，品騭雲龍開笑口。彩樓更問沈佺期謂子培，嚼雪吟香賭
千首〔註42〕。

李慈銘用一連串喻象，說明二人風格各異，樊詩語意爽直，辭采華美，袁詩
詞句清雋，重於理致。李雖未從理論上給予比較，但譬喻一針見血，而就李
樊之間的交遊及唱和看，慈銘似更偏愛增祥。置評沈曾植的結果，則與李略
有異趣：

> 演雅巧知佇色稱，善鳴當復寄瀾翻。何因元祐諸賢集，只著焦
> 明睇上觀。脈脈幽絲一縷情，功裘女手可憐生。若爲雨壁縈蝸字，
> 亦被詩翁體物情。

沈以黃庭堅《演雅》詩「體物格物」之意，稱讚李之譬喻精贍，但又暗諷他
置宋詩派不顧，而只推重屬於涓流的「樊山體」〔註43〕；第二首更爲袁昶張
目，雖然袁詩有餖飣堆砌之疵，但從另一面則說明他體察精微，學問博洽，

〔註42〕 樊增祥著，涂小馬、陳宇俊校點：《樊樊山詩集》，上海古籍出版社，2004年
版，第306～307頁。

〔註43〕 袁昶與沈曾植同屬同光體浙派，以學黃庭堅入手，傾向以文爲詩，以學問爲
詩的宋型詩風。而樊增祥詩學諸家，所謂「樊山體」，大致近中晚唐，在當時
宗宋風氣的大背景下，確爲異數。「焦明」之意，《說文》指南方神鳥，而錢
仲聯先生作注時認爲此借作焦螟用，意爲一種極小的蟲子。由此兩義，而使
沈曾植對樊增祥的定位出現分歧，若從「焦明」本意，則沈視樊爲高，若從
錢注，則正相反，乃視之爲微。從上下文的語境看，似乎錢說更接近沈之原
意。

而這正是宋詩派的旨趣所在。

至此，李樊爲一派，沈袁爲一派，樊增祥以《敬答愛伯師柬爽秋兼柬子培》及時呼應李慈銘：

> 袁詩如食欖，我詩如啖蔗。世有知味者，甘乃居苦下。袁詩黍稷馨，我詩桃李花。古人亦有言，秋實勝春華。袁詩爲帛我爲錦，袁詩爲酪我爲茗。袁爲冰柱爲雪車，我爲丹曦爲紫霞。袁詩好處無人愛，我詩愛好皆驚嗟。早年把臂得陶君謂子珍六兄，晚歲齊名遇袁子。七寶樓臺屬化城，千尋石壁橫江水。秦黃並受蘇門知，能秀俱事黃梅師。吾師兼愛何分別，得失心知寧自私。少年紅燭照清歌，宛轉春風競綺羅。邇來漸欲歸平淡，奈此餘波綺麗何。此事推袁非一日，可畏隱然臨大敵。更鬥東陽瘦沈來，三交不覺蛇矛失〔註44〕。

另有《讀爽秋詩集》：

> 此非世間語，攜就山中讀。清若露下蓮，勁若雪中竹。幽若石罅蘭，淡若霜後菊。剽若蒼鷹舉，重若巨象伏。華若衣黼繡，質若需布粟。秋月印寒潭，春煙起新木。瑤瑟緪湘天，流泉響冰谷。隨我所聞見，比方意各足。

> 君詩如岕茶，飲多不得寐。冷積肝鬲間，軒然雪濤沸。玄爲道家言，深與佛理會。中夜咿唔聲，幽於風蟬噪。問我讀何書，答言黃庭類。

一方面極力寬慰袁昶，說他與自己在李慈銘心目中等量齊觀，甚至略勝一籌，但也按捺不住對李師推許自己詩歌的竊喜，並譏誚（並無十分惡意）袁偏嗜山谷的做法；而袁昶則想趕快結束這場爭論，在作答李慈銘時坦陳：

> 侍御李愛伯先生、同年樊雲門令君連柱佳章，齊混沌於蛾眉，驗跛足於綠耳。賤性謬迂，素畏標榜，獎借非分，只增顏汗，篇中之意，焉敢遽荷？顧雅命不可以虛辱也，勉竭蕪鈍仰答至言，聊以拾礫〔註45〕。

但樊增祥似乎意猶未盡，他又請張佩綸評騭，得到的答覆卻是：

> 尊作以溫李劉白爲主，而天資超拔決非中晚之音，爽秋由山谷

〔註44〕樊增祥著，涂小馬、陳宇俊校點：《樊樊山詩集》，上海古籍出版社，2004年版，第306頁。

〔註45〕袁昶：《漸西村人初集》，《四部叢刊》影印本。

> 以入荊公，學力靜專，亦不落西江之派，異曲同工。來教諒已自審，
> 必欲鄙人妄為品第，則謝憂顏劣，末際易開；王後盧前，爭端轉伏，
> 非所敢出也。先民有言：同時士大夫，不宜輕置軒輊，非存忠厚，
> 實慎細微耳〔註46〕。

張婉拒之意，實不欲臧否同倫，予人口實，亦不願張標榜之幟，逞意氣之爭，樊山誠多此一舉也。

綜之時人對樊袁詩風的總結，如譚獻嘗言「李蒓客有道者也，嘗舉君詩與恩施樊雲門並稱，樊詩跌宕，華於材者幹於道；袁詩懿美，默存者道，而卷舒者才」〔註47〕；陳衍將樊袁都歸為生澀奧衍一派「語必驚人，字忌習見」，但兩者又有區別，袁昶屬於「喜用冷僻故實，出筆不廣」，樊增祥則「麗而不質，諧而不澀，才多意廣」，筆者認為，整體而言樊袁詩均以典實繁密見長，富於內涵，但樊用之巧而化工，袁則硬語盤空；樊語流麗，袁語詰屈，樊近唐而袁趨宋。

這場爭辯最後不了了之，李慈銘覺作詩無益費精神，故致書語樊增祥告相戒：

> 百苦三秋瘧癘餘，熱寒方罷戰床敷。路旁自欲觀馳馬，腹內何
> 須罄賣驢。育可敢言分骨髓前日題袁樊兩家詩集，谷藏那用別書蒲。天
> 寒正好深藏手，各勉刀圭奉大蘇。

樊增祥和《愛伯師相戒斷詩》：

> 欲參法藏斷聲聞，何意雕鏤露與雲。作吏一行真廢事，先儒無
> 取是能文。暫將伴侶隨陽五，可得聯珠附實群。詩到老坡猶悔作，
> 西湖題句漫紛紛。

理學中人視徒事文學，更以貪多炫博為能事，而鮮求向上精進一路者為玩物喪志。樊山終生不戒此癖，自是文人積習使然。

光緒十七年正月初八，值金危危日，京俗謂當祭拜，祭法是用一羊頭或一鴨作供品，祭者夜半潛起，散衣垢面，拜取祭品而盡食之，勿令他人看見，目的是祈求財運〔註48〕。風氣漸染至士夫階層，此次李慈銘戲約樊增

〔註46〕 張佩綸：《澗於文牘》，《續修四庫全書》影印本，上海古籍出版社，2002 年版。

〔註47〕 譚獻：《漸西村人初集敘》，甲午年題識，見《叢書集成初編》影印本，商務印書館版，第 205 頁。

〔註48〕 在佛道典籍中，危宿均被視為主財，當星值危，建除又值危時，即為金危危

祥、沈曾植設祭祀之，李以羊頭及魚，子培以雞，雲門以炱，皆各從其俗，復相約賦詩，用沈曾植與王仁堪去年祀日韻〔註49〕。於是一種民俗活動，在李慈銘等詩界泰斗的推波助瀾下，儼然成爲文人的風雅盛事，越來越多的詩人參與其中「旬月以來，金危危詩和者益眾，子培、仲弢各疊至十餘首」，陸廷黻、瞿鴻機、黃紹箕等一時名流紛紛唱和。在詩歌的交錯酬答中，詩人們盡情地釋放著才情，驅遣著經史子集中的各色典故「名雋迭出，愈出愈奇」。這個公共場域成爲樊增祥充分展現詩藝的絕佳舞臺，他一連迭韻十幾次，有時甚至偏離了主旨內容，只顧馳騁在追求形式與技巧的道路上，這是他第一次大規模地創作疊韻詩。此外，筆者認爲，金危危祭祀之所以能夠盛傳都下，折射出京官的清貧，透露了晚清士人心態由恥於言利到追求功利的轉變，當時即有人譏諷這群文人貪財，黃紹箕作詩調侃「曆書於日直金危危，多注云宜祭祀，疑即俗例所自起。蓋建除家所謂神在之日，凡祭皆宜，不必專指祈富言也。今用越縵立春日詩意，推廣祝詞，語涉貪癡，見者當發大噱也」。樊增祥也在詩中解嘲「侵尋貨殖儒林重，絡繹精鏐寶母添。佀佛求仙同此意，譬談祿命喜誇嚴（史記日者傳：日者多言誇嚴以得人情，虛高人祿命以悅人志）」。

二月廿一，濮子潼攜酒邀李慈銘、陸廷黼、鮑臨等出城同集合天寧寺塔射山房，爲樊增祥返秦餞行，慈銘以詩誌別：

> 駐馬都亭驛，相留頃刻中。千峰催落照，一笛餞春風。坐半遊
> 秦客紫泉生長秦中，又嘗奉使入秦，漁笙視學隴源，往來皆道秦地。天留閱世
> 翁。關河從此隔，欲語更誰同？

> 金碧隋前寺，頻年此地來。遠山常問訊，孤塔與徘徊。樹老如
> 人黯，花寒爲客開。七年重刻契，林際共銜杯雲門前度出都，七年復來，
> 此別仍約如期再至。〔註50〕

此次離京，孰料竟是訣別，三年後，李慈銘辭世，後會之期再無。

天象，是日祭之可致富。史料中記載「時遇金危危日，貪夫多具牲牢酒食，笙歌香燭，以媚財神」，見李家瑞編，李誠、董潔整理：《北平風俗類徵》，北京出版社，2010 年版，第 678 頁。

〔註49〕光緒十年九月七日，沈曾植祭金危危神，未幾而其弟子、鹽場大使林某在廣東有攝事之信，可謂靈驗，於是王人以詩戲賀之。見沈曾植著，錢仲聯箋注：《沈曾植集校注》，中華書局，2001 年版，第 127 頁。

〔註50〕李慈銘著，劉再華校點：《越縵堂詩文集》，上海古籍出版社，2012 年版，第 613 頁。

第二節　渭南六載，精於斷獄

樊增祥服闋後暫攝鹿傳霖巡撫幕司奏章；十一月十五日補渭南知縣，次年正月至三月先暫署咸寧；至十九年二月十八日才正式到任：

> 事同黃汝小量移，水竹中間借一枝。羸疾向崇黃老術，士風惟詠白家詩。栽花鄭重移根後，取果逡巡自落時。我是曲江堂上燕，人間鷹隼莫相疑〔註51〕。

渭南屬繁難衝要之邑〔註52〕，樊增祥接任後即上稟撫臺：

> 二月十六日上任，十八日接印。此間公事多於咸寧一倍，惟酬酢較簡，得以一意治公，六時之中，可一兩時遊息，至於士悍民習，差驕匪橫，則通省罕出其右。而風氣之壞，寔由於缺分之優。大凡蒞此邑者，皆蒙列憲調濟而來，其來意云何？不過收春徵而已，清積累而已，餘錢為子孫計而已。應辦公事，帶辦可也，不辦亦可也。署事者惟以交卸為憂，即實任者不過三年之計，且既負優缺之名，何可不沾實惠，人所共取，取之何傷。以故渭南差缺第一名，向係公買公賣，貪者因之，賢者亦不革也。縣役向分九班，四糧四捕一皂，每於交替之際，更易班頭，或三百金，或五百金，習以為恒。彼予此受，既得此錢以後，官遂為差所挾。每出一票，渺無還期；每拿一人，都無獲理。案件積壓，有告無傳，有傳無到，有到無審，有審無結，有結不遵，不遵而又復告者，相隨屬也。卑職清理積牘，自光緒十一年起，上控發縣，未訊未結未消之案，至四十八起之多，每檢一卷，皆厚尺餘，幾於目眵心瘁。其扼要約有兩言，原告則曰圖告不圖審，訟師則曰包准不包贏。卑職以為此風不難治也，但使上發之案，隨發隨訊隨結，毋使積案。推原其故，拖累由於習告，習告由於積壓，積壓由於差疲，差疲由於官惰，官惰由於收陋規。貪餘平但計資財，不復措意公事，亦不敢責比差役，向使渭南不過

〔註51〕樊增祥著，涂小馬、陳宇俊校點：《樊樊山詩集》，上海古籍出版社，2004年版，第409頁。

〔註52〕知縣權重因地而異，朝廷按區域位置與實況分為四類：衝（交通樞紐）、煩（公務煩多）、疲（賦稅欠多）、難（民風暴戾，易於犯罪），四種條件皆備者稱最要缺，具備三條者稱要缺。樊增祥在四類地區均有所歷練，並且一如既往地勤政愛民。

中缺，不為人人指目，居此席者無患得患失之心，壹意講求吏治，
縱使差驕民玩，亦何至如是之甚乎。卑職現在首懲玩役，次懲劣紳，
誣控之案，已審寔二三起，即將健訟之士，隨詳斥革，用儆習訛，
其積年不到者，現再勒限傳審，如再不到，即將三年以前之積案，
一併彙詳請銷，倘再上控，即請將其人壓發下縣，以憑鞫治。卑職
向崇黃老，不樂申商，不幸而當積痞不振之餘，不得已而出於毛鷙
奮擊之舉〔註53〕。

樊增祥決定滌除積弊，首先打擊審案中的利益勾結，他直指前任因上官濫保
舉薦，實疲玩萎靡；斷案聽任胥吏，無所作為，致案情模糊，是非不明，所
以要清理積欠；其次懲治寄生牟利者，在當時的法律框架下，民間官司多是
倚靠鄉紳和書差以及訟師完成的，與前兩類人不同「訟師是民間健訟之風的
推動者乃至操控者，他們與地方官員之間的關係更多地表現為矛盾與衝突」
〔註54〕，所謂健訟，表現為訟師唆訟與刁訟，並承諾包訟，地方官對此深惡
痛絕，常以革除功名為懲戒。

　　當時樊增祥出入鹿幕，已為人所讒忌「人忌顏竣在要津」，如胡思敬譏之
為「歸鹿門」〔註55〕。其實正體現了幕府制度的重大轉變，晚清以前的幕
府，賓主之間的關係基本是平等的，官員禮賢下士，幕客來去自由；咸同之
後，由於以軍務或洋務為主的事業拓展，分工更加細緻，並出現了許多幕府
機構，機構的設立意味著幕府人員有了某種級別不同的職務，賓主之間的關
係變成了一種上下級隸屬關係，幕府人員之間的關係，也隨著各自分工的不
同而產生升遷差秩〔註56〕。另外任用方式也發生了變化，清前中期主要是通
過幕主延聘或幕賓自薦，多因相互賞識而結交，晚期則以幕主奏調、箚委等
方式，參幕者本身多有職銜，與幕主之間是一種臨時性的行政隸屬關係，如
張之洞蒞鄂時，刑名、錢穀皆領以箚委文案，而決事於本官〔註57〕。這些幕

〔註53〕樊增祥：《樊山公牘》，上海會文堂書局民國本，第51～53頁。
〔註54〕張小也：《清代的地方官員與訟師——以〈樊山批判〉與〈樊山政書〉為中心》，
　　　《史林》2006年第3期，第50～55頁。
〔註55〕胡思敬有此語，見《國聞備乘》，第87頁，王闓運亦聽過「樊增祥在行在私
　　　事滋軒（鹿傳霖），同僚呼為孟浩然，取夜歸鹿門譏之」，見王闓運：《湘綺樓
　　　日記》，嶽麓書社，1997年版，第2496頁，可見此說法由來已久。
〔註56〕尚小明：《學人遊幕與清代學術》，社會科學文獻出版社，1999年版，第48～
　　　50頁。
〔註57〕劉禺生：《世載堂雜憶》，中華書局，1960年版，第49頁。

僚以朝廷命官的身份走進大吏府中，與官場上下級關係相比，幕府因爲朝夕相處，更容易培植心腹；然而以職官佐幕，主客之間並非雇傭關係「這種異乎尋常的關係需要一種對應的倫理，於是咸同以後的幕府，常常借用涵義寬泛的師生一說相維繫」〔註58〕。本屬臨時性的職官入幕，在後來的演化中逐漸常態化，幕僚也掌握了一定的事權，這種從內戰中延續下來的權力久假不歸，使一代一代的疆吏之門雲蒸霞蔚，也會使幕府制度中的人際關係與物利和物欲糾纏的越來越緊〔註59〕。體製造就的尊卑以及由公室依附私門過程中「師弟」恩誼關係的放大，摻和著或隱或現、不易言明的個人利益，難免成爲御史或世人譏評的話柄。

樊增祥通過與各地同僚交流經驗，總結施政得失，如請教鎮江知府王仁堪：

> 手攜一鶴下瀛洲，如此江山繞郡樓。絕島尋盟來鬼國君到任即有
> 教案，新亭收淚看神州。諸公誤國同夷甫，四海論交共子由。北府
> 六朝形勝地，二年蟎魃費深籌。

光緒十七年三月，王仁堪到任第三天就爆發了震驚中外的丹陽教案，因在教堂後發現七十餘具死嬰，引發仇洋群情，王在實地勘驗後奏稱，傳教約本無洋人育嬰之條，此次事件屬「禍由自召」，所以請「曲貸愚民之罪，以安眾心；別給撫恤之費，以贍彼族」，又請定專律，明確今後對教案中人的懲處辦法，使「人心既平，訛言自息」〔註60〕，又避免外國藉此要挾干預。當時教會勢力已深入內地，陝西亦常有教民衝突，在處理這類事件時，樊增祥認爲「身任地方，凡有西人傳教通商，例當保護，固不可失遠人之望」〔註61〕，所以必須持平公允，不准偏袒私衷。

十八年秋，丹陽大祲（即詩中所謂「蟎魃」），王仁堪於恩賑外「勸紳商捐貲，全活甚眾；假官錢於民，使勿賣牛，名曰牛賑」，又鑿渠濬水，以工代賑「水利畢舉」，次年將災後餘款生息積穀，仿社倉法創社錢「按區分儲，爲修溝洫、廣義塾之用」〔註62〕，這些舉措都對樊山在渭南施政頗有啓發。作

〔註58〕楊國強：《百年嬗蛻——中國近代的士與社會》，上海三聯書店，1997年版，第89頁。

〔註59〕同上，第94頁。

〔註60〕趙爾巽等撰《清史稿》，中華書局，1977年版，總第13094頁。

〔註61〕樊增祥：《夾單稟桌憲本府》，《樊山公牘》，第81～83頁。

〔註62〕趙爾巽等撰《清史稿》，中華書局，1977年版，總第13094頁。

爲曾經的清流分子，樊、王之流在朝大膽言事，抨擊激切，在地方務實規劃，興利除弊，特別於涉外事務十分謹愼，既據理力爭，又不盲目仇外，詩中頸聯即落腳於此，自省清流中的極端保守傾向，以免空談誤國。

光緒二十一年正月初十，恩師李慈銘病故，愴然曷極，不可斷絕，樊增祥作《哭李愛伯夫子十首》：

> 彼蒼何意喪斯文，木壞山頹不忍聞。北斗一星寒吏部，東流諸水赴河汾。彌留室裏聞香氣，奄忽空中降鶴群。老去侯芭慚負土，天西無路哭揚雲。

> 茂陵秋雨臥相如，多病時時賦子虛。身似芭蕉叢衆疾，心如椰心納群書。蔽賢兩府能無過，問字諸生慚有餘。爲問南園籬下犬，何心不作仲宣驢。

> 朝回深閉草玄亭，四海儒流見典型。郎欲潛時師漫浪，學從困後識深寧。叩門使者求遺稿，就木奄然執孝經。贏得傾都冠蓋集，焚香齊拜草堂靈。

> 深衣久染禁城塵，身是蒼姬柱下臣。元相格詩經御覽，鄴侯鎖骨本仙人。老來服食需靈照，身後巾箱付阿新。驄馬入臺餘五載，蓋棺縹練不勝貧。

> 一入南臺著直聲，霜棱震動漢公卿。屢陳政要師貞觀，未覺衣冠逮廣明。宣室夜虛梁傅席，東窗陰記李光名。歿而猶視扶桑島，銜石千年恨未平東事起而公已病，欲有所敷奏而稿不屬。九月三日與祥書云：「此當歿而猶視者也」。

> 廣大宗門用意深，並包文苑及儒林。自舒聞見成遷史，人以膏肓待鄭箴。箋啓每如江夏意，籝書能轉贊皇心。殷勤勸付麻沙木，關尹年來俸有金。

> 自敍平生說苦甘，詩家仙聖得同龕公自道所學以詩爲第一。堂堂日月端明殿，戀戀江湖老學庵。百戰健兒居廊下公嘗引虞道園語，目余爲百戰健兒，而自居漢廷老吏，讀書種子斷江南。虞山駁雜新城淺，持較先生總未堪。

> 風流承旨愛煎茶，玉麈絲縑似道家。太白已歸鯨海月，小紅休嫁馬塍花。夢中隔斷江郎錦，酒畔銷殘定子霞朱生先一年化去。華髮門生張水部，忍聽二婢泣琵琶。

三十年來骨肉情，禮堂言語記分明。仙山他日從余隱，家事而今聽子行。坐久春風成隔世，立殘夜雪付來生。董陵下馬公知否，淒絕山丘痛哭聲。

北望燕雲總淚垂，春風塔院把離巵。坐看朗月還思我，欲理玄言恰共誰。執紼哪能千里送，招魂已覺五旬遲公歿於十一月二十三日，今年正月十日始得訃書。傷心九月初三字，即是鱸堂絕筆時〔註63〕。

詩中樊增祥對李慈銘的追慕，因出於師弟關係而無以復加，筆者前文已作梳理，此不贅述，但對李慈銘生命中最後幾年的某些片斷，可引各家之說而考訂之。據李慈銘同鄉平步青記，中日啓釁後「敗聞日至，知君者頗訝何以無所論劾，蓋君戌削善病，至是獨居深念，感憤扼腕，咯血益劇，遂以十一月二十四日竟卒」〔註64〕。李慈銘一生狷介鯁直，譏權訶貴，《清史稿》稱「改御史時，朝政日非。慈銘遇事建言，請臨雍，請整頓臺綱」，緣何甲午年間轉而沉默了呢。樊增祥曾描述李九月三日來信中「孤憤頻頻說東事，玉杯春酒帶龍腥」，又在此組詩第五首小注中說李欲有所奏但終未行，可見他並非無動於衷，但只限於私人交流，而於公然上疏似有顧慮，如此糾結矛盾，筆者認為可從兩方面解讀，一來李在御史任上對內外臣工均有劾章，但多石沉大海，逐漸使他心灰意冷，而且甲午時他已病入膏肓，或許自知大限將至，遂不復有所作為，免招身後不測；二來或可從他與李鴻章的關係說起，前文已述，李鴻章曾聘李慈銘主天津書院，算有知遇之恩，文廷式嘗言「李蒓客以就天津書院故，官御史時，於合肥不敢置一詞。觀其日記，是非亦多顛倒。甚矣，文人託身不可不慎也」〔註65〕，當主戰派對李鴻章群起而攻之時，李慈銘對恩主無有違言，行徑或顯迂腐，操守要無大失。

關於《越縵堂日記》最後幾冊的歸宿，因一度失傳，史家遂以為增祥竊據，或竟焚毀。此說自二十世紀20年代決定刊刻日記起一直甚囂塵上，報載野史好做奇譚，甚至在悼念樊的文章中亦不為逝者諱；蔡元培、汪辟疆、徐一士等名家亦如是說，甚至視之為「賴皮」的文人無行，姑舉汪辟疆在《光宣以來詩壇旁記》中所云：

〔註63〕 樊增祥著，涂小馬、陳宇俊校點：《樊樊山詩集》，上海古籍出版社，2004年版，第561～562頁。

〔註64〕 平步青：《掌山西道監察御史督理街道李慈銘傳》，《越縵堂日記》卷首。

〔註65〕 文廷式：《聞塵偶記》，轉引自錢仲聯編：《清詩紀事》，江蘇古籍出版社，1989年版，總第12772頁。

　　樊山於光宣間負才名，詩筆側豔，而尤工判牘。顧其爲人頗有可議者。樊山夙爲李蒓客所獎拔，且奉李爲師。兩人沆瀣，可於已印行之《越縵堂日記》知之。顧蒓客晚年，亦頗致憾於樊。蒓客捐館時，樊山於其邸捨取去日記數冊，皆蒓客最後數年之筆，其後人故舊屢索不還。樊氏辛後，知交爲理後事時，遍覓卒不可得。或云病篤之時，已取而納諸火矣。此一事也〔註66〕。

這段描述有幾處是失實的，首先李慈銘去世時，樊增祥正在渭南知縣任上，而且由上文組詩中小注知，樊是在李歿後兩個月才得到的消息，所以時間、地點都不能構成竊書的可能，其次就現今已經出齊的日記看，李樊之間一如既往地保持著良好的關係，並無詬病致憾之語，而且自光緒十七年樊增祥離京後，兩人只有書信往來，又豈能有正面衝突而與李慈銘生隙呢，失和傳言不攻自破，焚書更係臆斷之談。至於晚年日記，確係由樊增祥收藏〔註67〕，但得之於沈曾植處，據他描述「日鈔百本朱絲格，大半飄零蟫蠹碧。玄珠已失餘片鱗，十冊寶藏竟何益」，下小注云「日記百餘本在子培所，亡十之一，存九十餘本。由王某轉付蔡某（按：可能是蔡元培），竟不可究詰。余收得十本，皆晚年之筆，無復前之精覈也」〔註68〕，照此說，日記傳至沈處已有部分散佚，樊不但不應承擔匿書之責，竟然還有保存文獻之功。而這最後一函，樊在生前確未公之於世，是死後由其家僕質賣遺物時才得重見天日，之所以如此委曲，實因所記多謗議朝政之辭，蓋樊氏有所顧忌，若經其手予以刊布，必招時忌，禍且不測〔註69〕。

　　光緒二十一年三月二十二日，鹿傳霖補授四川總督，七月離陝，樊增祥作《送府主定興公總制四川》中有：

　　　　記託清塵二十春，向無人薦陸平原。纖驪宛轉逢知己，一鶚殷勤獻至尊。未得長卿歸舊里，終然小范戀恩門。他時若用軍司馬，臣是淮西載筆人。

〔註66〕見張寅彭等編：《民國詩話叢編》第五冊，上海書店出版社，2002 年版，第421 頁。

〔註67〕樊增祥曾言「自光緒乙丑後，迄甲午六月（李去世前），尚有日記八本，存敝篋中，其中約有詩文百餘篇。會當檢出，付師鄭（孫雄）續抄，以成全璧」。

〔註68〕詩作於辛丑年，見樊增祥著，涂小馬、陳宇俊校點：《樊樊山詩集》，上海古籍出版社，2004 年版，第 998 頁。

〔註69〕祁龍威：《讀李慈銘的最後一函日記》，《揚州大學學報》2004 年第 3 期，第79～81 頁。

鹿倚重樊之文案，此次入川本欲邀其同往，樊亦表達願意追隨的心情，但最終因礙於原籍四川而未成行。

自光緒十年起，樊增祥已在陝西縣令任上輾轉度過了十二個年頭，雖然所轄之邑漸重，政聲尤嘉，但在品秩上並無升遷，所以難免牢騷滿腹，在一首《自嘲》詩中寫道：

> 生本煙波舊釣徒，無端塵夢落西都。歷三令尹猶寒乞，奉一先生自暖妹。射虎愁逢灞陵尉，解貂難付酒家胡。景宗飲慣黃麞血，新婦帷中耐得無。

清代薄俸養官，瞿同祖先生據戶部則例統計，當時名義年俸爲首府知縣六十兩，一般知縣四十五兩，養廉銀各省不同，以陝西爲例，知縣每年爲六百之七百兩之間。但這些薪俸除了養家，還要支付給幕友、長隨等僕從工資；政府經費不足時的指令性「攤捐」，州縣一級的官俸通常直接由布政使在養廉銀中扣除；捐錢塡補地方財政若干年來累積的虧空，新官必須認領下來才能受印；公務接待招待途徑其地的上司或上級差官，離境時還要贈別禮物；應付上司的下屬的索取；建立「駐省辦」，以便爲新到任的督撫修繕官舍、供給家用；逢年過節向上司致禮，此外還有給上官下人打交道時的「規費」〔註70〕。總之「差使一過，自官舍鋪設，以及酒筵種種靡費，並由夤緣饋送之事。視氣焰之大小，以爲應酬之隆殺，迎送之間，節節破費」〔註71〕，這些合規和違規的開銷數倍於一個州縣官的正常收入，梁章鉅曾說「今朝廷所設官司廉俸，一切銀兩，非扣俸即折捐，百不存一」。所以樊增祥才會歎貧；官場傾軋是令他頭疼的另一件事，他以李廣受灞陵尉之辱自喻，或指前已提及的依傍鹿傳霖事，尾聯更毫不掩飾地透露自己不甘寂寞的心理。在接到沈曾植京邸來詩：

> 紫氣蔥蔥望入關，逸情雲鶴渺難攀。金人側掌山川見，玉女窺窗窈窕看。北鄉路隨陽雁遠，南條山作臥龍蟠。灞橋風雪荒寒甚，未稱騷情九畹蘭。

又向老友訴說委屈：

> 火有蓮花枳有鸎，君才典屬我烹鮮。天邊雲鶴誰能繫，地上風蛇且互憐。臺省定無三坐處，功名休算小行年。人間此日知何世，

〔註70〕瞿同祖：《清代地方政府》，法律出版社，2003年版，第38～42頁。
〔註71〕《清史稿》，中華書局，1977年版，總第11088頁。

擬上松陵放鴨船〔註72〕。

「鸞枳歎」的典故即賢者對屈就卑小官職的感歎，此時沈已至刑部江蘇司郎中，正五品秩，作爲前輩的樊增祥（中雋在沈之前）還只是七品知縣，難免有點心理失衡。由於「宦海沉浮久息機，左弧初志信乖違」，詩中常流露出退隱心志；又因爲久覉三秦，倍生思鄉情結，所以「庾信」意象的反覆出現，呼應了這種二重心態。庾信由南入北「流寓關中之南士，屢有東歸之事，而子山則屢失此機緣，不但思歸失望，哀怨因以益甚。其前後所以圖歸不成之經過，亦不覺行之言語，以著其憤慨」〔註73〕，所以其鄉關之思成爲後期創作的源泉，樊增祥亦由南入北，這種地理空間的契合產生的共鳴，是他入秦之後就時常在詩中表達的，但他只停留在位移所產生的疏離感傷，並沒有關照到庾信去國懷遠背後沉重的遺臣懺悔〔註74〕。庾信在入北後，一直徘徊在仕隱之間，表現出矛盾與分裂的人格〔註75〕，這同樣也是樊增祥的糾結「總把煙波易塵土，白頭無奈庾蘭成」；求「隱」實則爲「避」，潛臺詞則是「避劫爭尋玉笥花，登陴盡授明光鎧」。

雖然常有仕途窒阻的感慨，但樊增祥渭南六年的政績不容忽視，他注重因地制宜，對成法變通施治，最忌敷衍與名存實亡，時刻以循吏自期「爲政尚嚴而宅心平恕」〔註76〕。除了在重修景賢書院、捐廉助賑、設官錢鋪、加強團練、整頓社倉等事務上多有興革外，尤以審讞公斷著稱「聽訟明決，片言折獄，聞者悅服。所爲判辭，莊諧並茂，敏妙中竅，遠近爭傳誦，膾炙人口」〔註77〕。他的《樊山公牘》、《樊山判牘》、《樊山政書》，被有作爲的地方官視爲可與《龍筋鳳髓判》、《折獄新語》等量齊觀的判例菁華，李慈銘稱其

〔註72〕兩詩見樊增祥著，涂小馬、陳宇俊校點：《樊樊山詩集》，上海古籍出版社，2004年版，第582頁。

〔註73〕陳寅恪：《讀哀江南賦》，收入陳寅恪：《金明館叢稿初編》，上海古籍出版社，1980年版，第212頁。

〔註74〕庾信的鄉關之思，參考陳信凌：《庾信「鄉關之思「新論》，《南昌大學學報》1994年第3期，第113～117頁。

〔註75〕張蘇榕：《從庾信仕進與歸隱間的徘徊論其人格的矛盾性》，《鹽城工學院學報》2010年第1期，第40～42頁。

〔註76〕蘇全有總結樊山施政風格爲尚實、重情、靈活、漸變、重才，前三條在樊氏州縣生涯中尤爲明顯，筆者心有戚戚。見蘇文《從〈樊山政書〉看樊增祥的施政風格》，《大連大學學報》2011年第1期，第1～9頁。

〔註77〕王森然：《近代名家評傳》（二集），生活·讀書·新知三聯書店，1998年版，第2頁。

「別是人間一種文字，可與入官者作前馬」，樊增祥亦自詡「每一批詞掛發，吏民傳寫殆遍」、「宰渭南六年，嘗裒其公牘批判付諸剞劂，已數千部流佈人間矣」〔註78〕；直到民國後仍被列爲律學必讀「引經斷獄，案無留牘，往往與文明法律互相發明，圓情觀德……矧際司法獨立、改良裁判之時，法學人才亟待養成，倘能循茲途轍，實地研究，則雖此編爲法官樹之鵠焉可也」〔註79〕。余誠格曾有一段樊增祥審案現場的描述：

> 每聽訟，千人聚觀，遇樸訥者，代白其意，適得其所欲言。其桀黠善辯以訟累人者，一經抉摘，洞中竅要，皆駭汗俯伏。不得盡其詞，乃從容判決，使人人快意而止……於家庭釁嫌，鄉鄰爭鬥，及一切細故涉訟者，尤能指斥幽隱，反覆詳說，科其罪而又白其可原之情。直其事而又撻其自取之咎，聽者駭服，以爲炯察而得實〔註80〕。

在樊增祥的詩集中，也有一首實錄判決的《李虎娃詩》〔註81〕：

> 艾鍜創巨不能噪，斷取仇頭詣法曹。弱姊汝眞慚李壽，孝童吾欲薦楊牢。二年薄罰論薪槱，七子寒泉洗佩刀。不少沉冤牢户底，爰書出入愼秋毫。

樊增祥治獄講究律例與情理結合，刻求判斷的公允與信服，據稱在渭南任上共審結三千餘案；判牘親手批答，不假胥吏，殆以萬計。今天研究法制史、政治史的學者，多都從他留下的林林總總的判詞中，探尋帝制末期基層施政的得失功過〔註82〕。

樊山判詞的另一特點是「其所治判牘，以仲由折獄之長，雜以曼倩詼諧之筆，妙解人頤，爭相傳誦」，以其才入判詞，文采斐然，此應作兩面觀：一

〔註78〕 樊增祥：《樊山政書自序》，見樊增祥，那思陸、孫家紅點校：《樊山政書》，中華書局，2007年版卷首。

〔註79〕 法政學社識：《樊山判牘正編序言》，大達圖書供應社。

〔註80〕 樊增祥著，涂小馬、陳宇俊校點《樊樊山詩集》，上海古籍出版社，2004年版，第2027頁。

〔註81〕 案情詳見《通稟各憲》，《樊山公牘》，第76～78頁。

〔註82〕 研究清代官員與訟師關係的如張小也的《清代的地方官員與訟師——以〈樊山批判〉與〈樊山政書〉爲中心》，《史林》2006年，及吉林大學孫嵐的碩士學文論文《論士人干訟與清代州縣官的司法裁判》；探討基層訴訟模式的如魏淑民的《張力與合力：晚清兩司處理州縣小民越訟的複雜態度——以樊增祥及其〈樊山政書〉爲例》；考察特定群體訴訟關係的如李文軍的《清代地方訴訟中的「客民」——以〈樊山政書〉爲中心的考察》。

方面如張之洞贊其「雲門下筆有神，每言出若口，必與人異」，沈曾植譽爲「古今政書雖夥，求其切情入理、雅俗共喻者，捨樊山外蓋尠」〔註83〕；但也常有諧而不莊之弊，樊山曾自嘲云「龍筋鳳髓成何事？雅近虞初小說家」，頗與公文體制不符〔註84〕，而語帶機鋒的措辭，在同僚中也極易引起誤會，給人恃才好謔的感覺，這些都成爲他日後遭人非議，甚至彈劾革職的隱患。

總之，通過樊增祥在各地任內的文學與政事，還原了一位可畏又鮮活的能吏形象。自廟堂到地方，由翰林而知縣的轉型，不是那種同流合污式的退化，而是積極有爲，又懂得調試心態的蛻變。雖然在變革年代，這樣的形象帶有一點保守的惰性，缺少弄潮兒的銳氣，但在普遍腐敗的晚清官場，特別是易生顢頇庸碌的州縣一級，這樣敢任事、尚清介的官員已屬鳳毛麟角了。

〔註83〕廣益書局編者：《樊山判牘續編序》，廣益書局，民國元年版。

〔註84〕樊山嘗自我解嘲云「《樊山公牘》雖時雜滑稽，差無陳腐，若老幕滑胥之例稿，世以爲合體者，吾則一筆勾之」。見《樊樊山詩集》，第 2000 頁。徐一士曾云「樊氏批牘，頗爲人所稱，爲嬉笑怒罵，皆成文章。要之筆鋒犀利是其長，口角輕薄是其短。逞才武斷，抑或難免，哀矜勿喜，蓋不其然」，並舉一例謂「雜用許多新名詞，以道鄙褻之事，尤爲不像官話，輕薄太甚」，見《一士譚薈》，第 361 頁。

第四章　大變局中的識見與局限

第一節　甲午乙未，感時憤世

一、中日戰爭期間

　　光緒二十年七月，甲午戰爭爆發，巡撫鹿傳霖在陝西積極備戰，十月清廷命他兼攝西安將軍，以接替調防京師步軍統領的榮祿：

> 警咳風霆出尚方，征倭明詔下堂堂。遠人句麗方求定，近事琉球詎可忘。會見降王出東海，豈無名將嗣南塘戚繼光。知公未了凌煙事，擬斫長鯨作壽觴〔註1〕。

日本自光緒五年實際吞併琉球後，野心益熾，又謀朝鮮，屢介入其內政，實欲以此爲跳板而西指中國〔註2〕，頷聯指出日本步步蠶食，精心策劃的陰謀。「降王」當指朝鮮屢起屢廢的興宣大院君李罡應，他在壬午事變（1882）中被清軍俘獲，押往保定軟禁，三年後歸國，甲午權鬥中被日本人扶爲傀儡執政。中日之戰，直接肇端於光緒二十年朝鮮爆發的東學黨起義，依例請求保護國出兵，李鴻章遣葉志超進駐牙山，日則出動海陸兩軍不請自至，亂旋定而日拒不撤兵，反要與清共圖朝鮮事務，清使拒之；日派重兵屯要害，又誘勸朝鮮獨立，合攻清軍，葉志超、袁世凱屢請馳援，李鴻章告諸國調停無果後，終於七月朔被迫應戰。

〔註1〕 樊增祥著，涂小馬、陳宇俊校點：《樊樊山詩集》，上海古籍出版社，2004 年版，第 532 頁。

〔註2〕 陳勇勤：《19 世紀 70 年代中日之間周邊問題及後患》，《福建論壇》2006 年第 6 期，第 72～75 頁。

　　但兩年來清廷內外，大小臣工都忙於慈禧太后的六旬萬壽慶典，日人亦以此為時機啓釁；朝中主戰聲雖高，但連年修園造成的軍費虛糜，軍備實不足以副之，樊增祥在《有感》中寫道：

> 薄海爭擎萬壽觥，鯨魚跋浪起東瀛。乾坤黯淡風塵色，臺省紛
> 紜水火爭。玉塞已亡常十萬，瑤池新折董雙成。冕旒休御排雲殿，
> 狼藉沙蟲滿舊京〔註3〕。

八月平壤失守，海軍敗績；十月大連陷落，旅順告急。尾聯以民眾的流離失所與宮中的喜慶場面形成鮮明對比，指斥當朝文恬武嬉。

　　為配合駐防京師的軍事部署，九月，朝廷抽調甘肅馬步八營，由董福祥帶領駐紮京畿，陝西負責向過境軍隊提供軍馬等物資。樊增祥十一月望日作《感事》：

> 急詔徵兵衛帝閽，嚴風朔雪賦車轔。朝廷貂錦恩何重，敝邑牛
> 韋槁已頻。何必十羊煩九牧，信知一鶚抵千人。毛君不在中書省，
> 猶解刊章活小民。

強徵屬於非常之舉，他主張採用分批層遞、水陸兩運的方式，毋庸另設新局，以盡量減輕鄉民負擔、提高運兵效率為宗旨〔註4〕。此外還肩負籌餉重任，八月初九，戶部奏稱海防吃緊，需餉浩繁，往息借洋款，折耗實多，故轉思借國內商款，向京城各大票號借銀一百兩「兩年半分五期連本帶息還清，利息七釐」〔註5〕，又酌擬辦法章程六條，並請飭各省督撫傲仿。樊增祥立《勸借商款啓》，以個人名義作擔保，向商民申明大義，但認捐者寥寥，也是當時國內的普遍現象，作為首次發行的國內公債，由於民眾對朝廷的信任極低，最終只募到一千餘萬兩。

　　自平壤戰敗後，朝廷已屬意議和，而主戰派視其為喪權辱國。十二月初二，有「隴上鐵漢」之譽的御史安維峻拼死上奏《請誅李鴻章疏》，斥責李鴻章、李經方父子出於私心而置國家民族利益於不顧，終致戰爭失敗，罪責難貸，樞臣無能，用人不當，更將矛頭直指太后，有「既已歸政，若仍遇事牽制，將何以上對祖宗，下對天下臣民」之語〔註6〕。光緒發上論「軍國要事，

〔註3〕 樊增祥著，涂小馬、陳宇俊校點：《樊樊山詩集》，上海古籍出版社，2004年版，第543頁。

〔註4〕 見《樊山公牘》，民國上海會文堂書局版（未標年），第96～101頁。

〔註5〕 朱壽鵬：《光緒朝東華錄》，中華書局，1958年版，總第3454～3455頁。

〔註6〕 同上，總第3515～3516頁。

仰承懿訓遵行，天下共諒。乃安維峻封奏，託諸傳聞，妄言無忌，恐開離間之端」〔註7〕，欲加懲處；翁同龢在當日日記中記道「入見，上震怒，飭拿交刑部議罪，諸臣亦力言宜加懲辦，臣從容論說，以爲究係言官，且彼亦稱市井之言不足信」〔註8〕。最終安維峻褫職發往軍臺效力，聞此消息，樊增祥作《安侍御維峻謫戍軍臺》：

> 晝伏青蒲白日昏，聖朝終自恕狂言。四夷酋長爭傳稿，太學諸生欲舉幡。幸免髡鉗輸右校，猶聞帳飲盛東門。出關預辦灰釘去，更擬輿尸諫至尊。

安維峻的聲音，代表當時普遍的清議，故被貶後「訪問者萃於門，餞送者塞於道，或贈以言，或資以賄，車馬飲食，眾皆爲供應」。樊增祥在詩結尾所用「屍諫」典故，一語雙關，既佩服安維峻鯁直敢言的高節，又將他與當年吳可讀以屍諫訴求繼嗣正統的事蹟相比照〔註9〕，而吳正是安的鄉黨兼恩師；十五年過去了，慈禧太后的實際權力有增無減，並且日益形成後黨左右朝政，在樊增祥看來，甲午戰爭的失利，不惟戰場之上的較量，更在廟堂之中的內耗。

樊增祥的時事詩集中反映了戰事的慘烈、媾和的恥辱及指揮的失誤〔註10〕：

> 金州再陷鼓聲微，炮火光中委鐵衣。往日白狼城畔路，一冬不見海青飛。十萬橫行朔漠間，吾家老嚕氣如山。嫚書奏罷還無事，妻敬諸人總汗顏。

> 鳳凰城下夕烽微，鴨綠春寒望寄衣。爲語隴頭白翎雁，銜書莫向海城飛。鹵騎平臨紫邏間，陸沉已失洮州山。男兒不繫單于頸，直待和親用玉顏。

> 士馬如雲盡倒戈，田莊回首失嵯峨。懿宗嗓聲偎牆久，葛亮倉黃帶汁多。痛惜八千兵不返，浪誇十萬劍橫磨。書生更不如劉秩，

〔註7〕趙爾巽等撰：《清史稿》，中華書局，1977年版，總第12467頁。
〔註8〕翁同龢著，陳義傑整理：《翁同龢日記》，中華書局，2006年版，第2764頁。
〔註9〕同治帝死後無嗣，慈禧爲能繼續以太后身份垂簾，遂從「載」字同輩中擇取近支皇族，於是選定與她親上加親的載湉；吳可讀以死進諫，主張日後載湉的子嗣，應過繼到同治名下並承續皇位，以示歸位正統。參考郭衛東：《論光緒朝的繼統之爭》，《清史研究》2009年第1期，第94～102頁。
〔註10〕爲便於歸納，將數組詩綜合於此。

那便輕當曳落河。

盡拋肘印去麾幢，勝算惟餘走與降。中旨未聞收謝萬，後軍誰見馘王雙。大言空指黃龍府，羞面難窺鴨綠江。禁裏廉頗殊未老，奈何遺矢向東邦。

五千貂綺喪鯨牙，太尉全將錦被遮。不遣朝衣向東市，猶持故節領長沙。荒涼鹿跡吳將沼，辛苦狐裘魯始鬐。咫尺江東羞不渡，憤王雅量故應差。

官渡枋頭更不如，強顏猶自綰金符。功名總讓韓擒虎謂宋軍門，巾服依然華子魚。博負可憐神沮喪，歸來何限鬼揶揄。南朝叔寶清如玉，爲問心肝定有無。

他堅決反對議和，但也自知陸上實力與日對比處於劣勢，主戰派多屬清流，並無作戰經驗，只知一味催促進兵，又多少懷有派系傾軋之意圖，軍事問題與政見分歧摻雜在一起，於大局無益；而軍中人事複雜散漫，腐敗紛爭，門戶對立，全無指揮〔註11〕。詩中寫道前線葉志超囁聲畏戰，甚至望風而逃，一如黃遵憲所云「天跳地踔哭聲悲，南城早已懸降旗。三十六計莫如走，人馬奔騰相踐踩」〔註12〕，終致朝鮮全淪敵手。海上慘敗更鉅，主力戰艦或沈或逃，鄧世昌等將領殉國，而有人卻文過飾非，虛報戰功，結果非但無罪，反而受賞〔註13〕，咄咄怪事。平壤敗役後，李鴻章聲勢削弱，劉坤一取而代之，授欽差大臣，節制關內外諸軍，一時寄寓主戰派的重託，以期力挽敗局，然竟不能有副所望「於軍事方面，並無立即轉敗爲勝之把握，惟滯留京師，候催兵械之速集，然後再圖長策；內部人士方面，亦大都因仍舊貫，無所作爲」〔註14〕。而前線的潰敗已蔓延至東北境內，當時普遍認爲唯有白髮老將宋慶（年已七十有四）號稱能戰，可堪重任，且由中旨直接調度，但仍未守住營口、錦州一線。正月劉公島海戰敗，丁汝昌等殉國，遼東半島海陸兩域均被日軍佔領。至此，甲午戰爭進入議和階段。

〔註11〕可參見石泉著：《甲午戰爭前後之晚清政局》，生活‧讀書‧新知三聯書店，1997年版，第108～115頁。

〔註12〕黃遵憲：《悲平壤》，見黃遵憲著，錢仲聯箋注：《人境廬詩草箋注》，上海古籍出版社，1981年版，第647頁。按：乞降者爲葉志超，避走者爲衛汝貴。

〔註13〕石泉先生說是劉步蟾，但戚其章等學者多有辯証。

〔註14〕石泉著：《甲午戰爭前後之晚清政局》，生活‧讀書‧新知三聯書店，1997年版，第124頁。

慈禧太后與總理衙門都傾向議和，主戰派雖進言力抵，但隨著戰局頹勢已成，亦無如之何，國人遂把憤懣都發泄到李鴻章身上：

> 不分神州竟陸沉，鯨牙高啄海雲陰。平章尚詡擎天手，義士寧忘蹈海心。鑄錯六州煩聚鐵，罷兵九牧更輸金。君家世世修降表，始自南唐直到今。

> 廟堂強半利和戎，大計安危屬相公。九節度師俱戰北，七防倭鎮盡朝東。密輸情款中行說，斷送河山左企弓。遼瀋舊京天下重，圍嶺佳氣夕陽中〔註15〕。

樊增祥詩中譏誚甚刻，比之於軟臥無能的李後主甚至中行說、左企弓叛國之流。又在《馬關》中寫道：

> 海上無勞解議圍，七牢改館駐驂騑。僞顏冉猛顏何厚，濺血唐雎事總非。恨不歸元從白翟，豈眞傷首類緋衣。度關不用雞鳴客，賣卻盧龍掩面歸。

> 格天閣裏說和戎，此亦周公與魯公。今侍樓船持使節，昔從襁褓授儀同。天津杜宇啼春暮，都尉鴛鴦戀房中。爭怪可汗頻賜宴，郭汾陽是親家翁。

> 珠槃歃血訂新盟，掌上河山瓦注輕。夜燧已寒貂嶺戍，春潮猶載鴨江兵。面諛冒頓爲驕子，口頌泉男是大兄。若使鯤瀛行懸賞，髹屏先記相公名。

> 賣國牙郎復賣婚，虜庭爲贅亦爲臣。漫誇武子名通國，誰料玄妻不福人。妄覬晉陽飛羽翟，終然齊帝殉貌麟。君看天水冰山錄，血浴東樓草不春。

> 扶桑島上候臺星，館伴伊藤介井馨。龍伯持竿頻我餌，馬留說法竟誰聽。愛憐独犢求旌節，接引鮫魚入戶庭。杯酒春帆樓上語，何殊典午夕陽亭。

> 甗冠承刃事非眞，敗面微之莫共論。頻恨狙錐擊不中，翻誇獺髓補無痕。太師十客誰遺恨，司馬雙鬟故妄言。兵法古來虛是實，歐刀待汝玉津園〔註16〕。

〔註15〕樊增祥著，涂小馬、陳宇俊校點：《樊樊山詩集》，上海古籍出版社，2004年版，第558頁。

〔註16〕樊增祥著，涂小馬、陳宇俊校點：《樊樊山詩集》，上海古籍出版社，2004年

第一首寫日本對兩次和使態度的反差,清廷初派邵友濂、張蔭桓,日方以全權不足爲名不允,黃遵憲詩云「既遣和戎使,翻貽傲倨書。改書追玉璽,絕使復輶車」,逼得清廷「定改國書,添定約畫押」,如此幾近於辱,體面安在?日本提出須派德高望重者來議,清廷只得於光緒二十一年正月十九日改派李鴻章前往,日方以高規格接待,如此前倨後恭,其霸道之姿態與背後之企圖亦爲明眼人看透。正當此敏感時期,李鴻章遭人刺殺,擊傷左眼,據梁啓超《李鴻章傳》記載「血滿袍服,或言曰『此血所以報國也』,鴻章潸然曰『捨予命而有益於國,亦所不辭,慷慨忠憤之氣,君之敬之」,黃遵憲也說「存亡家國淚,淒絕病床時」,至少對病榻上的李中堂報以同情,而樊增祥則大不以爲然,懷疑背後另有隱情。

組詩寫道使臣將清日關係看作同宗同源,談判竟成了家務事,顯然悖於常理;條約中將割讓領土如同賤物輕擲,視爲兒戲,更屬荒唐,如此一連串反諷,更加重了對喪權辱國的痛斥力度。但他將這種行徑簡單地歸咎於李鴻章與日本高層私交甚篤,甚至爲兒子李經方聘皇族爲妻,就失之偏頗了,據《異辭錄》等史料證明,後者純係道聽途說的兒女情長,李鴻章縱有挾洋自重、畏敵貽誤之過,但在關乎主權的嚴峻議題面前,仍不會情願認敵爲友,出賣領土。

最後一首寫道馬關條約簽訂後,國人欲得禍首而誅之,言語近乎詛咒,反映了上下群起激憤,「無不切齒痛恨」的輿情。

將樊增祥的馬關時事詩與黃遵憲的《馬關紀事》〔註17〕比較來看,兩者某些典故的所指不謀而合,如以郭子儀喻李鴻章、盧龍塞比臺灣島、力士椎指刺殺等,但黃詩有紀實,更有憂患,如戰爭賠款對全民族的災難性後果「括地難償債,臺高到極天。行籌無萬數,納幣一千年」;對無視日本做強的「上國心理」的反省「恃眾忘蜂蠆,驚人看雀鷂。傷心償博進,十擲輒成梟」;而樊詩更多只是對李鴻章個人的嘲諷,如「典午早知今日事,李中堂改愧賢堂(漢有堂曰「李中」,劉聰改爲愧賢)」、「自方諸葛原非妄,卻是當年仕魏人(用魏得狗事)」,極盡揶揄,卻沒有深入引向戰敗原因的詰問,更沒有就此思考變法圖強,未能預流敏銳精英的憂患意識。但如《人境廬詩草》箋注云,

版,第 559 頁。
〔註17〕黃遵憲著,錢仲聯箋注:《人境廬詩草箋注》,上海古籍出版社,1981 年版,第 676～681 頁。

這組詩寫就於戊戌年間，彼時戰爭與條約的後續效應已然明顯，而樊詩屬於當時人記當時事，又身在西北一隅，見聞或囿於朝廷邸報與捕風捉影，輾轉傳言而難免失實，不可盡信，亦不必盡誣；如果黃詩可譽爲詩史，樊詩也足當野史雜苴了。

《馬關條約》迫使中國割讓臺灣全島及其附屬島嶼，使這個當時清朝最年輕的行省，在抵禦西方入侵十年後，再次落入東洋之口。光緒十九年，樊增祥曾對他聽聞中的臺灣有過描述：

> 五色雲蟠鹿耳門，尚書劍履動星辰。地控朔南開幕府臺灣自建行省，設臺南、臺北二府，番無生熟盡降人。西夷絕國天驕子，低首中朝社稷臣。

中法戰爭中，基隆曾被侵佔，後經劉銘傳全力抵退，臺灣海防意義逐漸凸顯；光緒十一年，臺灣省開府，兩年後正式建立，劉銘傳爲首任巡撫，設臺南、臺北二府。臺南原爲臺灣府府治，光緒元年設臺北府，原臺灣府更名爲臺南府；建省後，臺北成爲全省政治中心。劉在任內施政頗多，其中對待原住民採取撫番歸化政策（保持原生狀態的稱生番，接受漢化並納稅服役的稱熟番），緩和族群矛盾。而樊詩的題旨顯然落腳於最後一聯，即稱頌劉銘傳的抗法保臺，打擊了西人的囂張氣焰，確保了清國東南海域的安全。但這種樂觀情緒在詩寫成兩年後即灰飛煙滅，只是敵人換成了日本，這個昔日被視爲蕞爾小邦的東鄰之國，早有覬覦臺灣之心，二十年前（1874）曾借生番事件入侵臺灣，《馬關條約》則實現了它的完全殖民化，從此日本完成了對中國東北和東南沿海的絕對封鎖。消息傳來，舉國驚怒，反對聲潮此起彼伏，光緒二十一年三月下旬，在寄望於英法無果之後，全臺紳民在丘逢甲的提議下決定自主，以武力自保，五月初二選舉唐景崧爲總統，建立臺灣民主國，五月十二日樺山資紀攻入臺北覆之，前後僅十天，樊增祥《書臺北事》當紀此：

> 堂堂幕府即離營，坐踞三貂氣勢雄。豈謂解元唐伯虎，不如殘寇鄭芝龍。蜉蝣天地波浪裏，螻蟻君臣夢寐中。十日臺疆作天子，凝旒南面太匆匆。

唐伯虎當指唐景崧，鄭芝龍則喻劉永福，這裡明顯褒唐貶劉，其實就軍事才幹而言，唐文人典兵，防禦遠遜於劉，且器量偏狹，常與劉刁難，將相不和，屬前敵大忌〔註18〕，樊對二人都不甚瞭解，軒輊之語或出於對劉一介武

〔註18〕廖宗麟：《劉永福並未任職臺灣民主國》，《歷史研究》1997年第4期，第177

夫的蔑視。

樊也不認可臺灣民主國，認爲其不過是在波譎雲詭的大國較量間隙曇花
一現的幻夢；與他的消極形成對比，當時沈曾植、唐景崧等都支持以臺民自
立獲得外援，避免割讓，張之洞也暗中助其謀劃〔註19〕；並且臺北淪陷，唐
景崧內渡後，臺灣民主國並未消亡，而是轉移到臺南，推戴劉永福爲大總統
（後三辭受印），但繼續領導全臺民眾抗日，直至九月中旬日軍攻陷嘉義，他
才揮淚內渡〔註20〕。臺灣軍民在五個月的堅守中，同仇敵愾，保家衛國「願
人人戰死而失臺，決不願拱手而讓臺」，在近代亞洲反殖民、反侵略歷史上留
下濃墨重彩的一筆，豈能以蜉蝣螻蟻視之，樊山之見誠陋矣。次年，他又作
《書臺南事》：

> 手挽陽公落日戈，臺南半壁尚嵯峨。錦帆號令甘興霸，銅柱威
> 名馬伏波。萬戶侯封思靖海，一篇檄草誓殲倭。諸番生熟同心膽，
> 百粵英雄赴禮羅。廣島已更新節度，中朝猶保舊山河。單于轉鬥傷
> 兼病，鄧訓從容少制多。倉葛嬰城惟有守，岳飛抗表沮言和。登樓
> 焦度能訶罵，入陣蘭陵自嘯歌。宛下勝兵驅虎豹，海東京觀聚鯨鼉。
> 眼中黑子如丸耳，老去朱耶奈賊何。塡海一妹化精衛，負山二子走
> 誇娥世傳劉軍門子女俱善戰。生降那肯臣蛙蠅，死戰深防損鷗鷺。鹿耳
> 潮來兵仗解，鴟夷仙去姓名訛。鮫人夜入生金礦，龍戶朝飛淡水梭。
> 誤國有人同曲索，恨君命無作囂佗。虯髯此局全輸矣，晚得扶餘鬢
> 未皤〔註21〕。

展現了劉永福領導反割臺鬥爭的經過〔註22〕，以史典貫穿，從細部著眼，一
反前詩對劉的輕視，轉而謳歌其全家傾力保臺的壯舉；結尾四句惋惜劉自立
未成，卻似乎模糊了「臺灣民主國」的地位。「囂佗」當指秦末任囂、趙佗，

〔註19〕〜180 頁。
可參考石泉《甲午戰爭前後之晚清政局》，第 224〜236 頁；關於張之洞對此
問題的立場，參考陳忠純：《張之洞「援外保臺」思路演變及其與「臺灣民主
國」關係考論》，《臺灣研究集刊》2011 年第 3 期，第 74〜84 頁。

〔註20〕惠翔宇、齊春曉：《臺灣民主國歷史上下限研究》，《哈爾濱學院學報》2008
年第 6 期，第 92〜95 頁；王志國：《關於臺灣民主國的幾個問題》，《天津師
範大學學報》1996 年第 2 期，第 45〜49 頁。

〔註21〕樊增祥著，涂小馬、陳宇俊校點：《樊樊山詩集》，上海古籍出版社，2004 年
版，第 622 頁。

〔註22〕可結合范啓龍《試論臺灣民主國和臺灣人民的反割臺鬥爭》一文，見《福建
師範大學學報》（社會科學版）1985 年第 2 期，第 106〜111 頁。

後者建立南越國，虬髯自指隋末虬髯客，《虬髯客傳》說他殺扶餘國王以自立，這些典故有史實，有虛構，但他們所立之國與當時的中央政權屬於宗藩關係，而臺灣民主國只是在內外交困的情勢下被迫建立「圖固守以待轉機」的權宜之策，它既不屬於藩國，更不具有獨立主權，而且它的建立者也沒有離心企圖，他們定「國號」為永清，以示永遠忠於清廷，唐景崧多次強調對清「仍奉正朔，遙作屏藩」，劉永福更明確表示「變出非常，改省為國，民為自主，仍隸清朝」，此處應明辨之。

　　但樊增祥的誤解也非空穴來風，唐景崧雖然極力避免獨立之嫌，但其表述中「正朔、屏藩」之措辭，多少容易使人將「民主國」視為宗藩體制下的屬國（屬國亦奉天朝正朔）；而且在官長定名問題上與朝廷中樞的意見有微妙的差別，唐景崧曾電乞張之洞云：

　　　　當務者謂臺必自主，後與中日斷絕，請外援方肯來。但民主之國亦須有人主持，紳民咸推不肖，堅辭不獲。惟不另立名目，終是華官，恐倭藉口纏擾中國；另立名目，事太奇創，未奉朝命，似不可為。如何能得朝廷賜一便宜從事、准改立名目、不加責問之密據，公能否從旁婉奏？此亦救急一策〔註23〕。

張之洞答複道：

　　　　另立何名目，大約稱總統。朝廷未必肯給密據，恐為倭詰，如事至萬不得已時，只可由尊處自奏。昨臺民公電已轉奏，其意請臺自為島國，即係臺自主，恐朝廷亦未必肯明允也〔註24〕。

恐貽人口實，並勸其「臺民欲劫公守臺，無可如何，然名目宜酌。電奏只宜云自約為民會民政之國，不可云民主，不可云自立。外洋總統甚大，似不相宜，須稍變，或云總管，或云總辦，讒譖嫌疑亦須防也」〔註25〕，但唐終用民主、總統名號，張對此深致不滿：

　　　　自處須有分寸，方見恪守臣節，朝廷方能鑒察，天下方能共諒。奏事及行文內地各省暨臺灣本省，自應仍用開缺本銜，與巡撫關防……奏咨內只可云民會民政，不可云民主；只可云暫留，不可云

〔註23〕　唐景崧：《唐撫臺來電》（光緒二十一年四月二十三日至），苑書義編：《張之洞全集》，河北人民出版社，1998年版，總第6377頁。

〔註24〕　張之洞：《至臺北唐撫臺》（光緒二十一年四月二十五日發），同上，總第6382頁。

〔註25〕　張之洞五月一日電，同上，總第6400頁。

暫主。措辭須平淡謹畏，方爲得體〔註26〕。

個中幽微心曲，研究者曾詳細體察〔註27〕，如此含糊其辭，也難免使不明就
裏者誤讀。

除了直書其事，樊增祥在與友人的詩歌往來中，憂時仍是主題，如與袁
昶詩：

備兵湖熟意蕭疏，百覽光陰歲再除。江外政煩經國手，御前曾
草答蕃書。劉家筦榷皆文士，范氏官庖但釜魚。東海揚塵何日靖，
占星中夜起踟躕。

光緒十八年十二月，袁昶擢爲皖南兵備道，分巡徽寧池太廣道，治所在蕪湖。
他久在總署行走，嫺於外務，見識較樊增祥通脫，故而詩中請教對中日失和
後時局的看法及應對手段。此時長江下游盜匪間起，外國軍艦借機巡弋，袁
昶自籌防警，安擾華夷商埠，約束各國駐軍以免生亂。但沿海經濟已經受到
戰爭影響而出現波動，光緒二十一年，袁昶致書提到蕪湖稅收「奇絀」現象，
樊增祥記道：

絕島稱兵餽運艱，近聞籌筆損朱顏。地形已列三雄鎮，租調才
勝七下關。海禁久封姑熟米，鄉心長繞富春山。束腰我亦嫌長帶，
何日開籠放白鷳〔註28〕。

蕪湖地方「百功力作，商賈懋遷，本專恃米糧爲大宗，自倭奴肇釁，海禁戒
嚴，米糧禁止出口，民生商務皆因此而困頓無聊，千百窮民馱米爲活者，更
枵腹引領，岌岌乎不可終日……以致百項商務久益寥落，關鈔釐金收數亦陡
減大半」〔註29〕。大米禁止出洋，是甲午年間清政府爲保證本國軍民食用，
並避免補給日本戰時需求而採取的強制措施〔註30〕，但在執行過程中簡單劃
一，導致一些地區經濟出現了下行。窮民資生乏策，而地方籌捐辦防又刻不
容緩，所以當地紳商聯名公稟懇乞開糶，袁昶「乃條陳大吏，謂如遵約即開，
因民利而利之，足補江寧釐稅，特定專條，責成商董，於商舶運米出口時，

〔註26〕 苑書義編：《張之洞全集》，河北人民出版社，1998 年版，總第 6410 頁。

〔註27〕 桑兵：《庚子勤王與晚清政局》，北京大學出版社，2004 年版，第 223～224
頁。

〔註28〕 樊增祥著，涂小馬、陳宇俊校點：《樊樊山詩集》，上海古籍出版社，2004 年
版，第 567 頁。

〔註29〕 《申報》1894 年 11 月 22 日載。

〔註30〕 參考孫洪軍、王國平：《淺議甲午戰爭中的禁米出洋政策》，《福建論壇》2004
年第 8 期，第 50～53 頁。

兼完金陵釐捐，每石銀一錢，可完餉需。公家歲羨米釐當數十萬兩，輪舶運米納釐，實始此。稅司領事，頗有違言〔註31〕。昶反覆開諭，謂本關自取商民，以裕餉源，與彼此販運通商者迥異，且恃此補助公益，不者難議弛禁，卒如議行」〔註32〕。開源問題解決了，袁昶又進一步節流，他清釐關稅案內，裁汰常關外銷公費等款，使歲入達一萬八千餘兩，有效補充軍需。

除了戰爭，樊增祥與袁昶還討論對外失利背後的內因：

> 袁絲妙墨鐫瑤翠，中夜江聲助慨慷。謫籍數人關治亂，蠻煙千里歎存亡。讒夫抵死仇元祐，國是寒心到靖康。今古憑欄憂不細，卻回岩電看扶桑。

據詩下小注稱，袁昶曾作《重修滴翠軒記》「極論當日黨禍，寄慨深遠」，《袁昶年譜》引日記云，是《記》作於甲午年十一月「稿三易成」，現節錄如下：

> ……予獨慨夫汴宋崇寧、大觀之際，群小負乘，奢僭逾制，淫昏煬蔽，上下相市。向時黨籍數十君子，其老成忠樸者，率貶斥流徙，或左降典符卑濕之區，相繼物故，士氣殄瘁，而宋氏之元氣，遂斷削無餘，於是宣和靖康之禍旋作。至於其間琱繢句律之文士，亦復蕉萃專壹，鑱刻百態，凌轢萬物，雖若無裨於當時國病，不足預於天下存亡之數，然文采風節，亦自有不可糜滅者。世運人事，回薄陵夷，予蓋憑此軒楯，北望傷懷，而惡夫涕泗之無從也。古今登臨遊覽之趣，發憤騫直之指，要亦不必盡有合也。夫跡出於履，而非故履，吾豈指跡以求履，而事有曠百世而相感者。予獨何能無慨然耶〔註33〕？

以宋徽宗政事託喻當朝，疏賢親佞，殷鑒不遠；後又轉向對元祐黨人的祈向，其用意不只在文學，而是在士行，置於晚清的政治語境下，可理解爲清流眾人；經此甲午一役，更加深了他們對李鴻章爲首的洋務派撼動神器，國將不

〔註31〕可引張之洞覆袁昶電「蕪湖禁米出口，此間米釐歲可得二十餘萬金，而鎮江關米稅大旺，尚不在其內。爲國家釐稅統籌全局，自以照現在辦法爲合宜。若米禁一開，釐金全失，現軍需浩繁，驟失鉅款，斷難支持。故此間司局皆不願蕪湖弛禁」。袁昶後來實行的辦法，是聽取了張之洞的建議「若欲開禁，惟有籌一彌補之法，或由蕪關代江南收釐金一次，或作米商每石捐款協濟江南軍餉若干。總之，願蕪關仍開而江餉亦裕，則兩得其平矣」。見苑書義編：《張之洞全集》，河北人民出版社，1998年版，總第6407～08頁。

〔註32〕蔡冠洛：《清代七百名人傳》，中國書店，1984年版，第468頁。

〔註33〕袁昶：《於湖小集》，《叢書集成初編》，商務印書館影印本，第68頁。

國的譴責。

二、河湟事變期間

較之抗日保臺的遠慮，近憂就在眼前，光緒二十一年八月，樊增祥屢有「高天厚地顏色改，西盡崑崙東渤澥。千群鐵騎僵花門，百丈瓊甀死遼海。老夫興酣雙耳熱，臂鷹欲赴南山獵。仰射錦雉必洞胸，生擊黃鼊堪飲血」之類的詩句，其背景均指向所謂「隴事未靖」，即爆發於光緒二十一年三月初八的「河湟事變」，起因是循化地區伊斯蘭教花寺門宦內部新老兩派之爭，官府先是利用新派打擊老派，後又不分新老，一律剿辦，致使教派衝突演變成反清暴動，並迅速波及甘青地區〔註34〕。當時西北缺兵短餉，清軍戰鬥力差，連連失敗後，作爲周邊省份，陝西調馬隊兩營馳援「撤戍秦兵援隴急」，樊增祥雖一介縣令，卻躍躍欲試「擬授西征殺賊戈」，但最終「胡然閉置車帷中，一州拘繫曹景宗。品量鹽絮效兒女，政與王家新婦同」，無緣參與戎機。九月十五陝西普降大雪「渭南三萬八千戶，樵蘇不爨如凍鴉」〔註35〕，他憂心士兵的安危，抨擊將官的昏聵：

> 此時竈更寒不鳴，此際酒惡思魚羹。誰呼錦帳彈箏伎，誰念鐵甲屯邊兵？雪壓天山戰馬喑，玉帳瑤姬豔酒行（時牛鎮挈眷而往）。不聞士死左轂鳴，徒聞驕將爭羊羹（近日聞葉、何兩軍門互鬥，回乘其後，掠去軍械不少）〔註36〕。

牛鎮指寧夏鎮總兵牛師韓，何、葉兩軍門分別是河州鎮總兵何建威與陝甘補用總兵葉占魁〔註37〕，這些前線高層置大局於不顧，蠅營狗苟，嬉樂無度，潰敗也就在所難免了。十月積陰不開，雨雪交加，樊增祥再紀戰事：

〔註34〕 關於教派之爭及河湟事變經過，可參見李華：《循化伊斯蘭教研究》，《回族研究》2009 年第 1 期，第 103～120 頁，及吳萬善：《河湟撒拉族、回族起義述略》，《青海社會科學》1984 年第 4 期，第 107～110 頁。

〔註35〕 據氣象資料統計，自 1880 年至 1900 年的二十年間，位於黃河中游的關中地區有七年都出現了大雪、嚴寒、霜凍天氣，1893～95 年更是連續三年出現極度惡劣天氣。民國《華縣縣志稿》卷九「天災」記載，光緒二十一年九月十四日夜，華縣下大雪尺餘，壓折竹木無算，柿果壞。見朱士光《清代黃河流域生態環境變化及其影響》，《黃河科技大學學報》2011 年第 3 期，第 17～29 頁。

〔註36〕 樊增祥著，涂小馬、陳宇俊校點：《樊樊山詩集》，上海古籍出版社，2004 年版，第 580、586 頁。

〔註37〕 各自駐防職守見薛正昌《中日甲午之戰與河湟起義期間的董福祥》一文，見《固原師專學報》1989 年第 4 期，第 43～56 頁。

> 隴軍望援兒望乳，腐旗濕鼓無光音。朝廷發卒又三萬，千軍已
> 過臨洮縣。濁河駭浪高於山，戰士裂膚馬生跰。大府征車二千乘西
> 征六十營，營三十乘，而餉運在外，秦民無衣守空甒。一馬民閒費十牛，
> 一車萬錢不掉頭里民每供一車行坐，各價約需錢十五六千。驅車載民血淚
> 流，歸來不飽舟一甌。中宵仰屋者誰子，道州示吏亦如此。

直筆實錄了河州戰役，戰火持續延燒，清廷命同治年間曾鎮壓甘肅回民起義
的董福祥節制甘肅軍務「將畀以西北大事，頃已令招三十足營，並令各省接
濟軍餉、槍炮、彈藥，無掣其肘」〔註38〕，九月中旬渡洮河，十月十八日攻
入河州，打通前往西寧的道路，陝西、新疆各路百十營援軍紛紛進駐。董福
祥在戰爭中盡顯勇狠悍將的作風，朝廷從優議敘，並對其更加倚重了。樊增
祥站在統治者一方關注戰爭，卻反映賦役對當地民瘼的加重，雖然當時朝廷
深慮供億之煩，明降諭旨「禁止帶兵官騷擾；又准沿途州縣，支應車馬，作
正開銷，正為體恤民生起見。河湟待援孔亟，自以厚集兵力為宜。著行文山
西、河南、陝西各巡撫，查有軍行不肅者即劾，沿途支應車輛，亦不准稍有
貽誤」，但詩中昭昭數字所見，卻是百姓無盡的血淚。光緒二十二年十月，河
湟事變終定：

> 戰雲衰草滿湟中，見覺花門五技窮。雪嶺崢嶸誰倚劍，酒泉亭
> 障罷傳烽。三城降卒歸仁願，五郡遺黎保寶融。天意盡收回紇騎，
> 洗兵青海莫言功。

> 馬上雄兒喚奈何，賊平無復左提戈。歸農苦歎黃金盡，出塞誰
> 憐白骨多。昔使市人隨戰鬥，今為剽盜滿關河。驪山離石皆前事，
> 漫捲朱旗縱凱歌〔註39〕。

但戰後創傷難平，董福祥肆行殺戮，造成更大的怨恨；民生日益凋敝，產生
更多的叛軍，如此惡性循環，又有何功可唱凱歌呢？

　　本月，樊增祥作《再閱邸鈔》，譏評時事：

> 年少金張貴絕倫，晚猶洙泗託婚姻。鬥雞場上佳公子，孔雀屏
> 中小聖人。國是艱難逢五鬼，海上荒唐媚三神。羯奴大有排牆手，
> 兔窟區區不庇身。

〔註38〕　陳慶年：《戊戌己亥見聞錄》，收入《近代史資料》第81號，中國社會科學出
　　　　版社，1992年版，第104頁。

〔註39〕　樊增祥著，涂小馬、陳宇俊校點：《樊樊山詩集》，上海古籍出版社，2004年
　　　　版，第651～652頁。

兩世王門倚舊恩，奸贓狼藉眾知聞。麾金自結中常侍，載酒頻
過左阿君。荊棘滿庭忘掛礙，芳蘭當户遍鋤耘。只今冠帶教閒住，
漢殿誰爲請劍雲。

長沙持節太匆匆，招遣歸吳類轉蓬。侯白徒爲士林笑，陶朱不
失富家翁。暫將湘郡還溪狗，尚以街亭擬蜀龍。此去石頭城下水，
莫爲明鏡照司空。

一床錦被蓋平生，漫以浮雲蔽聖明。咄咄殷浩眞怪事，堂堂夷
甫但虛名。朝廷追論熙河罪，史氏深譏馬邑兵。終是盛朝惜槃劍，
放教長水事躬耕〔註40〕。

詩未自注，筆者試考釋其大略本事，第一首仍恨李鴻章媚和，銜之刺骨；第
二首先似刺慶親王奕劻，甲午年晉親王，權勢漸重，夙聞貪鄙，再諷當軸（或
影射榮祿）勾結權宦，擾亂宮闈，致使朝堂烏煙瘴氣；第三首或指吳大澂，
光緒十八年補授湖南巡撫，二十年請戰，次年三月戰敗回任，閏五月遭劾開
缺，十月十二日與陳寶箴交卸撫篆，返回吳縣原籍；第四首當指平定西北事，
陝甘總督楊昌濬以彈壓不力交部議處，後開缺回籍。

第二節　崇樹正學，反對維新

光緒二十二年五月二十八日，陝西布政使張汝梅向朝廷奏保賢才（每一
省有固定的推薦名額，陝西是七名），其中稱樊增祥學優才長，器識淵閎。此
值外官晉升之際〔註41〕，張藩臺的考語使增祥的政聲上達天聽「傳旨嘉獎」。
光緒二十三年，樊增祥計薦入京覲見〔註42〕，五月離渭南入西安，作《將去
渭南留別士民》：

渭南五見紫桃開，卻指青門趣馬回。臨去精神如始至，未酬心

〔註40〕 樊增祥著，涂小馬、陳宇俊校點：《樊樊山詩集》，上海古籍出版社，2004 年
版，第 587 頁。

〔註41〕 州縣官晉升，或按現職任期屆滿來定，或在某些情況下於任期屆滿前給予。
在前一種情形下，要求晉升之前在一地任職達五年以上。

〔註42〕 清制，外官三年期滿考課，稱大計「考察政績之成與不成，以行朝廷黜陟之大
法」，地方官逐級考核賢愚與否，由府填注考語入冊，送道轉呈藩、臬覆考，
再由撫、督四級會同造冊，上達吏部，考以四格「才、守、政、年」，糾以八法
「貪、酷、罷軟無爲、不謹、年老、有疾、浮躁、才力不及」，見常越男：《清
代考課制度研究》，北京大學出版社，2010 年版，第 178、194〜202 頁。

事待重來。六房判草皆親筆，大道垂楊盡手栽。爲語後來勤護惜，
滿城桃李要滋培。

與上任時心情一樣，去任時仍憂讒畏譏「虛名似我寧堪噉，辣手於人未敢施。
弦縵自關儒者事，郢都鷹隼莫相疑」；如今投閒置散，總結得失：

屠羊高節能無慕，洗馬孱軀忍見摧。漫試油錢誇手熟，幸教金
斗熨眉開。依然蓮勺爲湯沐，只當黃冠被放回。

京兆街頭三走馬，黃塵白日使人愁。籠中至竟憐窮鳥，官裏何
當捉野鷗。劍可傳人人不願，石猶生我我何求。移書幸得蕭並許，
援取囚山柳柳州。

自言「宦囊所餘，皆書畫也」，去官無事，惟有鍵戶讀書習作，結《青門消夏
集》：

少稱五經笥，老作蠹書蟲。還我雙秋水，青燈眼鏡中。多師杜
所傳，兼愛墨非過。莫爭數字安，須讀萬卷破。

八月離陝，入都途中作《漫興三解》〔註43〕：

舊雨東南問訊疏，新來郵政定何如。江湖滿地皆羅網，爲語秋
鴻莫寄書。

煙禁全開責稅銀，十家劉果九家貧。芙蓉好種君休種，新用三
司赫鷺賓。

高談時務薄諸儒，廢疾膏肓那易除。惟有吾鄉眞御史，霜毫能
闢闖韓書。

光緒二十一年二月，清廷接受張之洞建議，開設官郵政局，由總稅務司赫德
管理；而當時官員書信往來主要依靠民信局，資費便宜，方便安全。由於新
郵政掌握在外國人手裏，所以起初遭到抵制；樊詩中似乎還透露一種心情，
即擔心官郵審查信件，羅織文網。光緒二十二年，爲支付對日賠款，清廷開
禁鴉片，徵收重稅，於是各地再掀大面積種植的狂潮，作爲禁煙的堅定支持
者，樊增祥對此憂心忡忡。

第三首表現對於新思想的指謫，光緒二十年，嚴復發表《闢韓》，批判韓
愈《原道》的道統思想及君尊民卑之說，二十二年由《時務報》轉載，引起
巨大反響，張之洞視爲洪水猛獸，指使湖北籍在野御史屠仁守在《時務報》

〔註43〕樊增祥著，涂小馬、陳宇俊校點：《樊樊山詩集》，上海古籍出版社，2004 年
版，第 685 頁。

發表《辨〈闢韓〉書》「溺於異學，純任胸臆，義理則以是爲非，文字則以辭害意，乖戾矛盾之端，不勝枚舉」〔註 44〕。嚴復作爲近代啓蒙思想家，鑒於甲午戰爭慘痛的教訓，主張尋求富強、拯救危難須在思想上除舊立新，引入西方民權思想，對此樊增祥不以爲然，斥爲「纖兒」，他更欣賞屠君平和穩健的觀點〔註 45〕。

途經河南同年張景樓墓碑憑弔，憶起當年劾貴疏稿事，樊增祥口占一絕：

小劫罡風墮玉清，人言請劍誤平生。庸知失馬眞奇福，成就邦衡一世名。

事後論及疏摺事「譏之者曰『遨遊隴蜀之間』，譽之者曰『趨步申屠之後』，皆弗恤也」；當年伉爽善辯，如今已知天命，自言「無復當時敢言氣，香山今號囁嚅翁」，意緒有些消沉；而在拜謁比干墓、比干廟時又大發感慨：

忠赤翻爲戮，聰明亦誤身。智哉陳叔寶，不作有心人。

龍逢葬函谷，比干葬淇汭。中隔白馬河，盡是忠臣淚。

赤心可以剖，當刳祿山之腹驗眞否。叔父可以殺，當使燕王父子並伏高皇法。暴君手段英君用，天下快心群小痛。胡爲三郎郎當建文走，不學商辛施毒手。吁嗟乎！謂古無肉刑，蚩尤身爲涿鹿塵，曾不損黃帝仁。謂當貸親貴，零雨三年誅管蔡，曾不爲周公罪。不肖之心雖剖千百，不爲殘紂獨何爲？施之於比干，如彼祿山燕棣之屬反得完，天乎天乎何其儐〔註 46〕。

嗜殺之氣蒸騰，不知爲何突發此論，或仍源自對李鴻章的忿恨。

一、意園文人，正學旨歸

九月初九入京後，樊增祥周旋於榮祿、王文韶等權貴府上；十一月初一，

〔註 44〕蘇輿：《翼教叢編》，上海書店出版社，2002 年版，第 62 頁。

〔註 45〕王憲明認爲，嚴復的《闢韓》並未徹底批判封建主義，而屠仁守的《辯〈闢韓〉》也非純粹的守舊論調。見《解讀〈闢韓〉——兼論戊戌時期嚴復與李鴻章、張之洞之關係》，《歷史研究》1999 年第 4 期，第 113～128 頁。余英時先生也指出，《闢韓》一文雖依西方制度立說，其實仍屬於儒學的「內部批判」，援引孟子「民貴君輕」說，並受到《明夷待訪錄》的影響，見余英時：《現代儒學的回顧與展望》，生活·讀書·新知三聯書店，2012 年版，第 155 頁。

〔註 46〕樊增祥著，涂小馬、陳宇俊校點：《樊樊山詩集》，上海古籍出版社，2004 年版，第 689 頁。

諭旨准其卓異〔註47〕，加一級〔註48〕，仍註冊回原任候補擢升，或與上司向
樞臣舉薦有關〔註49〕；此間又與眾多文友朝夕相見，命酒賦詩，值得注意的
是與意園文人圈的交往。意園為宗室文人盛昱祖敬徵所辟，傳至昱而建郁華
閣，一時承學之士以得接言論風采為幸，遂為京中文人聚會之佳處，其中王
懿榮、端方、柯劭忞等，均為京師學界的執牛耳者。盛昱於清朝故事及滿洲
氏族俱能留心「大至朝章國憲，小至一名一物，皆能詳其沿襲改革之本，而
因以推見前後治亂之跡」〔註50〕，與沈曾植、繆荃孫被同人目為「談故三友」，
極負清譽；家居十年以古籍並三代秦漢彝器、法書名畫自娛，博聞強識，於
經史地輿之學，皆精覈過人，天下魁壘之士，至京師者，莫不以為歸。內藤
湖南曾指出：

> 盛昱之甚裨益清季國事學術，則不在其服官，而在其優游林下
> 之時，伯熙家居之後，其所謂意園者，每為英才計偕入都者所留
> 宿。文廷式、李文田之為鼎甲莫論矣，今之名士如張謇，亦出伯熙
> 之門，獲狀元，其餘近時學者，或存或歿，不在伯熙網羅者鮮矣。
> 以余知見所及者，有柯劭忞、梁鼎芬、樊增祥、黃紹箕、徐坊、王
> 懿榮、楊鍾羲諸人。旗產文人志銳、鐵齡亦皆熟交。其餘余所遺者
> 當不少也。伯熙與諸人以經史、詩文、書畫、金石相商榷，為所謂
> 文字之交，而伯熙真意則似聯絡人才以待國家之需，故平生尤以登
> 薦為念。文廷式之以名進士之屢見超擢，不數年至翰林院侍讀學
> 士，管理總學，又教珍、瑾二妃讀，用得廁近帝側，亦似賴伯熙之
> 薦矣，伯熙識見尤超邁者，欲融會滿漢使無拘是也，故其羅致人才
> 不區滿漢〔註51〕。

〔註47〕 才守俱優者舉以卓異，是大計中居於最高一等的官員，受此者例有升遷。參
　　　　考《清代考課制度研究》，第205～234頁。
〔註48〕 有政績的州縣官會受到考績記錄、品級提加或職務晉升的獎賞。一個州縣官
　　　　可能會以其政績得到一至三次記錄，加績也是加一至三級，加一級等於四次
　　　　記錄。
〔註49〕 據記載，十月十七日，已經升任山東巡撫的張汝梅在拜見翁同龢時，仍推許
　　　　樊增祥等守令，見《翁同龢日記》總第3057頁，王、榮等評論闕疑，但憑樊
　　　　之聰明練達，委蛇門下，或亦有薦言。
〔註50〕 繆荃孫：《意園文略序》，盛昱：《意園文略》，《續修四庫全書》影印本，上海
　　　　古籍出版社，2002年版。
〔註51〕 內藤湖南：《盛伯義祭酒》，《內藤湖南全集》第七卷，東京築摩書屋，第96
　　　　頁，另有《盛伯義遺事》一文，此處譯文轉引自劉晴：《晚清名士盛昱研究》，

　　樊、盛結緣於光緒三年，當年進士及第，與周鑾詒並稱三才子，入翰林後又同參崇厚，數言事，士論推爲謇諤，兩人在學術旨趣、政治觀點上頗具共通點〔註52〕。盛昱曾云「江外文章袁蔣趙，就中吾較服雲菘。劍南才思誠齋格，蔚作中天一大宗」，取徑亦與樊山相近。進京後，樊寓洪亮吉舊廬卷施閣，時與國子祭酒王懿榮、柯紹忞過從，依然延續清流的傳統，只是在「清議」之外，更多了一層清閒、清秘意味。他們喜愛標榜宋人文章氣節之兩全，在學術脈絡上則欲直承乾嘉考據一派；對名教的執著賦予了從事學術的義理，詩酒交流的密集也爲言事提供了心理優勢與人脈基礎〔註53〕。循此思路，先看幾首樊增祥的考據詩，如《菊如臨摹羅聘說文統系圖》：

　　　　畫筆清河逼兩峰，遠從南閣溯宗風。雲孫寫到吾丘衍，莫墮山
　　人鬼趣中。曲阜零縑劫火餘，韓齋流轉到東湖。當時曾仿菘畦叟，
　　篋有簪花騎象圖。

由詩下小注知，羅聘曾爲桂馥（字未谷，說文四家之一）作《說文統系》、《戲花騎象》二圖，馥孫桂樸堂茂才轉贈與孔憲彝（字繡山），後又索還。其後屢遭戰亂，《統系圖》爲王守訓（字菘畦）所得，有張士保（字菊如）臨本；《騎象圖》端方曾考察其下落，終爲樊增祥所得。又如《廉生祭酒屬題施觀察所贈劉平國碑卷》：

　　　　穹碑首署左將軍，誰遣龜茲善八分。終是漢家天子聖，一時西
　　域盡同文。卷中師友半寒煙，倚燭看碑輒泫然。珍重儒林雙祭酒，
　　周京猶碣共長年。

劉平國碑全名《龜茲左將軍劉平國刻石》，爲東漢永壽四年西域都護府龜茲左將軍劉平國在此築關修亭後，摩崖題頌的遺跡，發現於光緒五年，當時在疆的施補華聞訊前往查看，拓印研究，知爲東漢作品；四年後親帶工人拓數十

第53頁，黑龍江大學碩士學位論文。陸胤謂內藤氏文曾由吉川幸次郎漢譯，更名爲《意園懷舊錄》，收入《吉川幸次郎全集》第 16 卷。囿於筆者見識，吉川氏文未睹。

〔註52〕盛昱政治觀點比較保守，如反對修建鐵路，《書鐵路述略後》稱「反覆此書而後知鐵路決不可行也」，仍從農本商末中持論；曾請飭停止督臣辦銀行（光緒十三八月十六日）；又彈劾洋務派，如論馬建忠「身習邪教，黨結夷人。李鴻章信任袒私，洋務事宜屢墮奸計」、唐廷樞「該員貪鄙近利」（光十十月二十六日）。又屬強硬主戰派，如中法戰爭中「請決戰計奏」（光十六月二十四日）、「論戰局已開宜爭先著奏」（光十七月初九日）等。

〔註53〕陸胤：《近代學術的體制內進路》，北京大學 2011 屆博士學文論文，第 3～4 頁。

紙，分贈海內同好共賞，王懿榮、盛昱等均有題跋〔註 54〕，一時轟動京師。
文字爲陰刻漢隸，共 8 行 101 個字，由於時代久遠，殘片漶漫，金石學家如
施補華、盛昱、張之洞、王樹枏、葉昌熾、羅振玉、王國維等均有釋文〔註 55〕。
樊增祥題王懿榮藏本，即施補華所贈，今藏於上海圖書館，據親見者言，拓
片原品高 48.8 釐米，寬 41.5 釐米，歸王懿榮後珍愛異常，裝裱成整幅大張（高
138 釐米，寬 73 釐米）〔註 56〕；在樊增祥之前，已有題跋者十一人，但大半
作古。正如詩中指出「書同文」所具有的政治和文化意義，劉平國刻石的發
現再次印證了新疆地區自古以來就在中央政府的主權範圍內，且漢語在當時
已經普遍使用和傳播。

　　樊增祥對這個圈子中另一位收藏家端方（字午橋）的藏品也很感興趣：

> 國老將穿衣素履，家珍猶書子丹碑秦中曹眞碑，君輩至廊廡。盡收
> 四部孤行本，買斷三泉古寺基。

又有《題午橋所藏宋拓化度寺碑》：

> 賜書樓壁記橫安翁方綱跋云：此是洛陽范氏賜書樓壁原石，景寶由來
> 受自韓。井玉流傳在懷麓明顧從義跋云：此本得自李文正，在聖教序之陰，
> 壽金書法勝宜官。題眉成府紅鈐小，跋尾蘇齋墨翠寒。兩度延陵襲
> 文錦，兼今秘購不辭難此帖舊爲吳荷屋（按：指吳榮光）所藏，尋入成邸（指
> 永瑆），直四百金，後歸吳學士寶恕（名子寶），午橋以千金購之。

> 　　人間五本極標揚清翁方綱題跋「子所見化度眞北宋拓者五本，無若此本之
> 最在先者，此是爲慶曆時初拓，鮑氏本是宣和拓也」，搜得遺珠喜欲狂余於關
> 中亦得一宋拓，爲王山史藏本，在翁覃溪所見五拓本之外。山史舊曾藏石室，
> 谷園原未到金方翁覃溪未見王氏本，亦由西行不到耳。谷園蓋翁自號。同爲

〔註 54〕 王題「八分書，永壽四年八月十二日乙酉，旁有京兆長安淳于伯╳作此頌字
　　　　 三行。新疆拜城縣賽木里山」，見呂偉達編：《王懿榮集》，齊魯書社，1999
　　　　 年版，第 272 頁。

〔註 55〕 楊鍾義云「伯熙爲碑釋文，與張文襄異數字，李仲約（即李文田）侍郎以伯
　　　　 熙所釋爲當，爲詩讚之，有「鬱儀重出更生在，手釋新碑字字香」之譽，見
　　　　 楊鍾義：《雪橋詩話續集》，北京古籍出版社，1992 年版，第 480 頁。今盛釋
　　　　 文未見，張釋文見於苑書義等編：《張之洞全集》河北人民出版社，1998 年版，
　　　　 總第 10397 頁。張是在最初釋讀者施補華基礎上作的修訂，但有些仍未考訂，
　　　　 施釋文及後來各家釋讀，見王炳華：《「劉平國刻石」及有關新疆歷史的幾個
　　　　 問題》，《新疆大學學報》1980 年第 3 期，第 56～62 頁。

〔註 56〕 見仲威：《關於龜茲左將軍劉平國摩崖》王懿榮藏本，《東方早報》2013 年 1
　　　　 月 7 日 B10 版。

北宋千金帖，知閩東溟幾度桑。兵事方殷良會短，南浮茅刹是吾鄉
三素和尚云「余從空山師於南浮茅刹，春雨初霽，出宋拓諸貼共觀，時皖城舉燧，
正恐此會難再」。今膠州事緊，午橋以此帖屬題，巧合如此。

結尾借一段金石藏品的傳奇經歷，找到與現實的契合，說明考據詩也可以有
寄託。

　　十月盛昱從張家口蔚縣小五臺回京，以紀遊詩〔註57〕見示，樊增祥戲稱
其爲「詩囮」，特賦長句奉贈：

祭酒卓犖天潢英，勸學突過周荀卿。園林橋莊或綠野，文采紅
蘭及紫瓊。七年契闊須麋異，歸自居庸飽山翠。爲説飛狐雨雪深，
增餘金虎山川氣。吁嗟祭酒今天人，明光射策張吾軍。十年平進掌
國學，隱然半採高鷙麟。擊奸屢破銅山賊，對仗自讀甘蕉文。紛紜
牛李兩不附，排觝羅致俱無因。己丑三疏尤切直，臣適病耳非乞身。
歲月因循足可惜，憂國左徒淚痕赤。秦虔杜門今八年，萬事抛來理
雙屐。近遊百里如比鄰，田夫野老皆主人。直上千尋倒刺山，蒼顏
一老溪南至君此行以溪南老人爲導師。指點邊牆話夕陽，經過僧塔求碑
記。手釋靈仙鐵板文，冷笑秋湄蔚州志君所拓蔚州老龍堂大安二年分水鐵
板，析而爲二，面背百六十餘字，楊秋湄《蔚州志》僅載其半，蓋未睹後一段也。
我言由中非面諛，君才浩博今則無。九流道術盡研討，四周形勢羅
庭除。有唐宰相三百餘，宗潢絡繹登紫樞。胡爲置君於丘壑，坐令
碧海驕鯨魚。君不見島兵夜走山東驛，名將成擒邊事急德軍入膠州，
電告其主云擒其某將云云〔註58〕。相國眞多旰食憂，我曹方草遊山檄。
還君詩卷三歎息，電音昨報膠州失〔註59〕。

長詩記述盛昱的一生，可與楊鍾羲《意園事略》相對照。他出身貴冑，幼承
家學，光緒十年七月補授國子監祭酒，與司業治麟究心校士之法，大治學
舍，加膏火，定積分日程，懲荒惰，獎勤樸，致弦誦蒸蒸，士習爲之一變。

〔註57〕盛昱有《遊小五臺詩》五古八首，見盛昱：《郁華閣遺集》，《續修四庫全書》
　　　影印本，上海古籍出版社，2002年版，第22～25頁。楊鍾羲評其「奇偉警
　　　拔，雅似姜白石；紀遊詩沉鬱處亦復近杜」。
〔註58〕此誤傳，當時膠州守將章高元要求抵抗，清廷卻命「敵情雖迫，朝廷絕不動
　　　兵，不可輕啓戰端」。
〔註59〕樊增祥著，涂小馬、陳宇俊校點：《樊樊山詩集》，上海古籍出版社，2004年
　　　版，第699頁。

居官時群而不黨，侃侃自將，忠規讜論，中外歎仰，然不能盡行其志。十四年戊子科鄉試，簡放山東正考官「衡藝過勞，每申且不寐，自是得心悸之症，試竣回京不數月而疾大作；十五年八月初四因病奏請開缺家居。居家後杜門謝客〔註60〕，甲午間擬有所贊畫，疏已具矣，會有尼之者，以易箦之內斷於心，遂不復出，端居深念，攖心蒿目，益鬱鬱寡歡。由是寄情山水，遊屐所經，動淹旬朔，不復關預人事」〔註61〕。丁酉踏雪飛狐，戊戌浮渡徐水，怡情巖壑，詩中還記錄了一段他在山中覓得佚籍的趣聞，但結尾一轉，又回到殘酷的時局面前，十月十二日，德國借巨野教案強佔膠州灣，清廷以「敵情雖橫，朝廷決不用兵」避戰。膠灣事件被認為是觸發戊戌維新變法的導火索，在又一次外交失敗面前，政治激進勢力躍躍欲試，而傳統士大夫只會暗泣太息，樊山的三歎，又何嘗不是伯熙的怒傷，他貌託曠達的背後，實無時不盰衡朝局，但他們的對策是「排斥異端存正學」，尊程朱而不廢許鄭，以抵制變亂六經的做法〔註62〕，嘗言「顏李之學，戴望得之，以行於南方，王壬秋因其說而變之。顏李宗旨，斥程朱而尊孔，實欲祧孔而祖周公。故壬秋弟子以授康有為而改制之說，此顏元為之禍首，此禍之及於天下者也」。樊增祥心有戚戚云：

> 意氣戕生自激揚，忍看學術益妖狂。委蛇仕路中無倚，鑿枘時賢左畫方。

完全將維新派的新學妖魔化。他又以《說苑》「國有五寒，而冰凍不與也，一攻外，二女屬，三謀泄，四不敬卿士，五不治內而務外」託古諷今，將當時中國的癥結歸於對外媚和而遽學西方，對內惰政而不親賢人，矛頭直指當國太后。

樊增祥呼籲盛昱以宗室兼清流的身份主持危局「有子家羈弗能用，徒聞

〔註60〕盛昱曾致書張之洞，瀝陳自己不出山之苦衷，在於「官守言責俱不能盡，則容默保位而已，以榮默保位而負恩，何如以優游終歲而負恩，要之負恩一也。二者故無所軒輊」。惟有「他日者若能萬里荷戈，自乘一障，當無事時，必不為郝靈荃，有事時則身膏原野，馬革裹屍，只此一途，可以自解」，「官守」指國子監內部之叢脞，「言責」針對朝臣之無為。見《與張制軍書》，盛昱：《意園文略》，《續修四庫全書》影印本，上海古籍出版社，2002年版，第15～16頁。
〔註61〕盛昱：《意園事略》卷末楊鍾義語。
〔註62〕盛昱早年曾支持康有為，《上清帝第一書》即由盛轉給翁同龢，康多次拜謁，《自訂年譜》中有記載，但在學術思想上兩者異趣，戊戌前後漸無交集。

廊廟歎才難」，盛亦憤於「朝議乖舛，喪師失地，重幣求和，貽誚鄰國」，然面對「內外臣僚，無可倚仗，群小離間，陰陽捭闔，不測舉動，即在目睫」〔註63〕，已經身心俱瘁，沒有挽狂瀾於既倒的心力了。

樊增祥與另一位山東籍翰林柯劭忞談及時事云：

壺嶠浮沉鷁退飛，膠東兵事好音稀。魯儒馬避嬴陳亂，周轍將於晉鄭依。精衛也知徒自苦，子規休道不如歸。門冬酒熟姑謀樂，試傍梅花一扣扉。

遼陽昔歲化猿多，今日東人喚奈何。戰後河山尚松杏，夢中車甲又檀蘿。同盟何國非狼虎，臨敵無人顧鶺鴒。欲取鯨鯢築京觀，亟思猛士挽天戈〔註64〕。

家遇兵燹難言歸，國遭大難無援手。當德占膠灣後，俄答應勸阻，但一個月後強行駛入旅大港，隨即迫使清廷「租讓」，兩國的強盜邏輯使三國（俄德法）干涉還遼的偽善面孔昭然若揭，這使樊增祥呼喚「猛士」以修內政的心聲更加強烈。

歲末，袁昶寄所刻叢書及所著文集致盛昱，書云「赤縣困窮，九流混濁，終當引去」，盛感其意，敬以奉報「不干時事，亦無標榜，不過刺取所惠書名，如千里之賦《一鼟》爾」，並邀樊增祥倡和：

阿佟抗議記袁安，幾載烽煙失馬韓。獅象不流金界水，黿魚新置鐵橋官〔註65〕。虛名色目臣唐兀，異姓林牙據拔寒。太息東溟波浪惡，嚴灘歸釣亦殊難〔註66〕。

經籍如今合表揚，縱橫名墨太猖狂。術家日日占兵忌，醫匠紛紛變古方。司馬文章皆粟帛，臥龍始終在耕桑。那容一舸便歸去，村舍漸西煙水鄉〔註67〕。

〔註63〕繆荃孫《意園文略序》、楊鍾羲《意園事略》綜之。

〔註64〕樊增祥著，涂小馬、陳宇俊校點：《樊樊山詩集》，上海古籍出版社，2004年版，第709頁。

〔註65〕詩下自注：自興安至三韓，東西巨流，止一混同。朱蒙（按：此即朝鮮高句麗國建立者，《梁書》稱東明）以弓擊水，即此是也（按：《梁書》記云：東明至淹滯水，以弓擊水，魚黿皆浮為橋，見《梁書》，第801頁）。

〔註66〕自注：《衛藏通志》、《蠻書》、《吉林外紀》、《黑龍江外記》、《寧古塔紀略》、《元親征錄》、《秘史注》、《湛然居士集》、《嚴州圖經》、《景定嚴州續志》。

〔註67〕自注：《經籍舉要》、《尊經閣祀典錄》、《汪氏兵學三種》、《太素》、《齊民要術》、《農桑輯要》、《相雨經》及爽秋所著文集。

反映當時內外有識之士亟思變的動向，小注足見學問縱橫，陳衍贊其「組織甚雅」，評價盛詩「興趣不及偶齋（指寶廷），書卷時復過之」〔註68〕，此二首可作一證。樊山應和《重有感呈伯熙》：

> 昨從秦隴召陳安，籍甚威名擬白韓。騎馬金門穿細仗，射雕沙磧本粗官。夢中大婦應身熱，戰後西人可膽寒。開府平陽建旗鼓，登壇莫謂將才難。

> 輦路鈞陳衛戚揚，西巡欲避島兵狂。兩都賦久誇秦時，五子歌仍念冀方。終古大清傳郟鼎，如今長白是樓桑。四方猛士攖心否，泗上真人愛故鄉。

提出了他的主張，一則屬意董福祥作為自己呼喚的猛士，在平定河湟事變後，董加太子少保銜，成為頗可儀仗的「忠勇可嘉」之將才，被朝廷寄予厚望，就在詩作寫成前不久，他被轉調山陝交界之平陽府一帶，戶部每年撥餉八十萬兩，軍械由督辦軍務處添發。樊增祥雖知董福祥嗜殺殘暴，但他認為或許只有此等驍悍才可制外敵。二來他提出遷都西安的構想，首先榮祿曾於彼經營多年，門生故吏較多（包括樊增祥自己），有穩定的政治基礎；其次大漢盛唐都城所在，三輔形勝王氣所歸；再次西安深居內陸，可避列強，可存清室，樊這一想法與康有為在甲午年的提法趨同，而後來他的兩個設想都應驗了，只是董福祥的愚忠不僅沒能擋住八國聯軍的踐踏，還最終迫使兩宮「西狩」，並將中國拖進了更深重的戰亂泥淖。

十二月十九日東坡生日，張蔭桓招同盛昱、王懿榮、端方集鐵畫樓，為樊增祥餞行，他借題蘇軾《仙遊潭碑記》拓本「早從商洛締詩盟，拊背狂言意頗輕。晃漾水雲尤觸忌，暮年相送嶺南行」，提醒諸友要謹言慎行。

戊戌年元日現日食，盛昱感賦道：

> 稱賀陰雲上壽安，誰吟月蝕效盧韓。未分光岳吾猶國，不志災祥史失官。八極黃昏西者滅，一方黑照北中寒李長吉《北中寒》詩「一方黑照三方紫」。聖人避殿殷憂極，忍使為君獨任難〔註69〕。

據郭則澐記載，當日日食南輕北重，申虧酉復，不料適為政變之兆〔註70〕。

正月十五，端方招同人會飲，樊增祥逕言：

〔註68〕陳衍：《石遺室詩話》，收入張寅彭等編：《民國詩話叢編》第一冊，上海書店出版社，2002 年版，第 111、110 頁。

〔註69〕盛昱：《郁華閣遺集》，《續修四庫全書》影印本，上海古籍出版社，2002 年版。

〔註70〕郭則澐：《十朝詩乘》，福建人民出版社，2000 年版，第 754 頁。

> 芟除語孟況荀揚，新法通行舉國狂。持節誰爲昭信使，麾金爭覓鬭兵方傳京官多以金幣付西人保險。黑河有水蠶窺葉，彤日無輝雉在桑。欲得綺園偕隱地，紫芝煜煜是何鄉？〔註71〕

是月初三，樞臣接見康有爲，陳變法之策「宜變法律，官制爲先」，將既有體制推倒重來，怎能不引起當職官僚的恐慌與反對呢？十四日，戶部奏准發行昭信股票，類似於救國公債，貴紳殷戶攤派靡遺，不足則自大吏至牧令分任之，派辦之員能借鉅款者，分別優予獎敘，頷聯所記即此，由於國人對公債尚無概念，所以認購者寥寥，反而爭相去買外國保險，可覘當時官員均以自保計，人心渙散其甚。

正月十四，樊增祥拜會張蔭桓「雲門來，共啖春餅，下榻東院，夜談甚暢；十五晨起，與雲門略談」〔註72〕，樊雖不主變法，但作爲老友，仍對張的國際視野很感興趣「司農胸鏡照歐洲」〔註73〕，說明其並非愚頑不化；二十七日樊山離京「出城與雲門別，伯羲在坐，共談良久」。張蔭桓作《留別雲門》：

> 長安近日城烏暗，海外風傳市虎多。耐得華山酣睡意，勞生漫笑命宮磨。

樊增祥酬之：

> 歲晚蒼松須自保，天寒黃竹不成歌。同舟遇溺心猶異，覆局論棋口更多。

兩詩頗值玩味，據筆者推測，樊張在臨別前的長談可能涉及對康有爲的看法問題，張氏所謂「海外市虎」，或否認傳聞中他爲康之奧援的說法。事實上，戊戌年初，張蔭桓屢蒙召對，已在引薦同鄉康有爲「張野樵密進康所著書，上驚賞，戊戌改制由此」〔註74〕，後來發現的史料也證明傳言並非無據〔註75〕；從他的表述也可知當時康的學說在京城士大夫圈中並無多少市場，

〔註71〕 樊增祥著，涂小馬、陳宇俊校點：《樊樊山詩集》，上海古籍出版社，2004年版，第722頁。
〔註72〕 任青、馬忠文整理：《張蔭桓日記》，上海書店出版社，2004年版，第510頁。
〔註73〕 張蔭桓出使歐美期間，究心於考察的西方社會的眞實面貌與制度文化，並編有《西學富強叢書》。
〔註74〕 郭則澐：《十朝詩乘》，張寅彭等編：《民國詩話叢編》第4冊，上海世紀出版社版，第752頁。
〔註75〕 關於康、張關係，可參考馬忠文：《張蔭桓、翁同龢與戊戌年康有爲進用之關係》，《近代史研究》2012年第3期。

更未佔據主流；樊增祥則提醒他不要跟康有為走得太近，以防悠悠之口；後張果遭不測，大難臨頭各自飛，樊語幾成詩讖。

送別隊伍中，盛昱贈言尤蒼涼：

> 祖道明朝出右安，送行郢復序思韓。三司放手行新法，一令終身守故官。但有金繒無玉帛，可堪豐暖尚飢寒。此行重造蒼生福，知道鮮于處置難。

> 別有高岡鳳彩陽，自然吾輩接輿狂。豳風大抵猶堪畫，江水於今不可方。便結茅龍居下杜，舊聞竹馬到桐桑。一編涕淚朝天集，未必幽州竟異鄉。

樊山慰贈諸君，語意深至：

> 何地憶家得暫安，四方上下孟從韓。聲名闇淡惟宜酒，性韻蕭疏不好官。身付後生描畫易，老逢世亂別離難。為君屢緩西征彎，汐社詩盟不可寒。

> 牛戩箕張任簸揚，保身既哲託佯狂。外交漢代無中策，尸解仙家是下方。海上斷無不死藥，人間原有寄生桑。桃源舊屬秦人地，戴笠安排老是鄉。

盛昱擔心新法與舊制圓鑿方枘，恐樊增祥於地方難以措手，樊則告知明哲保身，虛與委蛇之法，又見其圓滑之處。他還慰答好友：

> 依然銅墨返三秦，慈榜同年子獨親。李杜漫悲天寶事，白劉同看會昌春。閒傾縹碧梨花酒，老閱黃紅棕色人夷隸怪論如此。赫赫炎炎總灰滅，廢興從古迅飆輪。

暗示變法的紛爭很快就會平息。

二、反對維新，虛憍自蔽

在路過邢臺時，樊增祥去瞻仰紀念春秋義士豫讓的國士橋，有感而發：

> 豫讓橋北望荊軻里，白日蕭蕭匕首寒，督亢戰地荒荊杞。豫讓橋南望施全廟，將軍護法比韋馱，鄂王玉殿應含笑。三賢劍術同一疏，報仇不獲身臨菹。南北千餘里，先後千餘年。白虹一道豫貫燕，忠臣義士若珠聯。讓乎讓乎爾尤苦，為喑為癩形軀腐。豈期天意作邯鄲，大事不成徒畫虎。秦皇繞柱將無同，太師馬驚亦其伍。發憤大呼水逆流，玉衣三擊當復仇。引刀右自捫其喉，臣柱漆身君漆頭。至今碧血光浮浮，風雲慘淡邢臺秋。趙無恤，胡不仁，磨笄山下無

復手足情，駐馬橋南國士殺其身。讓乎！讓乎！同時不如軹深里，後來更愧龐娥親。拔劍肯與項莊伍，起冢盡與要離鄰。吁嗟乎！春秋書盜爲垂誡，遊俠終爲史公愛。卅年來往燕趙中，烈士悲歌殊慷慨。回頭長揖白衣人，詰朝更斫分屍檜。

方今國仇十倍急，如讓比者得其一。頃刻化身千百億，匕首所至風雷疾，盡斫仇頭吾願畢〔註76〕。

呼喚猛士爲國殺賊，與列強對決的慘敗，責任誠在李鴻章，但更應追究深層的積弊，這場近代百年屈辱中最痛劇的戰爭，其教訓和後果甚至超過兩次鴉片戰爭及庚子事變。如果說鴉戰面對的是西方列強，輸在「無知」；那麼甲午乙未之際被一向視爲蕞爾小邦的島國羞辱，就是敗在了「無視」；西方人讓清廷嘗到船堅炮利的威力，不敢再斥之奇技淫巧，而東洋人以一役就毀掉了三十年的洋務成就。舉國再次陷入究竟如何圖強的反省中，遠見卓識如康梁者，已經把脈到制度的癥結，所以倡言變法；而樊增祥在這個群情奮銳，思潮迭湧的年代，卻只能一再哀歎「十洲天地黯煙塵」，顯得無奈而惶恐：

百年世事豈勝悲，諸夏堂堂苦用夷。早見荊山開鐵冶，晚聞馳道築金椎。極天關塞通車轍，掃地泉刀贈海師。近日華風慕齊虜，小兒學語盡鮮卑。

卅年置譯滿瑤京，住客庭前草木腥。繳外大秦從跋扈，居間小范費調停。銀臺近奏多飛電，玉藻新名釋寶星近來譯署多議此制度〔註77〕。相國近持蘇武節，白頭辛苦歷重溟。

重譯誰非四子書，指蹤先自漢諸儒。縹緗行作秦煨燼，冠帶將爲趙曼胡。易傳或因龜筮免，公羊曾不餼師如。尼山日月開宮殿，翻羨波蘭近聖居。

自南至北杜鵑聲，漸見關西景教行。時有戎人伊水祭，豈殊突厥渭橋盟。牧師尚訪唐宮闕，夷女都從漢姓名西國遊歷女士有名鄧金蓮、李翠娥者。九曲崑崙皆濁水，且沿清渭濯冠纓。

〔註76〕 樊增祥著，涂小馬、陳宇俊校點：《樊樊山詩集》，上海古籍出版社，2004 年版，第 738 頁。

〔註77〕 寶星即勳章，是清政府對外國人的一種獎勵制度，光緒八年頒佈《奏定寶星章程》，規定五等十一級；二十二年，總理衙門接受許景澄建議，第一次修訂章程，見李培娟：《晚清寶星制度研究》，第 29 頁，暨南大學碩士學文論文。樊詩所說正是此事。

第一首著眼於器物層面對西方的學習，這裡尤指光緒二十二年四月，張之洞委盛宣懷督辦漢陽鐵廠，鄭觀應任總辦，官督商辦模式使生產能力大幅提高；九月，清廷奏准張之洞、王文韶開設盧漢鐵路公司，仍由盛宣懷督辦，這是中國官辦的第一條鐵路。張之洞由清流轉向疆臣，在與洋務派的較量中，也逐漸萌生了效西法以求富的思想，並身體力行地施用於地方建設中，這一過程，張之洞轉變的主動而自然，其效西法非慕歐化，而在圖強；但對樊增祥，詩中的一悲一苦，透出極大的被動。事實上，師夷長技以自強的思想，不因甲午的失利而減弱，反而轉向了制度變革的呼聲。

對於文化的西學東漸，樊增祥更保持警惕態度，明顯體現文化保守主義觀念。京師同文館是奕訢、李鴻章開辦培養洋務人才「以通西洋語言文字、學術制度為銷外患之要策」（辜鴻銘語）的機構，已經開辦三十餘年，樊氏卻依然停留在倭仁「以夷變夏」的論調中；不過由於在地方接觸過教案，所以他也適應了基督教在內陸的傳播，只是更強調西人中國化的現象，以此彰顯華夏文明的優勢和自尊。

對於傳統學術，樊增祥一仍漢宋合流主張，駁斥康有為《新學偽經考》中提出的「秦焚書未厄及六經」的說法，以彼之道反詰《易》與公羊《春秋》因不入流而留存，進而諷刺康託古改制的理據根本是混淆經典。這裡補充當時陳慶年《戊戌己亥見聞》中的實錄，同為張之洞系統的學人，其見解與樊山有共通之處，可作其觀點的補充與對舉：

> 翻閱康有為《春秋董氏學》，取《繁露》重加編次，別標題目，並下己意，發其旨趣，亦時有一孔之論，不足憑也。
>
> 余作《衛經答問》，駁康長素《新學偽經考》，彼以西漢今文諸經原無殘缺，古文各學並劉歆偽造，欲廢《毛詩》、《周禮》、《左傳》諸書，主張公羊，以暢其改制之說。故作此以衛之。
>
> 康有為定「讀書分月日程」，專以速化誘新學，謂六個月可成通儒，附讀書表，分經、史、子、理學、西學五格，首二月僅讀《公羊》及《釋例》、《繁例》、《穀梁》、《王制》，第三月讀其《偽經考》並及劉氏《左傳考證》、《禮經通論》、《詩古斷》諸書，原經尚未及寓目，遽以臧否之言先入其胸中，此尤可笑可惡者也。第四月讀《五經異義》、《白虎通》，第五月讀《禮記》，第六月讀《大戴禮記》，此外群經皆不列目，惟子書略備，《孟子》亦列入子書，誠可恨也。

與朱強甫言康有爲《僞經考》，謂《毛詩》有十五僞，其說多襲魏源，無一出心得者，則其人之淺躁可知，欲定此大案，而自家不一思索，全賴抄取以了此事，尚得謂有心得哉！強甫亦鄙之〔註78〕。

張之洞也亟與倡公羊學的新學中人切割，「欲在《正學報》上闢諸報謬論」，又不敢公開發難，在與門下梁鼎芬書中云「康學大興，可謂狂悍！如何，如何」，梁答曰：賊猖悍，則討之，不當云如何也」。由此說明，樊山的立場並非孤立，至少在同門中可得到共鳴。

面對「桑海古來無此變」、「世事如棋百樣新」的局面，多數士人都在覺醒應變「除了自1840年以來之新思潮趨勢繼續發展轉變融會創新之外，又有若干新方向之活動」〔註79〕，其中包括開始重視西人雜誌中關於列強政治制度的論述，以及在傳統經世思想下國人對洋務的認識，樊增祥在詩中也提到了這種學風的嬗變：

> 秋實春華迥不同，夷言掃盡漢唐風。龍頭總屬歐洲去，且置詩人五等中向來考據家薄詞章，道學家薄考據，經濟家又薄道學。自西學盛而中之經濟又無用，遞推之，詩人居五等。

但他沒有順勢而動，反而自甘居於末流：

> 隱士中條事未諳，誤將第一賞詩龕司空圖詩：農家自有麒麟閣，第一功名只賞詩。策名聊可隨朱子朱子廷試五甲，銜璧猶當作許男。驃騎功名徒自苦，司勳謁謝未能甘杜牧文章僅得第五。廿人如螂疇人蟻，風月區區敢妄談。

樊氏的觀念形成，有其主客觀因素，「九曲崑崙皆濁水，且沿清渭濯冠纓」代表了他的意圖，「濁」與「清」相對，在晚清政治話語中，前者指洋務派，後者則指清流中人「理之用謂之德，勢之用謂之力。忠信篤敬，德也；大艦巨炮，力也」〔註80〕，傳統儒家重道不尚器，所以在他看來，清流是維護正統，反對異學的陣營。其實清流中的開通士人並非全盤反對西學，他們只是不滿李鴻章系統在內政外交中「僅計及於政，而不計及於教；但論功利而不論氣節，但論才能而不論人品」〔註81〕的做法。中法之戰後，清流的陣營經歷了

〔註78〕《近代史資料》總第81號，中國社會科學出版社，1992年版，第107～111頁。

〔註79〕王爾敏：《中國近代思想史論》，社會科學文獻出版社，2003年版，第29頁。

〔註80〕辜鴻銘：《權》，見馮天瑜編：《辜鴻銘文集》，嶽麓書社，1985年版，第15頁。

〔註81〕同上，第8頁。

分化、轉向；甲午之後，李的地位也在下降，此時西學始盛，那些依然端拱京師的清流再一次面臨歧路，一部分在尊王的旗幟下，有限度的接觸新知，如翁同龢之於康有爲；一部分以正學之名，仍舊侈尚清談，並逐漸走向了頑固一面，如徐桐之流。樊增祥出於張之洞系統，則介乎兩類之間，即對西方文明持懷疑但不對抗的謹慎態度，帶有文化保守主義色彩。由於長期處於縣城，整天與地方瑣事打交道，造成他視野的局限以及隨遇而安的心態；陝西地處內陸，風氣相對閉塞，新思想傳入較慢，也使他不具備整體性制度變革的戰略眼光。

進入北京後，樊增祥日夕與官學界人士往來，當有機會親身接觸西學時，卻視而不見，只知一味譏評：

會開強學眞許陳，議鑄先零即孔桑。西法大成三百卷，一時紙貴遍城鄉坊肆有此書，余未之見，亦不知其卷數。

眉嫵畫從京兆始，服妖拾得大秦餘衣裝緊狹，多襲洋派。家家裝束隨時世，正坐都人讀怪書。

首句以《孟子·滕文公上》中所舉陳相盡棄儒者陳良之教，而從農家許行之學的典故，譏諷康梁有悖聖門，以夷變夏；次句則以漢武帝時孔僅、桑弘羊鹽鐵專營事比附當時學習西方鑄幣理財的新政〔註82〕；後文更暴露了其虛憍盲目的一面，他對特科亦深致不滿：

縱橫辯舌騁儀秦，捉塵悽濛最見親。千萬人皆稱俊傑經濟特科，干進者衆，二三月不算陽春東洋償款以三月爲期，今尚無端緒。特科選士各飛揚，望火遊神意態狂。諫院文章光祿酒，秀才經濟太醫方。

光緒二十三年十一月，貴州學政嚴修提出在現行科舉制度不變的前提下，建議仿照博學鴻詞科，設經濟特科，選拔經世致用人才，清廷採納此建議，並擬分爲特科與歲舉兩項，特科每十或二十年一舉，歲舉則每屆鄉試年份與鄉試同場舉行〔註83〕。光緒二十四年正月初九首科，分內政、外交、理財、經武、格物、考工六事。這種不拘一格降人才的方式打破了原有八股取士的唯一標準，但在重視出身的樊增祥等人看來，卻容易使那些沒有經過思想或政治規訓的人進入仕途「古稱燕趙多奇士，大不如前市駿時」，並且各地督撫、

〔註82〕關於戊戌期間鑄幣的討論，見茅海建：《戊戌變法史事考》，生活·讀書·新知三聯書店，2005年，第300～308頁。

〔註83〕每屆鄉試，由各省學政調取新設之算藝、各書院學堂高等生監錄送鄉試。頭二場試時務題，三場仍試四書文，中式者一體會試。

學正舉薦，又開請託濫保之方便「紛紛鼷鼠盡求官」，所以極力挖苦。科舉改革被維新人士視爲變法重要一環，他們提出將經濟制科變爲常科，將八股改爲策論；舊學系統中見識通達者也看到時文日敝，贊成以策論補救「從此多士，耳目發皇，心思歸一，亦可喜也」，張之洞當時就請旨「以後第一場試中國史事、國朝政治論；二場試時務策五道，專問五州各國之政、專門之藝；三場試四書、五經義」；五月十二日發上諭「生童歲科試，著各省學政即行一併改爲策論，毋庸候至下屆。又以鄉會試既改策論，經濟、歲舉亦不外此，自應並爲一科考試，以免分歧」。改革的步子邁得不可謂不大，但此舉無疑斷送了那些矻矻窮年，以八股爲性命的學子前途，樊增祥也驚呼「上書幾輩效嚴安，道統於今廢孟韓」，其實從上諭看，廢掉的只是文體，於經義本身無涉「近來風尚日漓，文體日敝，隨題敷衍，於經義罕有發明……至士子爲學，自當以四子六經爲根柢，策論與制藝殊流同源」〔註84〕，對道統尚未及動搖。

　　對於變法時期的其他舉措及維新人物，樊增祥也多有評騭〔註85〕：

　　　　驟躐清華講幄高，憑依力士復楊釗。蓬蓬茅草燒天起，炭炭冰山見晛消。運去山中求石炭，時來獄底脫金標。延清虎子今無用，愁望蘇臺萬里遙。

　　　　稅司郵政日紛更，萬里中原草木腥。韓幟爭看龍倒掛，倉書欲變蟹橫行。尚方有劍當誅卯，比戶無錢想拔丁。經濟科沿鴻博例，鶴徵後錄幾奇英。

　　　　黃白爭誇採煉工，艸人蟻聚熱河東。侍郎招寶知何益，校尉摸金可有功。禁地幾曾圍竹虎，行宮頻奏打松蟲。山川寸寸皆穿鑿，無補司農國計窮。

　　　　九府泉刀半空紙，諸夷茶市誤溫桑。中原赤子饑於朔，地寶全輸魑魅鄉。濮園聚議煩歐馬，郟鼎長綏倚奭高。聖明骨肉無嫌忌，兹議憂危陋爾曹。

第一首當指文廷式獲罪案，廷式以榜眼授翰林侍讀，爲翁同龢麾下清流干將，傾向維新，曾任珍妃塾師，與其兄志銳、志鈞交善，遂得帝知遇。光緒

〔註84〕朱壽鵬：《光緒朝東華錄》，中華書局，1958年版，總第4102頁。
〔註85〕《車中雜憶都門近事記之以詩》，樊增祥著，涂小馬、陳宇俊校點：《樊樊山詩集》，上海古籍出版社，2004年版，第734～735頁。

二十二年革職返籍，罪名是「遇事生風，常在松筠庵廣集同類，互相標榜，議論時政，並有與太監文姓結爲兄弟情事」﹝註86﹞，然查無實據，僅以語多狂妄，不負眾望見斥。戊戌政變後，慈禧下令緝捕文廷式，但已出走日本。對於維新士人群體，樊氏譏之爲「任爾拖腸呈五技，終然鼠子上天難」的志大才疏，尤其斥責康有爲自命「爲聖人師驕柱史，任天下重效空桑」的妄人妄語。

　　第二首提到了變法期間文字改革的情形，文化激進人士認爲，漢字筆畫繁難，不易識記，不利於開啓民智，於是掀起漢字切音方案﹝註87﹞，這種純工具論的改造方式，被捍衛漢字正統的知識分子視爲文化虛無主義的自我毀滅，所以口誅筆伐之。

　　第三首寫開平礦務事，光緒十八年，原總辦唐廷樞病逝，張翼接任「標誌著開平煤礦滋生大量貪污和企業逐漸官僚化的開始」﹝註88﹞。張爲漢軍旗人，依附醇親王平步青雲，二十四年升任督辦，七月兼督直隸、熱河礦務，但他並不懂經營，後來曾被外資欺騙喪失了利權。樊增祥在這裡並非否定辦礦務，但對所用非人造成的後果表示擔憂。而在第四首中反映了變法時期全國的財政狀況，各省山窮水盡﹝註89﹞，六月黃河下游決口災情嚴重，在這種左支右絀的情形下，開礦所得的利源還要支付鉅額戰爭賠款，又「一舉而大勢立」來支持各項維新事業呢。

　　最後一首談對政變起因的看法，「濮園聚議」與「竑議憂危」都是關於宮闈廢立事（前者指朝議尊禮北宋英宗生父事，雙方各以司馬光、歐陽修爲代表；後者指明萬曆年間爭國本而引起的妖書案），最終都指向黨爭。因爲此間京城盛傳太后將於九月閱兵時廢帝，康有爲等密謀圍頤和園劫持太后，加之

﹝註86﹞　二月十七日御史楊崇伊劾摺，見戴逸等編：《清通鑒》，山西人民出版社，2000
　　　　　年版，總第 8346 頁。

﹝註87﹞　指在不廢除漢字的前提下，加上羅馬字母或速記符號注音，有點類似日語假
　　　　　名。見汪林茂：《工具理性思路下的清末文字改革運動》，《浙江大學學報》（人
　　　　　文社會科學版）2008 年第 5 期，第 34～41 頁；汪林茂：《清末文字改革：民
　　　　　族主義與文化運動（上下）》，《學術月刊》2007 年第 10、11 期；時世平：《救
　　　　　亡・啓蒙・復興——現代性焦慮與清末文字救國論》，《南開學報》（人文社會
　　　　　科學版）2013 年第 1 期，第 79～88 頁。

﹝註88﹞　（美）費正清：《劍橋中國晚清史》下冊，中國社會科學出版社，1985 年版，
　　　　　第 475 頁。

﹝註89﹞　可見茅海建：《戊戌變法史事考》，生活・讀書・新知三聯書店，2005 年版，
　　　　　第 309 頁注【1】。

楊崇伊密摺請求太后訓政，從而導致政變發生，但樊增祥力闢兩宮失和，在他看來，變法失敗是因新政以來裁撤舊署，特別是罷黜老臣，導致京城士林震動，構怨頗多。他在《植果》中寫道：

> 諒哉公幹語，葦實慎所蓄。今廢丞庶官，邢劉誰品目今廢詹事府。

七月十四日，上諭宣佈裁撤詹事府等衙門，是對行政體系的一次重大改革，但冗署冗員是制度設計的問題，機構在創立之初或一段時期內是有其合理性的，只是隨著時代的變化，其功能弱化，最終淪為無用，如首當其衝被精簡掉的詹事府，作為翰林官轉升必經之階，勢必需要嚴格的程序和層層的甄選，這在樊增祥看來，是評判官員德行的重要環節，不應遽廢。

對於戊戌變法中日方勢力的介入，樊增祥以「三甥謀鄧憂臍噬，百里歸秦念齒寒」的典故隱晦地表示了憂慮。日本在甲午戰爭中使中國蒙受了巨大的恥辱，但知恥近乎勇，改革勢力看到了明治維新後的體制優勢，欲傚仿之以自強，同時俄國在膠灣問題上的行徑令中國人憤恨；而戰後三國干涉還遼及對朝鮮半島的爭奪，使日本感到俄國是它在亞洲稱霸的最大阻礙，在這種背景下，日中都有結好的意願，七月底眾人歡迎伊藤博文來華，在樊增祥看來，此舉無異於重蹈《左傳》「楚子滅鄧」的覆轍〔註90〕，而他在詩中多次提到日本在朝鮮的軍事存在，對中國唇亡齒寒的威脅，所以他看穿日本對華政策的兩面性，而可笑中國士人的一廂情願。

對於軍事改革，樊增祥雖然對現狀不滿：

> 夢囈猶云我武揚，飲江誰禁佛狸狂，徒聞上將誇神策，無復高宗伐鬼方。

但也並未提出可行的措施，只是籠統地強調武備的重要性，如《途次見高麗人詩碣有感於三韓近事》：

> 鴨綠江寒國步危，三年俯首事諸夷。韓人積弱緣風雅，冷笑黃華刻石詩韓人好文不修武備。

借朝鮮滅亡事發論「漫把金甌擲孤注，用兵從古貴知難」，認可同時發展海陸兩軍，而陳衍的觀點正與此相左，他主張緩籌艦隊，專練陸軍「與其敷衍多端，而有名無實，不如專注一事，而嵬然可觀」，認為甲午一戰，海軍殆盡，

〔註90〕《左傳・莊公六年》「楚文王伐申，過鄧，鄧祁侯曰『吾甥也』，止而享之。騅甥、聃甥、養甥請殺楚子，鄧侯弗許。三甥曰『亡鄧國者，必此人也。若不早圖，後君噬臍，其及圖之乎！圖之，此為時矣』……弗從。還年，楚子伐鄧，十六年，楚復伐鄧，滅之」。

現雖整頓船政，購造艦船，但曠日持久，靡費甚巨，緩不濟急，今若暫棄海權，專整陸軍，裁撤綠營、防勇，則可省軍費而速見效；對於用將，則否定宿將論，而應起用接受過新式軍事訓練的年輕將官〔註91〕。

光緒二十四年，樊增祥屢被奏保，閏三月廿五日，陝西巡撫魏光燾舉其「學問淹通，辦事精敏」；六月初二，直隸總督榮祿俸旨舉薦了三十一人，其中老成持重者如張百熙、鹿傳霖，處事幹練者如袁世凱、岑春煊、陳夔龍、瞿鴻禨，亦有傾向維新者如陳寶箴、黃遵憲，以及軍中骨幹如董福祥、聶士成等，是一份調和新舊，符合各方利益的大名單，也從一個側面證明榮祿並非我們以往印象中的頑固昏聵〔註92〕。樊增祥列名其中，是唯一的候升七品官員，榮祿評價他「學問優贍，志節清嚴」，建議充司道之選，即樊所稱「不次躐等」，當時值新政如火如荼，光緒欲求通新學之士，故擇其堪用者召見；七月廿八日，農工商總局大臣端方再次舉薦通達時務者四人，其中謂樊增祥「蔚然通儒，亦精吏事，善持雅操，慈惠之師」，軍機處當日電旨陝撫「著即速來京，預備召見」〔註93〕，預示他飛黃騰達的開始：

> 小謫蓬山二十春，雷封重得荷明綸。臣無白虎當時論，吏愧黃龍以後循。時事更非天寶日，主恩猶念杜陵人。秋風倦客垂垂老，忍見長安百事新。

> 當年西笑入長安，高詠秋梧幕府寒。宣武在前冠任落，督郵相見帶仍寬。公私交困誰之過，身府俱榮世所難。時事多艱恩不淺，東溪只合負漁竿。

> 五為劇縣最當時，未覺儒家面目非。政術迂庸留犢在，盜風衰息佩牛稀。閒齋款客家常飯，便坐推囚大布衣。誤把閒鷗縛絛鏇，可應麋鹿受鞍韉〔註94〕。

〔註91〕陳衍：《戊戌變法榷議》之《議兵篇》、《議將篇》，見陳衍著，陳步編：《陳石遺集》，福建人民出版社，2001年版，第1771、1776頁。

〔註92〕榮祿被污名化從康梁《戊戌政變記》之後漸起，須對其重新評價，見馮永亮：《榮祿與戊戌變法》，《清華大學學報》1998年第3期，第6～12頁。時人還記述當時榮祿曾刷印《校邠廬抗議》一千部，剋日送交軍機處，毋少遲延；建議下詔各直省督撫，逐條簽出，分別可行、不可行，限十日咨送軍機處彙擬進呈，見《戊戌己亥見聞》。這也許說明，榮祿並非不想改革，只是路徑與方式與維新派不同。

〔註93〕三次保舉及評語，分別見茅海建：《戊戌變法史事考二集》，生活·讀書·新知三聯書店，2011年版，第198、161、178頁。

〔註94〕樊增祥著，涂小馬、陳宇俊校點：《樊樊山詩集》，上海古籍出版社，2004年

在知縣位子上躑躅了十五年，總算有高升之望。此時正處在帝后兩黨公開決裂前的焦灼狀態，樊增祥作《感事》：

> 臺符新法日紛更，下考陽城拙奉行。仕籍那因科目重，聖權端
> 為島人輕。農桑繡匈施機巧，子弟金槍槧姓名。我是楚人慚荏弱，
> 也如三駕不能爭。

急於向慈禧陣營靠攏「煉石媧皇御紫虛，一時新政改荊舒」，將西太后的恢復舊制，看作宋代宣仁太后廢除王安石新法，他全面否定維新以來的各項措施，甚至包括機器生產和操練新軍，實在有些投機過分，矯枉過正。就在政變不久發布的上諭中，已經明確表示大學堂及通商惠工、重農育才，以及修武備、濬利源等仍應切實次第舉行；九月慈禧懿旨申明有關國計民生者無論新舊，仍應推進，不能因噎廢食，針對當時有言官指出的要懲亂也要糾偏，謹防無識之徒，以力翻前案為迎合之方，為弋取富貴之階，慈禧也強調用人要不偏不倚，一化新舊之見，不得妄意揣摩，甚或挾私攻訐〔註95〕。樊增祥一筆抹殺朝廷洋務運動以來自我改革的成果，有違朝野業已形成的普遍共識，宵小用心，甚鄙之有，不得不嚴詞批駁。

八月中旬，他在讀邸鈔後恭紀：

> 邪說支離煽五羊，橫行筆下劇披猖。四夷待以窮奇御，兩觀爭
> 看正卯亡。妖亂罪浮張守一，逋逃名捕皦生光。爾曹身與名俱滅，
> 萬古尼山聖學昌。

> 吞舟漏網亦何言，碌碌諸君枉喪元。吠影徒為噪日犬，代僵不
> 少據沙黿。疏狂那及金人瑞，學術猶慚呂晚邨。如雪蜉蝣成底事，
> 林清故轍可同論〔註96〕。

先是初六下詔緝捕康有為「結黨營私，莠言亂政」，後經英人援救而流亡脫險，十三日「戊戌六君子」被處決，維新變法風雲激蕩，血雨腥風百日夭折，樊增祥雖未親身經歷，但就前述可知，他時刻關注並發表自己的觀點，政變發生後，他為之雀躍歡呼，雖然句句仍以學術立論，以崇正自居，但殺之而後快的政治排異心理昭然若揭。

版，第 762、767 頁。

〔註95〕戴逸等編：《清通鑒》第十九冊，山西人民出版社，2000 年版，總第 8492～8493 頁。

〔註96〕樊增祥著，涂小馬、陳宇俊校點：《樊樊山詩集》，上海古籍出版社，2004 年版，第 768 頁。

雖然反對變法，銜恨黨人，但樊增祥對牽涉其中的張蔭桓多予同情，施
以援手。八月初九，張革職入獄，十四日發往新疆流放，沿途派員監押，在
途經西安時，樊親迎之，相聚十餘日，作《樵翁將入關以詩奉迓》寬慰：

> 雪地冰天遣戍來，聲鐘目炬下天街。誰翻蘇軾烏臺案，自著李
> 光青布鞋。舊雨古傷垂老別，新詩今號更生齋。九天聖澤先春到，
> 早晚雞竿矗玉階。

> 手把琅軒始欲愁，行臺無妄護衣篝。歲寒世始知青士，獄急人
> 爭惜絳侯。疏勒賢王瞻馬箠，敦煌戍卒奉貂裘。花旗紅海行俱遍，
> 十六名城是近遊。

張以《和樊茉莉詩》寄寓鄉國之思，哀豔切情，讀之怊悵，樊寓物抒情盼其
早歸：

> 尚書雞舌漫相憐，袖拂金華殿上煙。折柳曲中雲漠漠，焙茶香
> 裏雨綿綿。雁南雁北逢今歲，花落花開只隔年。一種靈均香草意，
> 氤氳終近御爐邊。

> 立馬天山亦壯哉，尚書為國戍輪臺。無多春色關門柳，一種鄉
> 心嶺外梅。日照艎稜縈遠夢，雪深青海老邊才。朝廷每飯思頗牧，
> 佇見西征幕府開。

張蔭桓被捕後，圍繞對他的處置，國內外分歧很大，部分朝臣持「除惡務盡」
請求速誅，英日外使則極力斡旋，最終上諭以「居心巧詐，行蹤詭秘，趨炎
附勢，反覆無常」論處。張並非激進的變法者，他的獲咎因與李鴻章不睦所
致，更因深得光緒信任而為太后不容，樊增祥替他叫冤「鳳城六月忽飛霜，
狼藉芳華滿玉塘」。

十月十五日上諭，令樊增祥隨時預備召見「時鹿傳霖起撫粵東，慈禧垂
詢州縣人才，獨以增祥應詔，馳書勸駕，期待殷勤」，興奮之情溢於言表：

> 漢武愛少年，宣仁用宿老。小臣捧日心，有如丹鳥抱。大廷亙
> 推轂，岩幹事幽討。世儒競新法，君子遵中道。但恐補牢遲，勿嗟
> 求夜早〔註97〕。

八月十三日，榮祿在軍機大臣上行走，次日命兼管兵部事務，節制北洋
各軍，廿六日又兼練兵大臣，軍權悉數掌握。十月廿四日，慈禧授權將北洋

〔註97〕樊增祥著，涂小馬、陳宇俊校點：《樊樊山詩集》，上海古籍出版社，2004 年
　　　　版，第 782 頁。

各部合爲一軍「四大軍訓練已成，分路駐防，以武毅軍駐蘆臺爲前軍，甘軍駐薊州爲後軍，毅軍駐山海關爲左軍，新建軍駐小站爲右軍，別練萬人駐南苑爲中軍，軍械不足，令江南機器局撥解新式快槍三千枝，快炮七尊，原有之淮軍一萬二千人，防、練軍一萬九千人，歸併訓練」〔註98〕，一方面拱衛京畿，也有提防朝廷生變之虞。二十五年正月十九日，榮祿開幕府〔註99〕。上年十二月廿七日，樊增祥自西安出發赴京，本年二月初八奉旨開缺，以道府存記參武衛軍事〔註100〕。

　　二十五年二月初九，樊增祥入儀鸞殿召對，兩宮垂詢時政甚悉：

　　　　軍謀乍可參龍武，廷對何煩析豹文。牧令箴偕朋黨論，獻廷亦
　　是野人芹。

七月初八，袁昶也奏稱其「廉明有威，能達治理」，由此逐漸受到重視。

　　在京期間，公牘之餘，樊增祥惟與繆荃孫、袁昶及意園諸君唱遊，此時朝堂之上的政治日趨保守，士人大多噤聲，樊作亦多流連贈答的淺吟低唱，連篇累牘，讀之目倦，但也偶而涉及現實，除了慶幸自己「不隨吉甫談新法，重見宣仁用舊人」，思想也在悄然發生著轉變，當時《勸學篇》已成爲官方認可的改革藍本〔註101〕，「中學爲體，西學爲用」成爲指導思想，作爲張之洞的門生，又深諳識時務者爲俊傑的道理，樊增祥也開始嘗試接受新學，甚至去研究變法主張：

〔註98〕 趙爾巽等撰：《清史稿》，中華書局，1974年版，總第2939頁。其中武毅軍爲光緒二十二年直隸提督聶士成於駐防淮軍中選出馬步兵三十營，仿德國營制操法所練；甘軍爲董福祥所部，由西北調防至京師；毅軍爲宋慶所部，乙未失敗後改編；新建軍爲袁世凱編練；中軍爲榮祿親率。武衛軍新舊混雜，在鎮壓義和團、對抗八國聯軍中漸爲朝廷倚重，由此崛起的北洋軍，更成晚清民國紛局之導源。

〔註99〕 榮幕中，陳夔龍以兵部司員，素諳兵制，特派贊襄戎政，他應及「中堂晨參密勿，午理部務，夜見僚屬，儳焉日不暇及，尚有何時得以細柳立營，都堂肆武」，故建議在中軍立最高幕府「仿前代舊制，更番調各軍入衛，凡調京操練者，即爲中軍，彼服其勞，我享其逸；彼分其任，我合其群，相習相親，庶可收指臂之效」，即不設中軍實體，僅成一統攝協調機構，但此條陳後未實行，見陳夔龍《夢蕉亭雜記》，上海古籍書店，1983年版，第51～52頁。這裡所開幕府，當指北洋軍務公所。

〔註100〕 北洋軍務公所應在天津，樊或未入，而只留在榮祿府上。

〔註101〕 變法期間，《勸學篇》是唯一受到達成共識的政改讀本，六月初七上諭，以《勸學篇》頒發各督撫刊行，謂其糾正康黨之論極多，於學術人心大有裨益。

　　棄捐周禮用西儒，許鄭全祧況陸朱。明道豈非吾輩事，麾金多
買學堂書。變法臨川意可哀，只緣奔走少人才。如今有意超流俗，
速檢三司條例來。

當然，他絕不會替戊戌年間的事翻案，而是眼往前看，意識到在既有政教體
制前提下，變革的必要性和艱巨性「昨非未必今眞是，退易須知進轉難」；辜
鴻銘也曾評價張之洞的中體西用爲「文襄之圖富強，是欲借富強以保中國，
保中國即得以保名教」。有一件趣聞可見樊增祥對新事物的迎拒態度，某日袁
昶送給他一罐咖啡，竟完全不知如何，還誤以爲是鼻煙（樊好聞鼻煙），知道
眞相後寫了一首詩解嘲：

　　苦說茄菲是淡巴，荳香誤盡勇盧家。也如白雪樓中叟，不識人
間有芥茶。

後來這則故事被錢鍾書先生寫進了小說《圍城》中「我們這位老世伯光緒初
年做京官的時候，有人外國回來送給他一罐咖啡，他以爲是鼻煙，把鼻孔
裏的皮都擦破了。他集子裏有首詩講這件事」〔註102〕。袁昶久在總署，雖未
走出國門，但見識通達，樊增祥則現了「洋」相，笑過之後，也總會有所反
思吧。

　　這年春天，盛昱因病足牽引臂痛，十月發病，特屬樊增祥撰神道碑，十
二月十四日吟絕命詩「怕死作爲已死，有生本是無生。縱然百有餘歲，不過
多得浮名」，十九日夜去世：

　　寢門一哭異幽明，眞悔乘春到玉京。兜率宮中仙是佛，樵陽籍
裏弟先兄。天教趁我來去時，坡忍逢君死日生。脫屣妻孥並富貴，
臥床所託是碑銘。

樊增祥戊戌年初離京時，就見盛昱心緒不佳，屢有詩章慰藉「任稱市隱
稱朝隱，不覓仙方覓睡方」、「市多鼠璞千金索，城被蛾眉一笑傾。獨與竹林
二三子，拍浮酒盞話平生」，還曾勸他著書排遣：

　　匪兕眞令吾道窮，拍浮日在酒杯中。寄居人海爲壺隱，簉得天
山號遁翁。師尚父應思渭北，王君公已避牆東。汗牛汗馬何分別，
同時人間第一功。

　　不朽惟言列第三，君才無讓我何堪。魚符我自侯關內，肉譜君
當友世南。滿蒙親賢登闕史，亞歐形要入清談。禮堂寫定猶無日，

〔註102〕錢鍾書：《圍城》，人民文學出版社，2003年版，第86頁。

苦勸精英老學庵〔註103〕。

然「時事日亟，病亦日深，慷慨感傷，治不如法，信陵密國，同此殞身。嗚呼傷哉」〔註104〕。他生前子女均早故，身後詩文集由戚友楊鍾羲裒集，一代群賢畢至的意園也隨之風流雲散「迄今再至，池館如故，斯人不作，蟲沙猿鶴，萬劫蒼茫，後死匪幸，徒增感喟」〔註105〕。最可惜的是他的珍藏在歿後大多流失海外，據鄧之誠《骨董瑣記》云「盛伯熙祭酒，自謂所藏以宋本《禮記》、《寒食帖》（指《東坡寒食詩》）、刁光胤《牡丹圖》（全名《牡丹睢陽五老圖》）最精，爲三友。身後爲其養子善寶斥賣，至今意園已爲日人中山商會所有，蓋無餘物矣。三友以壬子夏歸於景樸孫。後《禮記》爲粵人潘明訓所得，《寒食帖》歸於日本人菊池惺堂，《牡丹圖》初歸蔣孟蘋，復賣於美國人」。羅繼祖《楓窗脞語》記「意園身後，藏書多散歸臨清徐氏，陽湖陶氏涉園復刻明抄明裝宋本俞鼎孫編《儒學警悟》七集，爲傳世叢書之祖也，即意園故物也。予篋中四庫底本宋高似孫《緯略》，有館臣校簽者，亦曾藏意園許」〔註106〕，令人唏噓悵惋。

第三節　庚子國亂，痛定思變

光緒二十六年元旦，樊增祥恭紀道：

> 昨夜前星照紫宸，鳳皇銜詔出端門。歲朝寧壽宮中宴，龍卷稱觴有太孫。紫極將開萬壽宴，十洲欣喜戴堯天。三旬天子開恩榜，已御黃圖廿六年。芙蓉闕下集華簪，雉扇遙開法從臨。喜字荷囊金豆滿，拜恩一一系當心。兩處催班御正衙，一時慈孝仰天家。聖人扶輦還西內，當殿剛開正午花是日辰正，慈聖御皇極殿，巳初，皇上御乾清宮，俱受賀訖，午前歸海〔註107〕。

〔註103〕樊增祥著，涂小馬、陳宇俊校點：《樊樊山詩集》，上海古籍出版社，2004年版。
〔註104〕繆荃孫：《意園文略序》，盛昱：《意園文略》，《續修四庫全書》影印本，上海古籍出版社，2002年版，第1頁。
〔註105〕同上，第2頁。
〔註106〕各見鄧之誠：《骨董瑣記全編》，中華書局，2008年版，第332頁，及羅繼祖：《楓窗脞語》，中華書局，1984年版，第72頁。
〔註107〕樊增祥著，涂小馬、陳宇俊校點：《樊樊山詩集》，上海古籍出版社，2004年版，第859頁。

在這花團錦簇、母慈子孝的其樂融融背後，卻是帝后矛盾的日益惡化。戊戌政變後，慈禧將光緒帝軟禁於瀛臺，宣佈「病重」（二十四年八月初十）；此後一年中，多次布諭「聖躬違和」，實欲行廢立之事，又恐列強與疆臣反對，遂有立大阿哥之議。在這一過程中，榮祿起到了重要作用「擇宗社近支子，建立大阿哥。養之宮中，徐纂大統」，史稱「己亥立儲」，此雖已失君臣之禮，猶爲可進可退之義〔註108〕。光緒二十五年十二月廿四日，慈禧立多羅端郡王載漪之子溥儁爲皇子，承繼穆宗毅皇帝爲嗣，翌年正月初一著其恭代行禮〔註109〕，此即所謂「太孫」是也。禮部奏稱二十六年元旦朝賀禮儀，皇帝在寧壽宮行禮後，仍御皇極殿受賀，大阿哥在皇極殿內行禮，二品以上官員在門外行禮。是年適逢光緒三旬萬壽，但在當時敏感的政治氛圍裏，也全然沒有喜慶，先是慈禧下懿旨著禮部備查具奏應行典禮事宜，次日又發上諭「毋庸舉行一切典禮，所有升殿禮儀著停止」，亦不准各省督撫、將軍奏請來京祝嘏，但依例應開恩科「用示行慶作人有嘉無已至意」。元旦當日賞賜內廷行走臣工，皆爲后黨骨幹，榮寵優渥，而皇帝已被完全架空了。樊增祥詩中沒有表現朝堂之上的波譎雲詭，當時榮祿雖建議立儲，但不主廢帝，一方面以疆臣「君臣之義已定，中外之口難防」爲由，阻止頑固派遽謀廢立，一方面他早年受知於老醇親王，或不忍對光緒帝下手〔註110〕，但這種扭曲的權力結構埋下了庚子事變的隱患。

正月初六，朝廷發上諭：

> 拔眞才以濟實用，首在端學術以正人心，我朝取士之法，備載於《欽定科場條例》、《欽定學政全書》，聖訓煌煌，罔弗斟酌盡善，凡有校士之責者，允宜稟遵成憲，勿作聰明，方不至亂正學而壞風氣。前經禮部奏請，切實申明舊制，當經照依所請，由該部行知各省學政暨鄉會試正副考官，務當恪遵學政全書、科場條例內載聖訓及欽定各條款，實力奉行，不准稍有違悖。於維持祖法，振興聖道大有關係。所以爲培養人材，挽救人心計也。惟自通行以後，各省學政能否力除近年邪妄之習，一歸於正，著各督撫隨時查訪，倘有

〔註108〕榮祿權衡各方，主要顧忌劉坤一、李鴻章之見，見《清史稿・劉坤一傳》、《夢蕉亭雜記》等記述。

〔註109〕朱壽朋：《光緒朝東華錄》，中華書局，1958年版，總第4465頁。

〔註110〕孔祥吉：《奕劻在義和團運動中的盧山眞面目》一文，《近代史研究》2011年第5期，第23～38頁。

學臣陽奉陰違，視祖法聖道爲具文，仍復喜新好異，禍及士林者，即行據實參奏，朝廷絕不寬貸。嗣後科歲考試，如經磨勘有文體不正之處，即將該學政及匿不查參之督撫從嚴議處；如不認眞磨勘，一經發覺，定將磨勘各員照徇庇例議處。至現值連年舉行鄉、會試，正群才乘時登進之期，禮部將此特降諭旨一體行令恪遵，總期學臣考官惟以祖法聖道爲取士定衡，其稍涉離經背道者，立予擯棄。俾其眞實正大之才，無慮向隅，而多士觀感奮興，群趨正軌，永不至爲種種奇邪所惑，貽誤終身〔註111〕。

這是在文化上清除變法思想，早在政變發生後的八月廿四日，慈禧就下懿旨取消了策論、特科，恢復時文、試帖；如今全面回歸舊制，正與樊增祥的主張相契，所以他在「欣聞」上諭後，不顧眼疾地寫道：

昨捧明光詔，將稱玉殿觴。儲星選丞弼，奎宿主科場。好竭時文力，重瞻聖學昌。皇天留老眼，與世掃秕糠。

正月廿六日，樊增祥喪一子。二月到四月，許多同仁去官離京，其中有支持維新者如宋育仁：

蜀山苗脈廿人驚，誰把銅坑一擲輕。焚草封章尚傳誦，爭桑公案要分明君卻四川商務，有疏力陳抵制之法，不報。

宋育仁熟悉工商事務，在川督鹿傳霖協助下設商務局，在四川開辦礦產實業，抵制外國資本湧入，成爲近代四川民族工商業的奠基人，同時積極與維新志士聯絡，宣傳變法圖強主張，事敗後解職賦閒。又如言官高燮曾、張仲忻，四月廿二日，胡公度給諫招集松筠庵送高理臣前輩、張次珊同年出都：

諫草堂開酒膽粗，朝班何意失英儒。批鱗逢怒古來有，攜手言歸當世無。

高、張爲鄂籍御史，負直聲〔註112〕，同鄉奉爲祭酒。戊戌變法前後，燮曾與康有爲接觸較多，還向光緒推舉其參加瑞士弭兵大會；仲忻曾加入強學會支持變法；但政變發生後，他們迅速倒戈，高上《奏爲除惡宜速請將張蔭恒等五人速行懲辦緩恐生變》摺，張上《奏請迅拿康有爲等家屬治罪酌懲亂黨銷

〔註111〕 朱壽鵬：《光緒朝東華錄》，中華書局，1958年版，總第4468頁。

〔註112〕 高燮曾在甲午間疏劾李鴻章，謂「樞臣不應唯阿取容，無所匡救，並有挾私朋比，淆亂國是，若不精白乃心，則列祖列宗在天之靈必誅殛之云云」，直指慈禧懿旨，「以離間辯駁，慈容艴然」，見翁同龢著，陳義傑整理：《翁同龢日記》，中華書局，2006年版，總第2756頁。

毀著書以伸法紀而杜後患事》、《奏爲出使大臣黃遵憲等貪劣荒謬宜與防備並
總署章京李嶽瑞等逃匿擬請查實懲辦事》兩摺〔註 113〕，剿殺維新勢力不遺餘
力。不久他們也被罷黜，原因據費行簡說爲無據醜詆四川總督恭壽，見惡朝
官，己亥京察勒令休去〔註 114〕。樊增祥與不同陣營的人或多或少都有接觸，
在政治傾向和個人交情之間並非涇渭分明。

五月底樊增祥即將離京，作《留別府主》：

渭濱久擬荷漁蓑，豈意冥鴻赴禮羅。櫪馬經年飽緣豆，池魚終
日躍恩波。才難濟變行歸矣，心欲酬知奈老何。願洗甲兵終不用，
盼公雙手挽銀河。

昔捧鸞綸入帝畿，相公知遇古來稀。新恩特許居東閣，舊恨眞
能補北扉。直爲米珠憂坐困，非關蓴菜託先幾。也知難免親朋笑，
又似當年落第時〔註 115〕。

關於出走原因，《申報》曾不無諷刺地記述到「聞之此次北省拳匪之亂，榮仲
華中堂力主剿洗，前後力陳者七次，及各使館危在旦夕，又與慶邸暗中設法
保全，得以至今無恙，維持大局，中外皆知。唯以端邸及徐剛諸臣，氣焰薰
天，以致勢成孤立，日曆艱虞之境，如坐針氈。幕下諸僚，次第畏禍星散，
樊雲門觀察增祥向推幕府領袖，中堂頗垂青焉。不意五月之杪，即請假出
都，已攜眷擁裝安抵長安珂里矣，眞如古所謂明哲保身者哉」〔註 116〕；樊增
祥事後自解云「都下奇變，搆釁西鄰，似典午之阽危，甚揚州之妖亂，乃獻
書府主，潛備西巡，願效前驅」，似乎未卜先知兩宮西狩事，兩種說法恐怕都
不可信。

從當時留給榮祿的詩中看，他離開的原因有兩條「才難濟變」、「直憂坐
困」，後者是他一貫的託詞，可以忽略，而且第二首詩是在自覺「前詩意猶未
盡」時所寫，恐有掩飾本意之嫌，所以第一首詩所透露出的心態是直接而關
鍵的，這就牽涉到樊增祥、榮祿及各方對義和團及八國聯軍的態度異同：戊

〔註 113〕見鄭雲波：《言官與光緒朝政研究》吉林大學 2012 屆博士學文論文，第 694
頁。
〔註 114〕沃丘仲子：《近現代名人小傳》上冊，北京圖書館出版社，2003 年版，第 193
頁。
〔註 115〕樊增祥著，涂小馬、陳宇俊校點：《樊樊山詩集》，上海古籍出版社，2004 年
版，第 879 頁。
〔註 116〕《申報》1900 年 8 月 22 日載。

戊政變後，以慈禧爲首的后黨對列強的不信任心理加重，滿足親貴中載漪、剛毅，漢族官員趙舒翹、徐桐等，結成頑固勢力，附和義和團「扶清滅洋「口號，亟言其心忠義，法術神通，藉以打擊洋務派及外國駐華使節：

> 載漪大喜，乃言諸太后，力言義民起爲國家之福，遂命刑部尚書趙舒翹、大學士剛毅與何乃瑩先後往，導之入京，至者數萬。
>
> 義和團既遍京師，朝貴崇奉者十之七八，徐桐、崇綺等信仰尤篤。義和團既借仇教爲名，指光緒帝爲教主，蓋戊戌變法效法外洋，爲帝之大罪也。太后與端王載漪挾以爲重，欲實行廢立，匪黨日往來宮中，揚言欲得一龍二虎頭（指帝、奕劻、李鴻章），奕劻時充總理衙門大臣，李鴻章則時論所稱通番賣國者也。時各國公使均自危〔註117〕。

義和團運動的起源，是底層民眾的利益與外國勢力發生衝突時，因爲治外法權或審判不公而受損，在愚昧無知和疏導不暢的情況下，產生盲目排外心理，進而發展成一種集體性迷狂；而這種情緒又被統治者加以操縱利用，成爲他們謀求政治利益的手段「士大夫諂諛干進者，爭以拳匪爲奇貨，當時上書言神怪者以百數，或思避禍，或以媚主」，於是愈演愈烈，最後導致了庚子事變的發生。

在對待義和團問題上，榮祿起初奉旨彈壓，以開導疏散、分別首從爲主，並非專力痛剿，亦不信其邪說，開戰後又亟稱爲拳匪，但他懾於樞臣的咄咄逼人及太后對他們的默許，所以態度首鼠兩端；袁昶則堅決主張剿團，在五月二十日第一次御前會議上，慈禧召見諸臣籌議對策，眾人囁嚅逡巡，太常寺卿袁昶力言「應急於先自治亂民，示各夷使以形勢，俾折服其心，然後可以商阻夷使，添調外兵，辦法須有次第」，太后以順應民心認爲所奏不合，昶覆奏「變者，但左道惑人心之拳匪耳，以關止關，捕殺爲首要匪數十人，亂黨烏合之眾，必可望風解散，我自辦亂民，免致夷人調兵代辦，交訌轟轂之下，則大局糜爛不可收拾」、「拳匪萬不可恃，就令有邪術，自古及今，斷無仗此成事者」，太后怒目視之〔註118〕。他還動用私人關係，試圖說服榮祿，十

〔註117〕 羅惇曧：《拳變餘聞》，收入中國歷史研究社編：《庚子國變記》，上海書店，1982年版，第3～4頁。

〔註118〕 結合袁昶：《亂中日記殘稿》，收入中國史學會主編：《中國近代史資料叢刊‧義和團（一）》，上海人民出版社，1957年版，第337頁，及惲毓鼎《崇陵傳信錄》，收入苓春煊等著：《樂齋漫筆‧崇陵傳信錄（外二種）》，中華書局，

八日，致函樊增祥（日記中稱身雲主人），速請榮祿「先清城匪，再圖外匪，急救之法，不識能俛採芻蕘否」；二十日「還過身雲主人略商」〔註119〕。

對於應付外國干涉，榮祿的態度同樣隱晦。首先在第一次御前會議後，袁昶即對其言「董軍若與拳民合勢，即使洗剿東交民巷，戰勝外兵，然開釁十一國，眾怒難犯，恐壞全局」，榮韙之云「非我能做主」，或實附和主戰；其次在進攻使館問題上，當朱祖謀向榮祿具言罷攻使館時「祿不肯白」，在廿四日進攻時又「自持橄欖之，欲殺盡諸使臣」，擺出一副主戰姿態〔註120〕；而當久攻不下，列強逼近時，太后問計於左右，無敢言者，他乃變計欲議和，停攻使館，遣總理衙門章京文瑞饋西瓜慰問之，並主保護教士及各國商民，殺山杉彬、克林德者議抵罪，並在戰後清算罪責時因此全身而退；第三在促成慈禧向列強宣戰問題是，榮祿是負有直接責任的，時人記載，在決戰之機，有人上榮祿書，稱夷人要挾有四條，其一有請歸政語，榮黎明遽進御，觸太后怒，遂啓戰端，但事後證明，當時各國公使並無此語，各國水師提督亦未照會北洋「外部僉言此次調兵係爲保護使臣，助剿亂民，斷不干預中國政治家法，當時戰未交綏，何所施其要挾」〔註121〕，可知爲妄誕不根、荒唐無據的政治謠言，但榮祿將此呈遞，恐非輕率之舉，其叵測居心頗可議。

袁昶、許景澄等則堅決反對排洋，在第一次御前會議上，許景澄首言「中國與外國結約數十年，民教相仇之事無歲無之，然不過賠償而止，惟攻殺外國使臣，必召各國之兵，合而謀我，何以禦之？主攻使館者，將置宗社生靈於何地」；袁昶力主外釁不可開，殺使臣悖公法「各公使並未下旗失和，何忽釁自我開，堂堂中夏以詭道行之，何以服人？且區區各駐使，勝之不武，即戮此數人，彼族即不敢報復耶？」慈禧派許景澄、那桐組織洋兵入城，如不聽命則立調董軍攔阻，再不服阻則決戰，許曾請樊增祥向榮祿轉圜：

> 董驕蹇已極端，不受節制，素持聯拳滅洋爲說，近端邸極袒右之。弟（許自稱）言我等自必竭力商擋，至董軍一層，還請中堂通

2007 年版，第 61 頁所記，兩者均爲親歷，可信度較高。

〔註119〕袁昶：《亂中日記殘稿》，收入中國史學會主編：《中國近代史資料叢刊·義和團（一）》，上海人民出版社，1957 年版，第 338 頁。

〔註120〕五月廿一日，榮祿俸旨保護東交民巷使館，同時又接到載漪令其攻打各林牙館的密飭，兩種矛盾的指令，使他作出佯攻而陰庇的決定，所以主戰的姿態或許是做給載漪等人看的，也就能理解他後來如何一轉而同情洋人了。

〔註121〕袁昶：《亂中日記殘稿》，收入中國史學會主編：《中國近代史資料叢刊·義和團（一）》，上海人民出版社，1957 年版，第 340 頁。

籌，揣略相（指榮祿）亦有說不出的苦，弟惶惑無計，閣下務必代籌感佛（指慈禧）、阻端、助慶之法，庶可將董軍硬辦一節消化，冀存苞桑之一線。如進言，但據弟述商擋硬擋辦法，以下則有閣下發議爲宜，至禱匆促，不盡欲言〔註122〕。

許景澄能將如此重要的任務託付給樊增祥，足見其誼篤而信備，但樊起初支持對外用兵，他在《感事》中寫道：

> 夕烽鬥起照鑾坡，塗炭衣冠可奈何。十國奪門操鎖鑰，五城無地不干戈。天眞雨血污金卮，夜有飛頭飲玉河。收召黃巾歸宿衛，羽林從此健兒多。

似對義和團與董軍還抱有幻想，當戰事急轉直下時，他的態度又發生了一百八十度轉變，在《重有感》中寫道：

> 燕郊千里草青青，銅馬南來慶得朋。花項健兒規作帝，果頭勃盜託於僧。麛弧實兆衰周亂，籌火虛言大楚興。不分明亡三百祀，朱家兒尚有傳燈。

可見樊增祥相比袁昶、許景澄，立場較游移，態度隨機應變；對朋友生死之託的踐諾，及對榮祿決策的影響，現在因材料的缺失都已不得而知〔註123〕，只能看到他日後記錄下的京城被難時的情景，即著名的《庚子五月都門紀事》：

> 紅狼青犢自成群，依託王門噪帝閽。民命累累輕似草，神言往往降於莘。誇張古冶屠龜首，斷送眞州放雁人。不患鯨吞患魚爛，可憐京闕自煙塵。

> 彼已兵形兩不知，妖書僞讖太無稽。眞成霸上群兒戲，坐使崆峒七聖迷。今日蘇門誰抉眼，後來郿塢恐然臍。人間健者寧惟汝，長揖橫刀吾欲西。

> 阿奴下策火初然，島客乘墉守益堅。白帝向來欺赤帝，蒼天未死立黃天。梯衝飛舞窺樓上，矢石荒唐滿御前。十國衣冠同一炬，可無頗牧衛幽燕。

〔註122〕同上，第338頁。

〔註123〕張百熙曾於詩中云「徙薪曲突諱言功，解散歌成劫火中」，小注云樊增祥庚子五月憂心拳禍，作《解散歌》，後毀於戰火」，此說確否不詳。張詩見樊增祥著，涂小馬、陳宇俊校點：《樊樊山詩集》，上海古籍出版社，2004年版，第1162頁。

年少驕王對紫宸，眾中銳意戮鯨鯢。掖庭自結十常侍，卷卷難
安一至尊。夜半駕歸仁壽殿，日中火及正陽門。百思不解州吁意，
不戰兵端且自燔。

三朝聖后媲媧皇，豈意流言煽左璫。妖讖髻花珠白柰，閏秋宮
樹厄黃楊。欲綿唐祚思靈武，爲報秦仇棄督亢。黃閣有人兼將相，
忠言不入怨天亡府主病起入對，極言拳匪妖妄。慈聖曰：吾亦不信，而吾左右
皆惑之，奈何。

都市蕭條儼被兵，繁華非復舊神京。不虞建業金甌缺，更比檀
淵瓦注輕。鼇禁月明聞鬼哭，鳳城白日斷人行。宮奴不念家山破，
猶道如今是太平。

崇仇棄好復何言，十國揚兵日月昏。白雁飛來寧有宋，黃河挑
動恐亡元。好從蜀國謀西幸，愁見燕人祭北門。天柱地維三百載，
不圖蜂蟻毀乾坤〔註124〕。

又紀五月十九日端郡王率師攻西什庫教堂不克：

夷獠卅六盡乘墉，龍武諸軍在下風。兩矢拒門誰敢入，十樓卓
地不能攻。卿眞作賊劉盆子，人笑騎豬武懿宗。七日偪陽終不下，
孱王猶策虎神功。

劉盆子的比喻鞭闢入裏。次日甘軍掠徐桐宅及肅親王府情形：

錦帳珊瑚崇愷侔，隴軍肢箧恣窮搜。大風倒樹摧桐蔭，廣陌吹
簫去竹頭。羅綺盡供旗纛用，金籝枉爲子孫謀。只憐布被孫宏老，
大掠平津我欲愁。

據史記載，董軍與拳民混合，恣意劫掠，徐桐雖附和拳民，亦不免也，爭告
榮祿，苦不能制，徐宅被劫更說明義和團在京師活動的盲目性與破壞力。廿
五日夜，董軍又攻打德法意美四使館未下：

四夷賓旅倚同盟，彈雨槍雲苦見侵。火烈崑山寧辨玉，兵來隴
上慣摸金。虎行白晝人人慄，鬼哭青天往往陰。摩壘爭然香象燧，
望援久斷紙鳶音。

魚因游釜還思水，鳥爲焚巢悔入林。血戰裏創當鬼箭，凱歌踞
轉鼓洋琴。沈淵競試探珠手，入穴眞償得子心。妖鳥羅平成底事，

〔註124〕樊增祥著，涂小馬、陳宇俊校點：《樊樊山詩集》，上海古籍出版社，2004年
版，第882頁。

董昌遺孽到如今。

攻打西什庫，爲義和團在京主要戰役之一，由載漪指揮，但因爲武器與戰法落後不成；同樣襲擊東交民巷的董福祥甘軍，亦因戰鬥力不強，死者數千。

對於開戰的後果，明眼人都已料到結局，樊增祥在《連衡》中寫道：

> 海西十國約連衡，燕雀堂中了不驚。附會天師由米賊，憑依猛將得花卿。青絲白馬來爲禍，清酒黃龍已敗盟。印度淪胥殷鑒在，朝家寧不念蒼生。

目睹這一樁樁愚昧與驕狂造成的慘劇，樊增祥終於反省，他極言拳民之虛妄，視爲黃巾起義一類，以異端邪說妖言惑眾，盲目排洋，致內亂甚於外患；諷刺朝廷迷信神道，剛愎自爲，使忠臣見戮，釁端輕啓；黎民遭殃，正陽門外商場（即今大柵欄一帶），爲京師最繁盛處，五月廿日，暴民縱火焚盡四千餘家，火延城關，三日不滅，數百年精華毀於一旦〔註125〕。而挾帝西逃，再圖中興成爲唯一選項。組詩結尾指斥當國內外勾結，幾有亡國之憂，但他欲爲西后開脫，只咎責於左右蒙蔽。

從北京一路向西，樊增祥拖家帶口，顛沛流離，《旅懷》反映了途中苦況：

> 盡室崎嶇繞北邊，圖書零落況釵鈿。兩重崧嶽肩頭擔，六月冰霜口外天。濁酒且從諸弟飲，散裘分與女郎穿。回頭說似張儀婦，吾舌猶存莫憪然。

入雁門關，進入山西：

> 雁門山色入雲斜，危磴盤紆一駐車。蹋足百重皆鳥道，頭回千里盡龍沙。虯松尚是前朝樹，鶯粟新看內地花。滿目河山似唐季，赤心何處得朱耶。

過大同：

> 桑乾水繞大同城，日落嚴關鼓角驚。地迥北通龍口戍，時危西調雁門兵。連村赤幟聞風起，萬瓦紅燈照夜明。愁煞循良二千石，黑河日夜怒濤生。

過太原時，與胡研蓀感懷：

〔註125〕對正陽門大火的傷痛記憶，百年不絕如縷，見郭道平的《正陽門的庚子劫難》（中國近代文學學會第十六屆年會論文集）一文對事件原委及其象徵意味所作的梳理。

烽火驚心去上都，晉陽依樣畫葫蘆。仙山附會童男女，棋路流
離士大夫朝官奔晉者數十家。蕭斧盡膏黃口血，背嵬俱是綠林徒。問君
十萬橫磨劍，當得西來鐵騎無？

胡與樊同佐榮祿幕，曾有贈詩「髯短同為入幕賓，豈期國家誤黃巾。幸逃白
馬河中水，重認紅羊劫後身」。時山西巡撫毓賢支持義和團扶清滅洋，故有依
樣畫葫蘆之說，可見《毓賢戕教記》〔註126〕。

七月三日，樊增祥抵達平陽「我今濯纓汾水曲，京闕龍蛇方起陸」，一路
狼狽不堪：

短衣匹馬入平陽，破屋數間日光赤。敗壁題墨寒鴉欹，眼昏懶
罩雙玻璃。吻燥那辨涼溫酒，汗漬屢更生熟衣。具體韓富亦可笑，
竭來履跛兼聲嘶。

今年遭多難，盡室移秦川，期間「外姑歿晉陽，兩馬舁一棺。朝夕奠香楮，
泣涕紛漣漣」，去年剛得的曾孫亦「無由試晬盤」，一家人「不知何郡邑，
旅食愁無錢。弱侄從姑來，塵沙凋玉顏」，在顛沛流離中「可能具杯酒，骨
肉暫相歡。瘋憂能傷人，且可強自寬」。初五過侯馬，電悉六月十七日析津失
守事：

連城義勇盡豺虎，驕王兄弟猶麟狻。大沽戰馬不解薦，細鎧明
光橫組練。海中鐵艦已如雲，天上絲綸屢反汗。將軍饗士酌銀觴，
炮來洞胸骨亦香。析津遽落鯨鯢手，進據周家臥榻旁。最防敖倉失
紅粟，漸恐帝裏無棲桑。憂從中來不可說，且復西行越太行。師壯
於直老於曲，誰使神州竟沈陸。彼明之亡由流寇，彼元之亡由色目
〔註127〕。

十三日，聯軍攻天津，聶士成殉國；十七日城陷。樊增祥總結失敗教訓時分
析，旨意反覆與出師理屈是最大問題。起初聶奉命剿拳「有所誅劚，進而朝
議大變，袒右拳民，深恚士成，嚴責剿夷」〔註128〕，載漪等擁拳派多傾軋
之，使其無所適從「忽來總督文，戒汝貪功勳。復傳親王令，責汝何暴橫。

〔註126〕佚名：《西巡迴鑾始末》，收入中國歷史研究社編：《庚子國變記》，上海書店，1982年版，第110～113頁。
〔註127〕樊增祥著，涂小馬、陳宇俊校點：《樊樊山詩集》，上海古籍出版社，2004年版，第889頁。
〔註128〕羅惇曧：《拳變餘聞》，收入中國歷史研究社編：《庚子國變記》，上海書店，1982年版，第47～48頁，第12頁。

明晨太后詔，不許無禮鬧，夕得相公書，問訊事如何。皆言此團忠義民，志滅番鬼扶清人。復言神拳矸不死，自天下降天之神」，遂以死報國「國人爭道天魔舞，將軍墨墨淚如雨。呼天欲訴天不聞，此身未知死誰手，又復死何所」〔註129〕；其次天津作爲義和團的中心之一，時有滅洋毀教之舉，而清政府未出面制止，貽之外人干涉口實。

七月初四日，殺許景澄、袁昶，樊增祥追悼二忠《一日》：

> 一日遂亡雙烈士，炎霜畫下使人愁。和戎利大翻爲罪，博物書成枉見收。龍比相從遊地下，犢華遺恨指河流。銀濤白馬之江路，腸斷骨潮八月秋。

據記載，上諭出自啓秀手「吏部左侍郎許景澄、太常寺卿袁昶，屢次被人參奏，聲名惡劣，平日辦理洋務，各存私心，每遇召見時，任意妄奏，莠言亂政，且語多離間，有不忍言者，實屬大不敬，著即行正，以昭炯戒」，拳民聚觀拊掌，端剛相賀於朝，徐桐之子徐承煜監斬，叱問許、袁，氣焰囂張已極〔註130〕。忠良被戮，天下共冤，如黃遵憲《三哀詩》之《袁爽秋京卿》〔註131〕。七月廿日，王懿榮自沉，樊增祥作《哭廉生十三兄》：

> 鄒魯儒家老說經，一門忠烈死猶馨。抱琴廊露眞無憾，投閣揚雲不復生。殉國賢妻榮煒管，從姑少婦亦銀瓶。行人莫認胭脂井，萬朵芙蓉擁曼卿。

《清史稿》記載：八國聯軍入寇，王懿榮與李端遇拜團練大臣，知拳民不可恃，然事已不可爲，七月聯軍攻入東便門，王率勇拒之，潰不成軍後歸語家人曰「吾義不可苟生」，家人環跽泣勸，厲斥之。仰藥未即死，題絕命辭曰「主憂臣辱，主辱臣死。與止知其所止，此爲近之」，與妻室、寡媳投井同殉，慘烈尤甚〔註132〕。歿後張之洞、康有爲有挽詩，樊增祥題「琳琅忠翰」〔註133〕。

輾轉兩月，至七月終還秦，樊增祥入護理陝西巡撫端方幕府「貧來奴僕

〔註129〕黃遵憲：《轟將軍歌》，黃遵憲著，錢仲聯箋注：《人境廬詩草箋注》，上海古籍出版社，1981年版，第1035頁。

〔註130〕羅惇曧：《拳變餘聞》，收入中國歷史研究社編：《庚子國變記》，上海書店，1982年版，第47～48頁。

〔註131〕黃遵憲著，錢仲聯箋注：《人境廬詩草箋注》，上海古籍出版社，1981年版，第993～1000頁。

〔註132〕趙爾巽等撰：《清史稿》，中華書局，1974年版，總第12778頁。

〔註133〕呂偉達編：《王懿榮集》，齊魯書社，1999年版，第88～90頁。

隨新主」。七月十六京師瓦解，兩宮始有西行之志，關於出逃計劃，樊增祥在詩敘中寫道「獻書府主，潛備西巡，願效前驅」，似乎事先已經預計到要往西安，這顯然是事後諸葛亮的說法，其實眞正使太后下決心出逃的是奕劻、載漪，就連榮祿都未豫其事〔註134〕；至於目的地，行進至太原時，本欲久駐，江蘇巡撫鹿傳霖勤王護駕，入覲謂西安險固，僻在西陲，洋兵不易至，而兩江總督劉坤一聯銜東南督撫，電阻向西「謂陝西貧瘠，逼近強俄，甘肅尤爲回教所萃，內訌外患，在在堪虞。山川之險既不可恃，偏安之局亦不能成」〔註135〕，太后慮列強近逼，遂定入陝之策。

八月十七日，兩宮至太原行在，樊增祥受端方派遣隨扈，作《駕幸晉陽恭紀》：

> 山翠入秋清御輦，卷旗黃蓋紫雲連。天門北控飛鸞馭，雪海西巡促馬鞭。環佩別宮行駐蹕，詔書頒澤草求賢。邊城月印霜蹄駿，苑內傳烽起夕煙。

時人記載，兩宮駐蹕在山西巡撫衙門「堂皇壯麗，略有宮廷氣象」。所謂求賢詔，指閏八月初三上諭：

> 爲政首在得人，近年來各督撫保舉人才，不免瞻徇情面，汲引私人，是上以實求者，下不以實應，大負朝廷求才若渴之意。現在時局阽危，需才尤亟，各封疆大臣均有以臣事君之責，務各激發天良，虛衷延訪，如有才猷卓著，克濟艱難，無論官階大小，出具切實考語，迅速保薦，以備錄用。倘該督撫等仍屬從前積習，濫列剡章，一經任用，輒至貽誤，定將該原保大臣一併嚴懲，決不姑寬〔註136〕。

在籲求德才的感召下，一批有學識的舊官被重新起用，如已革御史屠仁守，退宦後授徒講學，以傳統學術爲根柢，又引入西方科學；庚子年由鹿傳霖薦舉，授五品卿銜，往陝西三原講學。作爲同鄉後輩，樊增祥曾有詩慰別：

〔註134〕孔祥吉先生認爲榮祿在庚子年逐漸淡出慈禧的最核心圈子，而慶、莊取而代之，見孔祥吉：《奕劻在義和團運動中的廬山眞面目》一文，《近代史研究》2011年第5期，第23～38頁。

〔註135〕羅惇曧：《拳變餘聞》，收入中國歷史研究社編：《庚子國變記》，上海書店，1982年版，第51頁，這些督撫大員所定路線，多引向自己經營的勢力範圍，或有挾朝廷而自重的私心。當時東南輿論還有「遷都南京」的提法，見劉學照：《上海庚子時論中的東南意識》，《史林》2001年第1期，第11～22頁。

〔註136〕朱壽朋：《光緒朝東華錄》，中華書局，1958年版，總第4549頁。

久聞京輦避桓聰，二十年來一笑逢。自昔直聲震天下，於今正學盛關中。心隨晉絳山朝北，道在河汾水向東。令德堂深斟別酒，諸生清淚馬前紅。

譜成格致息群紛，道藝並包有至文。斷自堯來勤著錄，莫從禹下策功勳。心如椰子諸能受，耳熟松風百不聞。豈獨漢廷旌折檻，更看鹿角折朱雲〔註137〕。

在太原期間，樊增祥睹兩宮諸臣慘狀及各地戰況，作《晉陽五首》：

晉陽西指玉衣寒，跋履真如蜀道難。蟲滿液池傷僕柳，馬嘶宮禁泣幽蘭。麻鞋間道奔行在，豆粥無人勸御餐。猶有前朝豹房月，居庸夜出揭帷看。

大同宣府羽書頻，郡縣交迎玉輅塵。乍進翟褕輝蹕路，漸看豹尾備鈎陳。金戈鐵馬風雲慘，紫蓋黃旗日月新。不意今年秋社飯，百官齊念老來身。

宮車曉度雁門深，御宿逶迤白日陰。夜雨淋鈴雙眼淚，長星勸酒萬年心。蛟螭一峽愁青玉，虎臥重關扼紫金謂升吉甫方伯。誰識幽燕諸敗將，執戈爭擁翠華臨。

太原亦是龍興地，日角當年此啟都。南渡至今卑晉宋，中天真欲返唐虞。已頒北闕求言詔，盡免西巡所過租。好制浯溪中興頌，雪香俳體莫悲籲。

回首金臺落照餘，奉先宮殿近何如。太妃兩膳開蟾鎖夷問宮中有何人，蘇喇云：有成同主位，夷人令照常進膳〔註138〕，留守雙丸走蠟書。畿輔百城等僑置，朝官連日有新除。行宮夜見傷心月，爭怪常儀綠鬢疏〔註139〕。

據時人記述，當時駐蹕處以貢院爲樞部，「供張簡率，略同草昧，然以視單車辭闕，荊棘載途，豆粥難求，素衣將敝，固已爲小康矣」〔註140〕；時任甘肅

〔註137〕樊增祥著，涂小馬、陳宇俊校點：《樊樊山詩集》，上海古籍出版社，2004年版，第894頁。

〔註138〕「瓦德西入居儀鑾殿，整隊入宮，見穆宗瑜妃，猶致敬禮。殿宇器物，戒勿毀掠」，見中國歷史研究社編：《庚子國變記》，上海書店，1982年版，第17頁。

〔註139〕樊增祥著，涂小馬、陳宇俊校點：《樊樊山詩集》，上海古籍出版社，2004年版，第895頁。

〔註140〕郭則澐：《十朝詩乘》，福建人民出版社，2000年版，第975頁。

布政使岑春煊從宣化一路宿衛，太后涕語「若得復國，必無敢忘德」；當時山西相對富庶，毓賢、升允等當地官員表示堅持抵抗，所以萌生在此設行在以圖反攻之念。但鹿傳霖的建議，使兩宮再向西行，閏八月八日離開太原前，樊增祥又作：

> 杯酒雙龍誓已寒，西來國步益艱難。有山尚種周家粟，無土堪培鄭氏蘭。衰草黃雲縈御路，鹽瓜白粥進堂餐樞府傳諭所過州縣，多備鹽菜稀飯。烏臺未了燒香事，莫當清涼贊佛看。

> 求賢選將詔書頻，只積絲綸簿上塵。兵甲八王俱瓦解，文章兩制總羹陳。月明宮掖多聞鬼，黍熟園陵孰薦新。昨夜鈞天聞廣樂，從臣俱是夢中身。

> 晚出居庸路阻深，雁門代郡慘秋陰。孟婆方便休吹面，熒惑猖狂尚守心。事去六州空聚鐵，寇來高鴟悔藏金。百年寂寞銅駝道，何意重邀鳳蓋臨。

> 朝士盡辭青瑣闥，勝兵無復黑雲都。一龍東渡終存晉，五羖西行不諫虞。列鎮交章追禍始，荒年有詔緩秋租。長安更比併門遠，燕薊遺黎莫怨籲。

> 年饑穀貴食無餘，五柳安能意晏如。地下蒼鵝終兆亂，海東黃鵠漫貽書。言期無罪多卮寓，詩忌傷時託建除。庾信關中最蕭瑟，江南朋舊半凋疏〔註141〕。

前後所記，瘡痍之悲，淒涼愴然，直可作詩史讀也，但詩人自言不敢直書傷時，只能從側面虛寫，如八月廿六日隨行至潼關時「扈從諸臣日有分金，時以茶點進御。傳聞駕幸玉泉，各國頻有書疏」，樊山輕筆逗出，卻道實情〔註142〕。數月內幾度輾轉，樊增祥肝病復發：

> 世亂年饑只自傷，形軀非復舊輕強。兒曹漫記呻吟語，朋輩虛傳補養方。海內瘡痍縈寤寐，老來湯熨費商量。跏趺小結圓蒲上，惟覺禪家氣味長。

病中聞都門消息：

> 上林秋雁忽西翔，凝碧池頭孰舉觴？市有醉人稱異瑞，巢無完

〔註141〕樊增祥著，涂小馬、陳宇俊校點：《樊樊山詩集》，上海古籍出版社，2004年版，第898頁。

〔註142〕《拳變餘聞》、《西巡迴鑾始末》均記太后欲登華山事。見第51、183頁。

卯亦奇殃。犬銜朱邸焚餘骨，烏啄黃驪戰後瘡。滿目蓬蒿人跡少，
向來多是管絃場。

京師赫赫陷鯨牙，十國縱橫萬戶嗟。舊宅不歸王謝燕，新亭分
守楚梁瓜。蛾眉身世惟青冢，貂珥門庭但落花。龍武諸軍誰宿衛，
孤兒一一委蟲沙。

百年喬木委秋風，三月銅街火尚紅。崇愷珊瑚兵子車，宋元書
畫冷攤中。金華學士羈僧寺，玉雪兒郎雜酒傭。聞得圓明雙鶴語，
庚申庚子再相逢。

島人列檄罪諸王，玉牒瑤潢絕可傷。待取血胙鬻福鹿，誰將眼
箸謎貪狼。伯霜仲雪俱危苦莊邸及濂澄貝勒，宋劭殷辛儳比方惇邸服中
生子，即端邸。公法每寬親貴議，可須函首越重洋。

繁華非復鳳城春，玉輅於今隔隴秦。金崔觚稜虛御杖，銅駝荊
棘泣孤臣。朱門白屋多新鬼，卜肆僧寮幾故人。莫問北池舊煙月，
雨零鈴夜一沾巾〔註143〕。

聯軍入城後劃分勢力範圍，燒殺掠奪，留京王侯罹難者甚眾；李鴻章議和，
各國列戰犯名單，諸王在冊，更欲懲辦禍首慈禧。組詩寫得陰森可怖，鬼
相環生「值中華振古未有之奇殃，當時感事之作甚夥，就七律組詩而言，
若論藝術之工，殆無逾樊山《聞都門消息》數首者」，「足與梅村金陵諸律抗
衡」〔註144〕。

雖丁遭板蕩，運際顛冥，但各省紛進方物，御膳仍日費銀二百兩〔註145〕，
諸臣嬉樂亦如太平時，儼然成了小朝廷。姑舉一例，帝后到城東八仙庵〔註146〕
拜謁，御賜匾額及玉冠紫袍等什；慈禧常往庵中拈香、賞花，興之所至，便
加賞賜；時有綠牡丹貴種，內侍剪以進御，慈禧親繪牡丹中堂，並題「國色

〔註143〕樊增祥著，涂小馬、陳宇俊校點：《樊樊山詩集》，上海古籍出版社，2004年
版，第911～912頁。

〔註144〕分別見錢仲聯：《清詩紀事》第十八冊，江蘇古籍出版社，1989年版，總第
12650頁，及《夢苕庵論集》，中華書局，1993年版，第346頁。錢先生認為
樊詩在用典上更近吳偉業「對比烘托，視梅村寧復多讓」，與徑學玉溪者並非
同一家數。

〔註145〕羅惇曧：《拳變餘聞》，收入中國歷史研究社編：《庚子國變記》，上海書店，
1982年版，第51～52頁。

〔註146〕八仙庵建於唐興慶宮遺址東北角，是陝西道教兩大十方叢林之一。宋時傳說
八仙遊宴於此，遂建觀祀之，全真教興起後，擴宇稱「八仙庵」，元明清代有
增制。清末兩宮回鑾後，又屢撥經費修繕擴建，敕名八仙宮。

從來比西子，天香原不借東風」〔註147〕。一班小臣投其所好，樊增祥、易順鼎大作詠牡丹詩〔註148〕，工切藻麗，全無悲戚，令人望生「嘗膽臥薪，今世亦有其人乎」的質疑。與此形成對比的是，當年陝西大旱，饑民哀號於道，至有人相食者，樊增祥詩中曾記「關中雁戶饑於朔，可要停車問丙牛」，「隴頭雪抵黃金價，小麥抽心寸許深」。

不過讓他在忙亂中感到欣慰的是，因為避難「四海衣冠，舊雨紛來，陽春迭和，幽憂韞結，集麟青門，於斯為盛」，與樊增祥酬唱者有易順鼎、顧瑗、左紹佐、郭曾炘、林開謨、吳士鑒等，自秋徂冬，篇詠滋多。閏八月廿六日，易順鼎急赴行在，劉坤一委派其查看轉運道路，張百熙把他推薦給榮祿，卻僅僅被當作一介詩人而未被重用，後只得以三百兩白銀在陝西籌賑局報捐花翎，由此也可看出樊易地位有別，王闓運更言易在西安依附於樊。兩人交誼自庚子京中始，從年輩、資歷、出身看，增祥皆高於順鼎，視之如弟子，而後者終生仰之。左紹佐官刑部侍郎，同在行在掌文案「幕府徵兵馳羽檄，草堂看劍蹙鱗文」，樊增祥誇讚他「奉天幾葉絲綸簿，陸九當時最得君」，這些文人構成了樊氏最後三十年間的交遊圈。

九月四日，兩宮抵西安設行在，榮祿不久入關，再掌樞要：

> 心蟠錦繡袞衣公，曉驛霜高詠渚鴻。心金落肘符雙檄上武衛全權
> 俱罷，蠟封書奏幾留中。侵霜晚鬢潘詞苦公時有黃門之戚，覆局殘棋謝
> 墅空。深春舊臣樞望重，駸駸馬首隴雲紅。弱魯挑齊真大誤，暴秦
> 詛楚亦深文。東華文武衣冠盡，獨以全權屬相君。

據記載，西安行在暫主軍機者為鹿傳霖、榮祿與王文韶，三大臣均已老邁，每次召見，多榮祿一人講話，又須請樊增祥傳話，否則莫知底蘊也〔註149〕。

受知於榮祿、鹿傳霖的舉薦，光緒罪己詔由樊增祥所撰，地位漸漸凸顯：

> 詔書哀痛擬興元，當筆親臣勝陸宣。天為中興生李晟，帝從行

〔註147〕潘存娟：《慈禧與西安八仙宮》，《宗教學研究》2012 年第二期，第 66〜69
　　　　頁。
〔註148〕易順鼎有《牡丹詩》五十首，見易順鼎著，王颷校點：《琴志樓詩集》，上海
　　　　古籍出版社，2004 年版，第 823〜831 頁；樊增祥有《洛花集》，見樊增祥著，
　　　　涂小馬、陳宇俊校點：《樊樊山詩集》，上海古籍出版社，2004 年版，第 972
　　　　〜984 頁。
〔註149〕佚名：《西巡迴鑾始末》，收入中國歷史研究社編：《庚子國變記》，上海書店，
　　　　1982 年版，第 187 頁。

在攉崔圓。動搖郟鄏三朝鼎，補救媧皇五色天。聞道鯨鯢俱就款，
亟通書幣定幽燕。

十一月二十四日，樊增祥補授皖北鳳潁六泗道，暫留行在「慈聖諭府主（謂榮祿）曰『自今機要文字，可令樊增祥撰擬，仍當秘之，勿招人忌也』，聞命感泣，黽勉馳驅」，有詩句「留臺長史疲張裔，逆旅新豐擢馬周」、「一任淮陽思汲黯，可能幕府少陳琳。絲綸陸贄參金管，問答胡銓記玉音」記之。據說他之所以外放，乃因與某不相能所致，當時評價爲「其人稍通時務，爲榮祿幕中出色人物」。

當時李鴻章、奕劻返京準備議和，樊增祥作《感事》：

烽煙暫息海東頭，劫急重將敗局收。又見蒿街置蠻邸，欲回玉璧作勳州。貳臣不少陳名夏，九死無移黃道周。聞說燕郊春草盡，好將戰馬易耕牛。

衣冠文武會如林，丘貉同歸血染襟。並母生埋殊郭巨，得人死力少王琳。吃花鹿記唐宮事，食葚梟懷魯泮音。灑掃鳳城乾淨土，公車重過淚痕深。

當時列強提出兩個條件，一爲「懲凶」，二爲「回鑾」，清廷一再發布禍首名單，一批參與支持庚子事變的官員被處理〔註150〕，對於回鑾則堅決不與，惟恐置於威脅中。

十二月易順鼎奉檄派辦駐陝轉運局督轉運差〔註151〕：

戰守兩難成款議，舊新兼採際明時。關中轉漕催輸粟，湖上登樓記勝棋。

陳三立亦有《實甫領行在所轉駐運西安題寄二首》紀之：

吾拼終天痛，君猶報國心。麻鞋攀守輦，板屋動哀吟。老死方無地，安危況在今。只憐漢時月，還照搗衣砧。

關中仍轉餉，天下已銷兵。慟哭桑榆計，低垂宵旰情。唱籌應寂寞，填海有生平。勿出豎儒語，朝端盡老成。

當時陝西旱情嚴重，兩宮又駐蹕於此，所以江、楚等省積極向這一地區解餉，民間義賑發揮了重要作用〔註152〕，易順鼎即受張之洞、劉坤一委託駐陝督辦

〔註150〕樊增祥曾稱載漪流放蒙古，身自買菜；載瀾流放新疆，再納妾。
〔註151〕秦國經等主編：《清代官員履歷檔案全編》第六卷，華東師範大學出版社，1997年版，第503頁。
〔註152〕參考朱滸：《地方系譜向國家場域的蔓延——1900～1901年的陝西旱災與義

此項事宜。

十二月初十日，清廷在西安下詔變法「左袒能無微管慮，焦頭重憶徙薪時。單方濟世神仙藥，一著先入國手棋」，痛定思痛「山和整頓銷兵後，天地蒼涼欲雪時。京華文武衣冠在，北望能無痛定思」。煌煌上諭，仍出自樊增祥之手。

這場後來被稱爲「新政」的由上而下的自改革運動，首先明確了與戊戌變法的區別，將後者定性爲亂黨，並極力撲滅維新派餘燼，如張之洞剿滅湖北唐才常的自立軍〔註153〕；樊增祥與端方談話中也提到「豈惟蜀犬能嗥日，不信康猁解覆棋。剪燭休輕今夕話，索居禁得百回思」，警惕海外組建的保皇會等勢力。

其次要先從體制內著手，整頓吏治和具文；對於西學，則承認不能僅僅局限於器物和文化層面，也要漸進地學習制度，但又不能遽變西化，希望從傳統德治中找到與西方法治的契合；具體如何參酌，詔書措辭語焉不詳，識者憂其難持」，張之洞嘗言：

> 諭旨中有「採西法補中法」及「渾化中外之見」二語也，並非因「整頓除弊」、「居上寬，臨下簡」、「必信必果」等語也。嗣聞人言，内意不願多言西法，勿襲西法皮毛，免貽口實，不覺廢然長歎，若果如此，變法二字尚未對題，仍是無用，中國終歸漸滅矣。蓋變法二字，爲環球各國所願助、天下志士所願聞者，皆指變中國舊法從西法也，非泛泛改章整頓之謂也……大抵今日環球，各國大勢孤則亡，同則存，故欲救中國殘局，惟有變西法一策。精華談何容易，正當先從皮毛學起，一切迂談陳話全行掃除。蓋必變西法，然後可令中國無仇視西人之心；必變西法，然後可令各國無仇視華人之心；必變西法，然後可令各國無仇視朝廷之心。且必政事改用西法，教案乃能消弭，商約乃不受虧，使命條約乃能平恕，内地洋人乃不至逞強生事。必改用西法，中國吏治、財政積弊乃能掃除，學校乃有人才，練兵乃有實際，孔孟之教乃能久存，三皇五帝神明之冑乃能久延。且康黨、國會之逆黨亂民始能絕其煽惑之說，化其

賑》，《清史研究》2006 年第 2 期，第 27～38 頁。

〔註153〕見苑書義等編：《張之洞全集》第二冊，河北人民出版社，1998 年版，總第1383～4 頁。

思亂之心〔註154〕。

張之洞亟言變西法，目的在保中國，根本爲保名教，但日後的實踐中，其方略又有所迴環，也見得改革的艱難與不徹底。

　　起初，樊增祥對自己能否膺任新政尙存遲疑「新春攙入殘年裏，舊學深於漸老時。功名闇淡如何武，畏壘時聞有去思」。但彼時大環境已趨思變，特別是鹿傳霖、榮祿等轉向支持〔註155〕，作爲幕僚的樊增祥自然不甘落後，辛丑元日早朝，他佩先父留下的忠孝帶覲見「臣有傳家忠孝帶，憶曾瞻對顯皇來忠孝帶爲先子舊物，咸豐八年入覲即佩此」，以此表示決心報效朝廷，全力支持新政：

> 盲晦塞兩儀，羹螗沸八垠。豈曰乏異才，士氣須提振。百年失教養，小大多庸臣。談瀛取富貴，讀書志飽溫。千官盡容悅，萬事趨因循。贊普坐相笑，子陽妄自尊。外不信於友，下不信於民。貪欺只兩字，祖父授子孫。列果日盛強，中華弱且貧。螳螂識底事，伸臂當車輪。去年夏五月，舉國狂且奔。雷霆震屋瓦，斧鋸加國賓。十國礪鯨牙，六飛集於鶉。將相死都市，親王伍配軍。國債四十年，海量無算緡。盡讀十七史，無過茲事新。亡牢有時補，墮甑籲何云。尙書趣君行，歐亞何哇畍。歐羅輕中國，見子猶麒麟。邦交無異術，忠信爲國珍。吾屬素樹立，廉讓智勇仁。可以使西國，可以告帝宸。我才非時棟，奈受不次恩。致身與竭力，其敢忘魯論〔註156〕。

國變促使他吐故納新，「盲晦」至「子孫」句仍在檢討選官用人之弊，當是配合上諭精神而發；後文強調亂後中西關係的重建，認識到天朝虛驕的後果，意在渾化畍域，與張之洞用心同，但尙未能提出具體步驟。

　　當庚子年終於過去，辛丑年又帶著殺氣而來，且看《正月初六紀事》：

> 強敵尋仇檄屢移，圜扉續命竟無絲。銀濤白馬歸眞處，槧水鍪纓受賜時。門外定無牽去犬，鴆餘可有著殘棋。攖心豈獨王丞相，

〔註154〕《致西安鹿尙書》，見苑書義等編：《張之洞全集》第十冊，河北人民出版社，1998年版，總第8526～8527頁。

〔註155〕張之洞在策動樞臣立場轉變方面多作努力，參考李細珠：《地方督撫與清末新政——晚清權力格局再研究》，社會科學文獻出版社，2012年版，第56～66頁。

〔註156〕樊增祥著，涂小馬、陳宇俊校點：《樊樊山詩集》，上海古籍出版社，2004年版。

深惜周仁戴若思。

大年初三，應列強要求，對已宣佈的禍首實行重懲，已死的宣佈罪名，撤銷恤典；尚在的莊親王載勛、英年、趙舒翹賜自盡，毓賢、啓秀、徐承煜處斬，載瀾、溥儁父子等宗親參與者流放極邊。

二月一場春雨，暫時緩解了陝西旱情：

> 窮冬少雪春無雨，下隰高原盡焦土。去年秋災接春旱，中澤哀鴻無死所。丁糧蹢緩官俸微，郡縣饑虛竈無火。南漕百萬滯襄樊，水陸舟車並艱阻。兵車絡繹潼關道，更捉殘黎肆捶楚。耕牛宰盡肝人肉，斗米將來換兒女……昨暮涼風西北來，焦明亂飛商羊舞。平明簷玉響淙潺，枕上喜於兒吮乳。墨牘飛申報米價，約略十千降四五。已聞款議撤諸軍，更得甘霖潤三輔。君相仍多薪膽懼，孑遺差免沙蟲伍。

三月初三，朝廷設立政務處，作爲辦理新政的統管之區，由奕劻、李鴻章、昆岡、榮祿、王文韶、鹿傳霖領銜督辦政務大臣，劉坤一、張之洞亦著遙爲參預。又選提調各官「務擇心術純正、通達時務之員，奏請簡派」；於是四月初八，樊增祥由榮祿委派，充任政務處提調〔註157〕；六月初二更授陝西按察使，仍兼政務處提調。由於晉升速度過快，引來不少側目「故人明日無私謁，新政群兒忍謗傷」，他一再聲明自己因投身新政而受重用，同時也自誡「鍾鑄萬鈞知簴猛，樹非再實免根傷」，次日入見謝恩「一再行京謁冕旒，非常恩眷信無儔」：

> 伏念臣甫離銅墨，遽晉監司，入對天顏。屬百度更新之始，佐三司條例之繁，渥荷恩慈，已逾涯分；茲復權官，行在陳橐。關中昔年聽鼓之場，今爲省主；往日鳴琴之侶，俱作衙官。聞命驚慚，撫衷惕息。臣兜鍪七葉將家，以驅合爲輕；獬豸一冠古者，惟清嚴是屬，敢不秉承先志，圻報宸慈。內監獨夜之影衾，下慰三秦之黎老，外臺敭歷，仍叨侍從之清華；持法廉平，一佇天心之仁厚。微臣激下，忱謹繕摺，恭謝天恩，伏乞皇太后、皇上聖鑒〔註158〕。

期間，隨著樊增祥接近權力核心，張之洞更將之視爲耳目，交通行在消

〔註157〕王文韶著，袁英光、胡逢祥整理：《王文韶日記》，中華書局，1989年版，第1025頁。同班還有郭曾炘（爲頭班領班）、孫寶琦、于式枚、陳邦瑞、徐世昌等。
〔註158〕《申報》光緒二十七年七月三十日文。

息，如二月初二書中涉及上書三折事：

> 日來鄙人三電奏大旨具此。此中西講求時局之公言，非區區一人之偏見，然竟未聞詔旨。撮要奉達，可否向三樞堂痛切言之？足下既抱魯陽、精衛之誠，又具國僑、子貢之智，所望力贊當道，挽救國脈，其功不朽，各路電奏想已得閱，叩肯盼覆〔註159〕。

六月初七致電云：

> 江鄂摺二十日內外可到齊，如蒙政府採擇，有決計願辦之事，宜在西安早為舉行，不必待回京後，庶早慰海內、海外望治之忱，且免到京後事多掣肘，尊意以為如何，祈示。

次日樊增祥覆電：

> 四條擬即特旨頒行，決計興辦，此事獨恃函丈，頻進嘉謨，但於慈意無忤，必當決行。銀元悉如鈞議矣。

張再覆電：

> 昨聞鳳穎拜命以後，復蒙溫旨留行，以備顧問，動繫安危，佩甚慰甚。比稔派充政務處提調，尤可為得時行道之慶。子春為政，真可喜而不寐也。變法詔書知出鴻筆，海內喁喁，始有昭蘇之望。僕與峴帥已會銜覆奏，所愧者卑無高論，所信者平易近人，但不知有當萬一否？

> 方今賠償未有的款，俄約不歸公議，前事尚有未了，如僕迂暗，尚且憂之，何況賢智？閣下有何策以發我幽憂之疾乎？

> 去冬連接兩函，並新詩數紙，如接面談，不圖杜陵遺山之作，今日見之。時局日變，詩境日高，亂離哀感，百端交集〔註160〕。

樊增祥負責協助政務處大臣察閱條奏，登記檔冊，斟酌可否實行，由張之洞主筆，與劉坤一聯銜的《江楚會奏變法三摺》，就是在這一時期上達的〔註161〕。

〔註159〕《致西安樊雲門》，苑書義等編：《張之洞全集》第十冊，河北人民出版社，1998年版，總第8519頁。

〔註160〕三函分見苑書義等編：《張之洞全集》第十、十二冊，河北人民出版社，1998年版，總第8613、10275頁。

〔註161〕參考李細珠：《張之洞與清末新政研究》第二章，上海書店出版社，2009年版，第80～110頁。

第五章　清季十年的政績與思想

第一節　艱難開局，接受新知

一、在陝籌款興業及對科舉改革的態度

　　光緒二十七年八月十八日，樊增祥以署理陝西布政使身份，代撰《政務處開辦條議》〔註1〕，作爲中央對新政實施細節的設計總綱；不日刑部主事李希聖作《政務處開辦條議明辨》，逐條駁議，語多肯綮，痛快淋漓。李接受過維新思想的沾漑，識見自高出樊；且不圖全面改革體制，專矢於集中發展商業，先以經濟基礎爲牽引力，自然過度到上層建築的調整；他不觸動高層統治者的權力結構，採取類似開明專制的策略，自上而下地推進，以求民權的適度開放與君權的適度放開相映。

　　李希聖的諫言在當時影響較大，其主張在日後的新政中亦有不少採納，當爲廣開言路的可喜成果；樊增祥也意識到自己新思維的薄弱，所以從善如流，虛心接受李希聖的批評，並引爲師友，多有請益，並運用在後來的新政實踐中。

　　樊增祥力主裁撤冗員，張之洞表示贊成：

　　　　足下力主裁吏、裁役兩事，誠爲今日第一善政。乃聞京師仍被書吏把持，外省仍多觀望無識。京、外官多有謬論阻撓，令人憤歎。足下久官州縣，僕爲疆吏十數年，所到各省，實不知書吏、差役有

〔註 1〕　葉恭綽《雁影齋詩存題識》「辛丑樞府所定政務處章程，乃樊樊山稿」，見龐堅編校：《李希聖集》，華東師範大學出版社，2011 年版，第 131 頁。

何難裁之故，豈有督撫州縣皆曰可裁而不能裁者乎？至部吏徒爲巨蠹，並無一長。此等尋常中國吏治事尚不能辦，安望變法自強乎？望足下一律堅持，力言於政府，趁日內再請一嚴旨，責成京、外期於必裁，限期覆奏，自然奉行，此足下挽回世運之眞經濟、造福蒼生之大功德也〔註2〕。

九月廿四，樊增祥在致榮祿的信中表示：

> 受業自遞署藩篆後，亂絲待理，無米爲炊，民困官窮，庫空如洗。甘餉二十萬急須籌解，京餉又相逼而來。陝庫向來積存未報之款約數十萬金，一耗於李藩司有菜墊解昭信股票一百萬，至今官紳欠款未清；再耗於去年預備西巡二十七萬兩，戶部只准五萬，端午橋倡議一併作爲報效，而司庫掃地全空矣。去秋至今夏，丁糧全緩，釐稅僅解十分之二三，其所恃以挹注者，惟賑捐項下及戶部借給三十萬金，今所餘無幾矣。秋成雖好，而下忙解款寥寥，合省赴司請領公款者，與饑民趁粥無異。受業剛於此時來作藩司，亦命也。
>
> ……自送聖駕後，即籌畫此事，今已拿定主腦，取整而不取零。一於酒糖加釐，歲約增六七萬；煙地向報不過二、三成，如確查實報，歲不止十萬金。河東鹽釐由晉包收，歲不及三萬，受業決計提歸自理，歲亦可得七八萬金。尚欠三十餘萬，則仍出之於地。查同治間陝西徭錢收一百五六十萬串，迭次遞減，今只徵二十二萬，擬一併加爲七十萬串。其無差徭州縣，而地稱上腴者，一併攤算，各各隨糧帶徵，民不擾而事濟矣。惟定章防弊，期於取民而不甚累民，非細細打算，隨地制宜，量才器使不可〔註3〕。

陝西當時尚處饑荒，卻還要分攤庚子賠款中的六十萬兩，樊山巧婦難爲無米之炊，除加釐開源外別無他法，故命「各屬稟報到司，凡近苛、近瑣、近擾以及利少害多可暫而不可久者，皆隨時批駁，以恤民艱」；地方利益盤根錯節，樊增祥配合上司折衝樽俎，勉強理出頭緒，至次年升允就任陝撫，曾感慨「該司倘能久於斯任，益得展布所長，不徒臂助得人，西陲實受其福。中堂眷懷舊部，諒亦俯念秦民惜寇情殷，不遽令之捨去也」〔註4〕。

〔註2〕《致西安樊臬臺》，苑書義等編：《張之洞全集》第十冊，河北人民出版社，1998 年版，總第 8636～8637 頁。

〔註3〕杜春和等編：《榮祿存劄》，齊魯書社，1986 年版，第 274 頁。

〔註4〕杜春和等編：《榮祿存劄》，齊魯書社，1986 年版，第 289 頁。

光緒二十八年二月，樊增祥奏請護理陝撫李紹芬准移撥開辦經費二千餘金，增修齋舍，添購書籍「將近年兩洋公學及日本所譯各種西書系數購進，使士子有未窺之學，不可使學堂有不備之營」。他在致書榮祿時說：

> ……此間公事雖甚煩勞，恰甚順手。籌款事已有眉目，凡章程由受業出者，官民俱無違迕原注：非祥能事，特在此日久，人皆相諒耳。文武兩學堂亦經籌有的款，擬及次第興辦。屠老品望可用，其偏謬實亦可憎。所擬章程無不自專權利原注：尚未改定，吉甫頗不謂然。祥在此誠可調停，恐後來者終不相浹耳〔註5〕。

信中所謂「屠老」，當指屠仁守，樊增祥同期有《贈梅君前輩》云「升堂俱是聖人徒，請業緇帷德未孤。繼續老先摧鹿角，商量舊學會鵝湖。黃花插帽參差晚，黑豆投瓶積漸無。學術慚餘雜王霸，只應嚴事考亭朱」，似商酌教學事；彼時屠任陝西大學堂總教習，樊一向敬重其學問，但或有意見相左。從詩中看，可能仍為新舊學比重問題，屠主「中學西用」，曾開西方格致之學，而升允（字吉甫）比較保守；屠年近七旬，脾氣鯁直竟至執拗，以致與上司多有齟齬；樊夾在當中，盡力調和，然亦偏向重中輕西。由此可窺學堂興辦之初，主政者與主持者思路之圓鑿方枘，誠不易哉。

五月，樊增祥致書榮祿，奏各項事宜停當，並咨秦晉合闈之利：

> ……吉甫委任過專，遇事不得辭勞，深形竭蹷；而庶務更新，一切籌款用人，發號施令，若照平日就班按部，則勢有不能；若力求振興，則心手與口直無一時之暇。今幸大端俱已就理，其最急者為文武兩學堂及節餉開屯一事，規模粗立，誠得同心共濟，實力奉行，必有成效可睹；償款六十萬亦已有著。受業總欲每年籌足八十萬金，則興教勸學、通商惠工，均有的款可恃。而歲留有餘，以為荒歉不虞之備，則朝廷無西顧之矣。

> 晉借秦闈，誼難辭謝。受業思之數日，若兩闈迭考，歷時久而需費多，種種未便。好在秦隴向係合闈，號舍逾萬，秦晉同場考試綽然有餘。茲已詳明吉帥奏請合闈原注：此事有利無害，稍欠者館闈中少放兩試差耳。疏到之日，惟函丈主持之，似不必交議也〔註6〕。

六月，新任布政使夏時就職，樊回按察使本任。七月，朝廷以布政使夏

〔註5〕　同上，第275頁。
〔註6〕　杜春和等編：《榮祿存劄》，齊魯書社，1986年版，第276頁。

時、按察使樊增祥剛正廉明、兼資文武，堪以派充總辦，統領陝西常備新軍，改練洋操，釐定一切營制餉章；本月，經陝西巡撫升允批准，曾在戊戌變法期間積極言事，並與康有爲往來密切的已革御史宋伯魯被「永遠監禁」〔註7〕，整件事據稱與樊增祥有關「捉拿宋伯魯，聞係受樊增祥之慾，以取媚於舊黨，捕捉黨人不遺餘力，比之於阮大鋮、馬士英之流」〔註8〕，這又是一椿孤證難明的公案。

八月六日，樊增祥受陝西巡撫升允奏派，入闈任鄉試提調。此次秋闈是補行因戰亂導致停考的庚子、辛丑兩科，兩省考生達六千餘人「六千君子衿纓肅」；翰林編修朱延熙（號益齋）、段春岩典試陝西，編修曹福元（字再韓，吳縣人）、侍御楊士燮（字味春）典試山西，同考官計十四位「二七房行翰墨香」，時任甘肅學政葉昌熾詩「長城踢倒一韡尖，洗盡鉛華綺語纖。關隴毗連千里驛，晉秦分峙兩重簾」，即詠此事。

這是新政以來首次開科取士，朝廷諭旨宣佈實行策論試，鄉試頭場試中國政治史事論五篇，二場試各國政治藝學策五道，三場試四書義二篇，五經義一篇，一切考試，凡四書五經義，均不准用八股文程序，策論應切實敷陳，不得仍前空衍剽竊〔註9〕。樊增祥對此表示支持：

〔註7〕 六月十八日，清廷致電升允「政務處代遞陞允奏稱，宋伯魯現經拿獲，應否解京及如何處理等語。宋伯魯著交地方官嚴加管束」；六月廿二日，升允上奏《康黨回籍就獲請從重監禁摺》，稱「查已革御史宋伯魯於本年六月初一日攜眷回陝，在省城逗留二日，旋回醴泉原籍，奴才因其係逃犯，儼然仕官還鄉，太形膽妄，當飭臬司轉飭醴泉縣傳解來看，發西安府看管，於十六日電奏請旨，奉電諭宋伯魯著交地方官嚴加管束。……查曩年奉旨緝拿康梁諸逆時，宋伯魯以被革在先，聞風早遁，避居日本，旋匿申江，倚報館爲護符，附康梁而橫切議……惟該革員素不安分，慣事招搖，以未蒙明赦之人，掉臂還鄉，尤敢招引門徒，迎於百里之外；及被看管，又飭首縣具車拜客，其餘狂謬之語，得諸傳說，未敢遽以爲據……若縱回醴泉，決非一縣令所能鉗制，倘必待其滋事再行奏參，不若此時防範加嚴，轉屬保全之道，相應請旨將宋伯魯永遠監禁，仍當隨事察看，如其眞能悔過，再行籲請恩施」；光緒帝七月初四日朱批「著照所請」。直至光緒三十年六月初五日，陝撫奏稱「……查戊戌案內陝省監禁已革御史宋伯魯一員……蒙覃敷慶典，法外施恩，該革員在一體開釋之例，相應奏明，請旨開釋……」，六月十九日奉朱批「著照所請，該部知道」。上述資料出自上諭檔，轉引自茅海建：《康有爲、梁啓超所擬戊戌奏摺之補篇》，《近代史研究》2011年第5期，第116～132頁。

〔註8〕 《新民叢報》光緒二十八年第十四、十五號。

〔註9〕 光緒二十七年七月己卯日上諭，見朱壽鵬：《光緒朝東華錄》，中華書局，1958年版，總第4697頁。

　　　　帖括騷除且帖經，崑山出玉桂傳馨。策須左史陳堯禹，論要東
　　坡議賞刑；凡骨難爲燕市馬，瑣聞無取豹文貙；盡知大九州中事，
　　才許褎衣對帝廷。

但又不贊同驟廢八股：

　　　　時賢論人才，自廢八股始。唐宋重科目，法程遞張弛。詩賦及
　　策論，一彼而一此。若金必有砂，若粟必有秕。夢中糊眼處，暗有
　　朱衣使。是素輒非丹，受辛或惡旨。要皆一孔見，眾喙紛難紀。譬
　　晉誤清談，豈得罪塵尾。

他指出「近人議科場之敝，集矢時文，然八比之佳者，猶能發揮義理，包羅
史籍」，而且從主考到同考，均出身於八股，衡文尺度也有一個調適的過程「科
場其奈時文敝，新法難教俗吏行」，樊山在詩中反映了過度時期的現狀：

　　　　風氣雲揚兩榜開，尚書臂指亟需才。中國棗梨西學競，新科桃
　　李舊人栽。盡除蕭選詩騷賦，懶問疇人勾股弦。擲劍鄧侯捐故技，
　　著書賈傳換新編。

總之，樊增祥認爲「邇來制藝實薄劣，內無骨幹矜皮毛。其餘經策等兒戲，
捃摭故紙慚虛椻」，科舉的弊端不在於形式，而是內容空疏；對於無益於考察
實學的科目，也主張廢除，嘗自言「試帖則眞無用矣，余在政務處倡議廢八
韻詩」；對於經義的範疇，則強調：

　　　　白虎尚傳通德論，公羊漫詡說經家道咸以來，自命通人者動稱公羊
　　家。欲知津逮儒林意，大道如弦不取斜。

仍一以貫之其古文經學立場，藉以警惕維新思想死灰復燃（公羊學爲變法理
論來源），並親身參與制定新標準的討論「今日三司更令甲，敢同介甫與人
爭」。

　　身爲提調，樊增祥負責監督每日供給內簾，當時財力不敷「供給所日進
魚鴨，費不貲，余減之」，即便如此，整場下來，經費仍過三萬兩。

　　重陽節，樊增祥登明遠樓放歌：

　　　　彼昏不知世間何者爲春秋，但聞蟪蛄草際鳴啾啾。青霜夜下凋
　　百草，獨有志士心煩憂。庚子京師厄陽九，翠華西幸臨關右。俯看
　　東海萬株桑，仰勸長星一杯酒。三辰二曜乾樞坤軸誰轉旋，坐見黃
　　人捧日纖阿御月還中天。關中父老戀恩澤，鳳城草木回春妍。明明
　　我後知治本，科場改紀羅英賢。使華四出冠蓋道相望，秦晉之士雲

集霧合儼若一家然。我於翰墨夙有緣，提點改紀羅英賢。左右中丞籲材俊，褒衣博帶紛來前。

當時《新民叢報》曾發表一篇《參劾陝臬》，抨擊樊增祥的科舉觀念，文中所列觀點與樊山詩大異小同，但解讀大相徑庭，姑錄於下：

> 有陝人某侍御者，奏劾陝西臬司樊增祥，折中略謂樊顯違定章，援引謬種，如本年該省鄉試，其對某房官云：制義取士雖眞才無多，尚不失爲端人，策論取士則禮義廉恥蕩然無存，即如我等皆係八股出身，又何嘗不能爲國家辦事；又牌示士子云，文中不准引用後世事蹟，不許論議朝政，不得沾染報紙文字習氣，違者雖佳作亦不發房等語（筆者按：《大公報・時事要聞》1903 年 1 月 3 日亦刊此言論，字句略有不同）。與考士子見此牌示，與奏定科場新章多不相符，合闈譁然，有志之士皆擱筆交遞白卷，亦有不入二場者，皆因樊之頑固不化，閉塞通才，大違定章。又如關中學堂於屠梅君則聘之，宏通學堂於劉古愚則卻之，引用謬輩，無非陰行其塞絕之謀，若惟恐其開化之速也者。若不嚴行飭革，何以能得人才，共扶阽危之局。
> 皇太后有將樊撤任之意，後經某相力保遂留中〔註10〕。

樊增祥則在詩中說「是科陝西以諸葛亮、陸贄、范仲淹，司馬光命題，余擬之」，其文采斐然，同考官譽之經世大文〔註11〕。孰是孰非，留待日後新出材料再論。

九月，山西巡撫岑春煊爲樊增祥擬請賞加二品銜：

> 科場條例新改弦，三晉二陝爭先鞭。中丞飛章上朝右，提點內外誰最賢。

從這些表述反推，《新民叢報》的說法似乎更立不住腳。這份維新派主辦的重要輿論陣地，出於政見立場的對立，對當政諸公多加醜詆，樊增祥成眾矢之的。該報還披露一件樊增祥預謀的篡逆大案：

> 陝臬樊增祥致書都中某官，言爲宋伯魯事援之者眾，足見逆黨黨羽猶盛，深詬某相廢立之謀中止，優游不斷，恐以貽禍。某官以念某相，某相一笑置之。

〔註10〕《新民叢報》光緒二十八年第二十四號。
〔註11〕 樊山擬墨及點評，今存爲陝西首場首題《勸農桑愼選舉論》，山西首場二題《諸葛亮、陸贄、范仲淹、司馬光論》，附錄於《樊山續集》卷十七，《續修四庫全書》影印本，上海古籍出版社，2002 年版，第 15～24 頁。

樊書曰：爲宋伯魯事，各報紙橫議，足見逆黨猶盛，此一時毀譽不足計較，欲正千載之名，仍應於大處落脈，惟窺上座自歸京以來，志得意滿，宗旨漸變，狃於目前，忘其毒矣。祥所慮宣爲一身，前輩猶記雙桂西軒之談，謂外人必不干預我事，已不出祥所料，庚子之變，其咎不在吾謀，今上座獲眷更隆，內外貼服，不於此時力爭上流，萬一事機轉變，吾輩身名俱敗，猶是小事，上座將何以對崇文忠乎？祥夏間兩稟上座，備陳危機，寓書賜答，皆未及此，乞前輩便中痛陳之云云。

回鑾以後，榮祿廢立之思想是否銷滅，無從得悉，而樊增祥急於求富貴之念，不得不以危詞聳榮祿之聽，冀用己謀，以爲首功，則秩必驟遷，而寵亦日益固。聞因宋伯魯事，政府頗不以爲然，樊欲爲固寵，則當觸撥此廢立之機，掞乃能與執政有密切之關係。其言曰欲正千載之名，當於大處落脈，正名者爲穆宗立嗣也，曰歸京以來，宗旨漸變，蓋未歸京以前，樊與榮近，日以一大事聒於其前，自歸京後，恐榮祿健忘之也。曰狃於前而忘其毒，謂皇上春秋正富，帝黨遍滿天下，一旦反正，則榮不可保，己身更爲齏粉矣。曰雙桂西軒之談，謂外國斷不干預我事，蓋當時太后不敢返都，恐外人助皇上復辟，俟人都實行之。樊稍知外事者，謂各國既盡掘中國財政之權，固足矣無待，列強相互猜忌，言論不一，安肯合力以助皇上復權，此可無慮。樊於此固有特識也。曰上座獲眷更隆，內外貼服，謂榮仍握大權，外人交誼日密，張之洞輩又極力擁護之，事機正不可失，故欲其急爲廢立之元勳。所謂力爭上流也，曰上座何以對崇文忠，蓋崇綺於榮祿有郎舅之戚，召崇綺護大阿哥，明其爲穆宗立嗣，則可以慰穆后在天之靈。廢立不成，於是崇綺再出爲無謂，徒以義和團送其一命，主謀者仍復安富尊榮，果何以對崇綺於地下也。去年秋冬間，廢立之根芽又動，或者樊所謂兩稟上座，備陳危機，榮祿之心亦爲之一動矣。樊以樞眷最重聞天下，今爲陝臬三四載矣，而官不一遷，得無怨榮祿之負心，迫而有此奢望耶？

庚子西安政府有電商張之洞，張覆電有地可割，款可賠，皇上必不可復辟等語，此語一傳，凡有血氣，無不恨之洞。然猶曰此密語之稍泄耳，天下固未盡信。今英國藍皮書出，有駐漢口總領事致

英相信，詳載與張議和約事，張謂各西報言各國擬請皇上親政，此
何以處我太后，皇上爲太后嗣子，中國以孝治天下，各國如有不敬
太后之舉，皇上已自陷於不孝，何能臨治臣民。張之深仇皇上，明
目張膽以排親政，固海內外所共悉矣。英領事謂華人思想如此，冤
哉此言，張之洞果足爲華人之代表乎，其言曰皇上爲太后嗣子，此
言無異以盧陵王爲武氏之嗣子，得賜姓武也，以中國舊學家言，則
皇上者，太祖太宗之嗣孫入繼大統，大統者，豈那拉氏之大統也？
張之洞曾讀舊書者，今以擁護權位之故，乃甘心蔑古而不辭矣。張
之洞非有仇於皇上也，知有總督之權位而竭誠以保之，蓋未嘗見有
皇上也；樊增祥亦非有仇於皇上也，爲預謀廢立而得美官，欲秩之
驟進，不得不重煽廢立，亦只見有美官，不見得有皇上也〔註12〕。

若果如此言，那張之洞、樊增祥絕對算的上亂臣賊子，可事實恐非如此。辛
丑回鑾後，帝后二元權力的鬥爭反倒沒那麼激烈了，除了保皇黨仍然謀求復
辟外，朝廷上下普遍擁護慈禧，此時廢立議題已無實際意義；當時新政待亟，
頭緒萬端，張、樊全身投入其中，他們期待慈禧主導這場改革，增祥詩中雖
然時有「武皇」、「媧皇」指代慈禧，但毋寧說是一種諂媚，至於他是否真有
擁太后取而代之的野心並付諸行動，斷不敢妄下結論。文中多出記述失實或
無據，茲不贅言。從樊增祥、升允等書信來看，當時榮祿確有調樊進京之意，
後亦無下文。十二月廿六日上諭，樊增祥調補浙江按察使，夢寐以求任職江
南的夙願得以實現，他滿懷憧憬「明年今日一船雪，春風著我西子湖」，歲暮
作《關中雜感》：

左戶飛書促算緡，封樁底處覓錢神。黃金已盡催填海，白璧何
年再入秦。蒙漢新多熬城戶，澄蒲漸少採硫人製造局硝磺取之澄、蒲二
縣，荒後硝戶逃亡，日益不足。流亡未復瘡痍在，最念天寒白屋貧。

地寶騰光照十洲，秦山苗脈待窮搜。銅官未鑿生金礦，炭井誰
煎猛火油。度嶺擬開盤馬路時議開秦嶺，入關新置寄書郵。東南風氣
來西北，橋上聞鵑不用愁。

臺柏蔥蘢復見春，吏才師範亟陶甄方設課吏館、師範學堂。掃空刀
筆文無害，脫落皮毛士有真。懷袖不攜生摘果，功名須付老成人。
蒼寒天地梅花白，冰雪叢中好立身。

〔註12〕《新民叢報》第二十六號。

總結自己在陝西次第展開新政的成績，其中尤以教育和吏治為重視；財政方面也逐漸寬裕，當年朝廷下詔陝西錢糧普減二成，以緩民瘼「我后回鑾屢西顧，詔書惻惻多哀矜。邊方美利足鹽鹼，湖田租稅蠲魚菱」，據說升允甚至還向朝廷陳情，索討兩宮西狩行在時的糜費。

二、進京後與張之洞的交流

　　二十九年五月廿四日，樊增祥交卸篆務，廿九日離開西安，準備入都觀見；進京後住在四牌樓十二巷內，受到妻家竹延夫婦、繡漪姊妹的悉心照顧。在京師，樊增祥見到了闊別二十餘年的恩師張之洞：

　　　　僬僥國中無短長，娉婷市裏無陰陽。自從黃白區種類，五州羹沸天公忙。親親尊賢魯不競，善善惡惡郭其亡。豪傑豈無中興意，君子自詡南方強。有一個臣媲皋尹，平生致主期堯湯。兩湖甚賴先覺覺，舉國幾謂不狂狂。雙懸日月照關右，行宮待漏心彷徨。玉音歷歷話國難，宣仁與軾交惻傷〔註13〕。

張之洞四月進京，主因是「公忠體國，暨鄂省各要政，上均洞悉，甚蒙嘉許，務請來觀，以慰宸廑」〔註14〕；在此期間，他還「更定日程與太學，主持月且上文華」，詩下小注云「公奉敕更定學堂章程，又在文華殿閱特科卷」，指閏五月初三，管學大臣張百熙鑒於張之洞以「中體西用」思想指導湖北新式學堂建設，並將經驗匯總為《籌定學堂規模次第興辦摺》（光緒二十八年十月初一），贏得了「當今第一通曉學務之人」的美譽，與《欽定學堂章程》思想多有共通之處，所以奏請他會同商辦京師大學堂事宜及各省學堂章程，以期推行無弊，造就通才；當月十六日開經濟特科試，文華殿專闢一席供張閱卷，以示優寵及重視。

　　這是戊戌年停開後舉行的第一次，也是最後一次特科，考取者中有袁嘉穀、張一麐、俞陛雲、陳曾壽等，成績優異但終被黜落者，最出名的莫過於梁士詒；這位日後民國北洋政府的內閣總理、洪憲帝制的幕後推手，本列名第一，慈禧見其為粵人又姓梁，名字還帶個「詒」，疑心大起，以為「梁首康足」，遂罷之。此事流傳於清末民初的野史筆記中，《新民叢報》第三十五號、

〔註13〕樊增祥著，涂小馬、陳宇俊校點：《樊樊山詩集》，上海古籍出版社，2004 年版，第 1006 頁。

〔註14〕袁世凱來電，轉引自李細珠：《張之洞與清末新政研究》，上海書店出版社，2009 年版，第 117 頁。

第三十六號中將責任算到樊增祥頭上「樊增祥主謀廢立之人，而此次推翻經濟特科，謀起黨獄者也」，說他看到特科舉薦名單，力指其中多革命黨人，列名請辦，觸動太后神經，一查梁士詒、楊度（第二名）分別來自廣東、湖南，爲戊戌間倡言變法最盛之地，於是一股腦地勾去；張之洞聞之頓足憤恨，然卒不能白其誣；又言「張之洞極意交歡，且勤勤留其駐京數月，張之洞平日目中寧有樊增祥，鮮在今忽殷勤結納，其臭味之投耶，抑知其內有奧援，而思得一援手耶」，不僅前後矛盾牴牾，而且罔顧事實〔註15〕。首先，像樊增祥這一級別，又非主管考務的官員，是不可能接觸錄取名單的，更不可能直接面聖，事實上他是閏五月廿五日才蒙召見的；其次張之洞確曾邀留樊增祥，但不是什麼結納，樊在《上張宮保》云：

> 昔謫蓬山特見憐，噓揚今亦致貂蟬。深談願假臣三日，負戴誰知我二天。以執金吾期仲路，將長生藥鑄顏淵。公門桃李盈天下，獨領春風卅五年。

張亟須助手幫辦學務，他看重的是樊可堪實事的能力，但樊以病婉辭：

> 長短經於時尚合，酸鹹嗜與俗人乖。好官任作千年調，辭祿猶多宮觀差今之學堂猶似宋之宮觀。

他還是願作實任的地方官員，而且當時對如何辦新式學堂還缺乏瞭解。

某日，張之洞招同王弢甫、于式枚、沈曾桐、周樹模過慈仁寺廢址看松，感懷庚子亂後的破敗：

> 曲江風度天下知，寢處常有山澤儀。兩宮動色待司馬，朝回乃憩古松下。昔居坊局清若冰，步屧屢過慈仁僧。三十餘年秉旄鉞，歸朝不見長明燈。元二災年際庚子，紅巾白日行都市。激怒長鯨海上來，含元故殿荒荊杞。九門鎖鑰十國爭，茲寺久駐柏靈兵。和議既成收兩京，島人撤廟佛淚零。由來殿材極瑰異，千歲香楠充桷楹。騎梁縱斧者誰子，失勢一落夷酋驚。以少炸藥置佛座，火發屋瓦皆飛鳴。天傾地坼百柱倒，萬牛挽致還西行。從此金身等莖草，百圍喬木風煙平。寺門雙松青銅柯，國初諸老繁詩歌。諸佛尚有涅槃日，虯龍其奈劫火何。吾師遠聞心輒動，重爲朝廷惜梁棟。撐住乾坤五

〔註15〕陸胤博士據陳曾壽《讀張廣雅詩隨筆》（《東方雜誌》第15卷第3號）指出，杯葛者爲榮慶、王文韶等重臣，見陸胤：《近代學術的體制內進路》，北京大學2011屆博士學文論文，第185頁注解第169。

大夫，朝衣西市同悲痛。翰林好事沈子封，走告昨見慈仁松。喜於還丹起白骨，頃刻青天飛蟄龍。嗚呼，雙松昨死今復生，故人碧血徒芳馨。愁聽樹頭黃鳥聲，九原不作難爲情謂許、盛、王、袁諸君。即今赤松朝玉京，吾欲從師歸穀城。

憶及當年諸友，均死於浩劫之中。曾經流連勝地，今朝人去物非，僅餘虬松殘照：

前年毀寺松尚存，摩挲雙龍淚沾臆。有如晉獻戡虞歸，重開內府見垂棘。世家喬木國之棟，莫與雅詩同亡燬。幾經霜霰益蒼翠，但惜樓臺失金碧。清陰曾覆元明人，七百年來成古蹟。雖云才大得天厚，栽培豈不煩人力。今規廢址祠忠魂擬就寺廟遺址建昭忠祠，庇之廣廈計良得。靈光不失魯殿尊，坑塹盡掩秦灰黑。御窯大士入柏靈司中窯變觀音被德人掠去，蒼官夜作老蛟泣。誠臣板蕩不自保，惟汝不凋歲寒色。詠松更挹松上露，來與尚書添硯墨。

足可補慈仁寺滄桑史闕。

期間張之洞與樊增祥以詩談及新舊云：

（張）璚宮憂國動沾巾，門戶紛呶（一作「朝士翻爭」）舊與新。水火（一作「門戶」）都忘薪膽事，調停頭白范純仁。理亂尋源學術乖，父仇子劫有由來。劉郎不歎多葵麥，只恨荊榛滿路載二十年來，都下經學講公羊，文章講龔定庵，經濟講王安石，皆余出都以後風氣也，遂有今日。傷哉〔註16〕。

（樊）大都理學仇蘇軾，亦有門徒叛呂防。誰秉國成須把穩，從來鉤黨系興亡。依託公羊亂道眞，遺書恨不火咸秦。儒林黨禍無窮已，博陸萊公信可人。

表現出彌合新舊的信念，但對意識形態領域的警惕仍不遺餘力。朝中上下心念「中興」，新政大臣多由慈禧提拔，所以對她的忠誠無以復加「一心一德望堂廉」，如六月十五日，群臣請爲慈禧上徽號，以表擁戴。

七月十六日，樊增祥隨同軍機大臣再次入召；八月三日，張之洞六十七歲壽誕，樊山作二十首紀恩詩以當崧祝。九月九日，張之洞招同李希聖、寶

〔註16〕楊鍾羲《雪橋實話續編》中將這段論述作爲張之洞另一首論學詩「伯厚多聞鄭校讎，元金與滅兩無憂。文儒冗散姑消日，誤盡才人到白頭」的注腳，並認爲「此亦偏宕之言，諸侯放恣，處士橫議，競以機智勇辯濟其詐，而天下亂矣，非講學者之罪也」。

熙、朱福詵、樊增祥、于式枚、沈曾桐等集天寧寺過重陽節，十三日又集不朽堂為樊赴浙設宴餞行，樊增祥與李希聖就此訂為師友：

> 新舊紛紜笑蝸角，古今成敗數螺紋。學程須問鵝湖長，兵法微參馬服君。衣冠萬國會神京，第一能知李揆名。造邦早自區強弱，救世何心混濁清。

李希聖作《酬樊按察見贈》：

> 縮手功名總未伸，濟時才略故無倫。使君意氣須終古，今日朝廷用舊人。詞賦暮年多感慨，文章留別在清新。許身稷契平生事，老向驪山憶路塵。

> 六郡黃圖接武威，極知邊日少光輝。愁中歲月堂堂去，亂後山河漸漸非。浮海黨人公論在，過江名士輩行稀。安危要仗隆中策，白羽終煩更一揮。

樊山和《次韻答亦元比部見寄》：

> 妙喻天龍一指深，高談大昕復誰倫。異同頗費調停手，才氣真能籠罩人。朝盡爭名市爭利，人惟求舊器求新。最思老學庵中語，誤國當時豈一秦。

> 麟有祥徵鳳有威，湘中人物益輝輝。如公宜在三孤上，諸子休論十二非。天半朱霞生未晚，海濱黃鵠見來稀。朝廷有意庸東里，虎也猶當聽指揮。

李似乎有志不得行的苦衷，樊以老成身份勸他多為新政謀畫。這首詩作於光緒三十年，期間樊山「老閱西書添腹笥」，開始系統閱讀新學著作，「藍面新書眼倦看」、「幕僚共檢新聞紙，譯館頻添未見書」，是他自言學習的寫照；同時對維新人物的態度也逐漸轉變，在最後一首《寄亦元》詩中，他將心事和盤托出：

> 未必中華盡醉眠，鳴皋一鶴聞於天。可能無意求晨夜，獨恨相逢是晚年。膽氣堅剛非酒力，史才明核著詩篇。千秋萬世無窮事，鼇軸何人共轉旋？

極抒相見恨晚之情，實際也是對之前守舊立場的反思，但天不假年，次年李亦元病故：

> 鸑鷟縹緲知何往，龍象雄驚力可拏。無復商量新舊學，更誰溝合墨儒家。

在京期間,另一位重臣張百熙也欣賞樊增祥的舊學功底,曾與之論學:

> 心斲無過敢論功,教育新參外與中。列籍於今採英日,分科從古是華風。*中學所翻科學諸書,多用英日兩國之本。傳統聖門四科爲德行、言語、政事、文學,今中東學制亦有修身、倫理及政治、文科、語科等目。*瀛寰近見人文盛,漢學終推吾道東。獨有小才慚重任,厚期難副使君公。

> 分齋親課讀書功,新舊調停一訌中。仙術難貽雞犬藥,苦心求合馬牛風。七賢學派傳希臘,四極文明始震東。通驛兩家臣力瘁,移山何敢笑愚公。

樊增祥原有和詩,然佚於天津,張百熙親鈔一緘,在癸卯冬月贈與樊增祥「龍蚪滿幅,精緊遒麗」,然此稿復被人竊取,不知所蹤。樊山懊恨不已「公以吏部兼學務政務兩大臣,甄敘人物,育才贊化,蓋身任天下之重者。顧篤耆蕪篇,於經緯萬端之餘,手自繕校,老輩愛才若是,何怪天下之士之歸心者,若水之朝東,驂之從靳耶?天下欲得公手跡以爲榮者,知復何限。竊者誠不足怪,獨恨增祥沐公殊遇,錫之寶墨,而旋以慢藏失之,能不深自咎責」〔註17〕。

九月十九日,展重陽日,諸友集塔設山房爲樊增祥再次餞行,之後他前往天津準備登船赴浙,孰料廿三日,朝廷命其回調陝西按察司,江南之行再次落空:

> 錦樣杭州那忍拋,主恩重遣度灂嶕。身健合騎沙苑馬,筆乾難賦廣陵濤。關中掾屬遙相賀,替掃西臺舊燕巢。

> 西子湖光繞夢思,亦如奪我鳳凰池。關中柳盼人歸早,陌上花憐馬去遲。幕府羅橫空見待謂藍洲,江關庾信更傷離。西行未免林逋笑,欠和梅花百首詩。

失望之情溢於言表,而同時期的《國民日日報彙編》第三集卻發文稱「樊增祥本欲竊攬中央政柄,不屑任浙臬者也,今乃以東事急,不敢居京師,急赴浙任,北廷所蓄之寵兒,如是如是」。第四集更刊出《樊增祥穢史》,把他形容成一個以色媚人,貪酷無比,甚至亂倫通姦的荒淫無恥之徒:

> 淫棍如樊增祥,中國多多矣。若使人人居於上位,則尚復成何

〔註17〕 樊增祥著,涂小馬、陳宇俊校點:《樊樊山詩集》,上海古籍出版社,2004年版,第1164頁。

世界，未知浙人士，他日沐其教化，其變態不知更如何也。

百年前的革命派大報如此惡意中傷，已侵犯到樊增祥名譽，明眼人不可不爲之辯護，以正視聽〔註18〕。樊山嘗言「豈畏山膏罵腐骸　橫議者動輒罵朝官腐敗」，放在當時的語境下，不無感同身受，亦見革命黨與朝廷的對立情緒。

九月廿五返京，樊增祥欲問改遷之由「信有喜歡從意外，欲將遇合問明中」，但又自我安慰「一官好做惟常調，兩府量移出至公。立盡恩門雪三尺，不衣而暖是春風」；十月初三入對「極知天眷縈西北，漫數人才到下中。知臣雅得秦民意，衣繡重觀雍上風」，初十慈禧萬壽，五鼓詣排雲殿隨班朝賀；廿四日請訓「自閏五月至今四次入對，歷賞福字及食物三十餘種，頃與湘臬同日請訓，獨賜臣肴點十盒」，榮寵備至，思奮效力「仰識經營關內意，敢忘興學與興屯（聖諭：學堂、屯田、課吏、練兵均宜實力舉辦）」。

十一月十二日，樊增祥力疾出都，張之洞對其期望過厚：

> 少及公門齒後髦，老年寧復慕夔皋。受恩似水心知暖，處事如棋手不高。才有短長非自畫，宦無巧拙總形勞。如今時世用新進，幾個陳人擁節旄。

> 一出蓬山請左符，驟登柏府掌刑書。擢官不次知非分，問客何能忍自誣。舉世交譏名士餅，一生羞趁乞兒車。卅年別換人間世，騰踏青雲是畏途。

三十年二月，張之洞回任湖廣〔註19〕；上年進京，本欲入參軍機，據說爲袁世凱排擠，朝中少一良相，地方多一能臣；三月赴江寧會商江南製造局移建新廠事宜，公事稍暇，遍遊金陵諸名勝，有遊覽詩一卷〔註20〕，屬樊增祥和，是爲《沆瀣集》。其中《奉和金陵雜詩十六首》〔註21〕，後人多以此證樊山之博雅「一時同作者甚盛。而以樊山爲最工，博綜舊聞，兼及近事，固不僅以風調勝也」〔註22〕；然亦有湊泊處，如第一首「老去屏山賦《汴京》，

〔註18〕 同樣的描述還見諸柴萼《梵天廬叢錄》第八卷。出之於私家筆談，尚博一噱，而堂堂報章如此失實，直接影響到後人對樊山的正確評價，實在罪過。

〔註19〕 張之洞：《回任謝恩摺》（光緒三十年二月十八上），見苑書義等編：《張之洞全集》第三冊，河北人民出版社，1998 年版，總第 1601～1602 頁。

〔註20〕 許同莘：《張文襄公年譜》，臺灣商務印書館，1969 年版，第 181、183 頁。

〔註21〕 詩見樊增祥著，涂小馬、陳宇俊校點：《樊樊山詩集》，上海古籍出版社，2004 年版，第 1446 頁。

〔註22〕 王揖唐：《今傳是樓詩話》，收入張寅彭等編：《民國詩話叢編》第三冊，上海書店出版社，2002 年版，第 507～508 頁。

裕之俳體《雪香亭》。名篇十六渾相似，傳唱江南不忍聽」中「以裕之《雪香亭》詩相況，頗切合詩體。惟裕之詩實只十五首，而云十六，究嫌未吻合也」〔註23〕。

三、日俄戰爭的感觸

二十九年臘月十七，樊增祥回任陝西，移入布政署廨。本月日俄戰爭爆發，談及起因，他寫道：

> 白日全迷紫塞氛，遼陽消息眾知聞。北兵尚有星羅勢，東帝先頒露布文。松杏山河傳警電，鳳凰城闕起愁雲。督師破壞和平局，彼得天爲宰相薰俄相某主阿督議，遂肇遠東之禍。

事實上，戰爭的起因要追溯到光緒二十四年，清政府被迫簽訂《中俄旅大租借條約》，旅順被俄國攫取；庚子年間東北駐軍攻擊俄人，遺其出兵口實，遂陷東三省，經李鴻章、王文韶等先後交涉，密訂《交收東三省條約》，俄雖表面同意交還所佔之地，但以保護鐵路爲名，久據不撤「合肥身後舊盟寒」，復設立遠東大都督府，實欲獨霸之，繼而又覬覦朝鮮；日本既已吞併朝鮮，更圖染指東北，雙方各倚恃俄法、英日同盟，齟齬不斷，禍釁漸萌，導致二十九年六月的談判決裂，並於年底訴諸武力。

臘月二十三日晚，日本艦隊突襲駐旅順口之俄艦，同日陸軍在仁川登陸，日俄戰爭爆發。次日樊增祥聞之即作《日本攻旅順毀俄艦三》：

> 驚起驪龍臥榻眠，排雲戰艦出仁川。氈裘久僦絃歌地，炮火橫飛雨雪天。鐵鹿沉沙船帶甲，金蛇繞屋藥無煙。山東豪傑今何在？野哭千家過小年。

日本調兵迅速，先發制人，以沉船封鎖仁川，擊沉俄國瓦良格號等三艘戰艦，並護送第十二師團從仁川登陸，二十四日攻佔漢城。兩股外國勢力在中國領土及其周邊海域展開鏖戰，給東北人民帶來了沉重的苦難，而清政府竟採取局外中立的姿態，樊增祥在詩中紀道：

> 年前鳳詔從天下，局外觀棋整以暇。圍棋勝敗尋常事，局外人持斧柄難。

> 眈眈兩虎薄庭除，畫我遼陽作陣圖。爭鹿未知誰得者，鬥龍何

〔註23〕 由雲龍：《定庵詩話》，收入張寅彭等編：《民國詩話叢編》第三冊，上海書店出版社，2002年版，第586頁。

取我觀乎。鼎形早失三分二，博局曾微一注孤。三十五條中立例，春王正月出皇都。

芝罘鴨綠互烽煙，壁上觀人可自憐。昨讀兩宮中立詔，九州猶是太平年。福陵東望涕縱橫，無恙旌旗在漢京。亦欲觀棋從局外，奈持遼瀋作棋枰。

「棋局」是這些詩句共有的意象，也表明作者對整個事件的態度：在痛惜陸沉的同時，只能無奈地接受苟安的現實，但對朝廷政策疑惑不解。首先「兩國之作戰，本因我而起；而又在我之土地者，其不能無與於我者也」（呂思勉語），完全沒有理由置身事外；而且戰場就在滿族發祥之地，這恐怕是清廷最大的恥辱。其次「保守中立的中國瞠目以視，惟念念於它在滿洲的土地和人民究將置於俄國抑是日本的支配之下這個問題的怎樣解決」〔註24〕，然而事實證明，九州太平、四境安堵不過是一廂情願的假象罷了，因為交戰雙方從未尊重清政府的中立立場，肆意突破規定戰區的界限，奴役與殘害中國民眾。

相較於樊增祥的矛盾心理，深具憂患意識的陳三立在戰前就已洞悉時局，他在《園館夜集聞俄羅斯日本戰事甚亟感賦》中寫道：

烽煙遽有窮邊警，奴虜難為此夜心。鷸蚌旁觀安可幸，豕蛇薦食自相尋。

一針見血地揭穿了兩個霸權國家的狼子野心，並強烈抨擊妥協的中立政策：

恩仇新舊仍千變，合縱連衡已兩窮。孤注不成成局外，可憐猶睨擲盧紅。

萬怪浮鯨鱷，千門共虎狼。早成鼾臥榻，彌恐禍蕭牆。舉國死灰色，流言縮地方。終教持鷸蚌，淚海一回望。（《小除後二日聞俄日海戰已成作》）

陳三立不但不滿清廷的現行方針，更追根朔源其背後的前因後果，他認為正是庚子甚至戊戌以來最高統治者搖擺不定的政策導致的社會矛盾，產生了內政外交上的種種失敗。通過對比發現，樊增祥只在客觀描述事件，而陳三立則更多地融入自己的反思，批判的力度也要遠比樊深刻和透徹。

關於中立問題，史學家普遍認為它既是一種屈辱，但確是當時唯一的選

〔註24〕〔美〕馬士著，張彙文等合譯：《中華帝國對外關係史》第三卷，商務印書館，1960 年版，第 453 頁。

擇。首先當時朝廷與民間對俄國強據東北都甚爲不滿，列強也在《辛丑條約》
的框架下，要求俄國撤軍，也給予日本介入的機會和支持，基於敵人的敵人
是朋友的邏輯，當時有人主張聯日抗俄〔註25〕，但當時中國歷經甲午海戰與
庚子事變後，軍力已幾近殆盡，財政又因入不敷出而瀕臨崩潰，缺兵乏餉的
窘況，使開戰當日慈禧下達旨在防禦的「著袁世凱迅速調齊各營，嚴防沿海
及關外一帶，該督即親赴榆關，居中調度，以故封守」〔註26〕的命令都猶如
一紙空文「鎖鑰弛於北門，屏屨疲於東道」更遑論進攻了；另一方面，日本
極不願中國加入〔註27〕，美歐各國也因各自利益而要求中國中立〔註28〕，所
以清廷於十二月二十七日頒佈《局外中立條規》三十五項「現在日俄兩國失
和用兵，朝廷軫念彼此均係友邦，應按局外中立之例辦理」〔註29〕，作出了
模棱兩可的抉擇。

　　光緒三十年正月二十四日，樊增祥得端方電稱，日軍已攻克旅順：
　　　　昔借荊州不我還，只今墨守屈於殷。雄師覆壓孤豚上，弱肉推
　　移兩虎間。小海眞成無定水，豪酋欲觸不周山俄守將先有決不投降之語。
　　捷書電告東京夜，美子椒風一破顏。
實際當天日軍攻陷的是朝鮮首都平壤，而在旅順口，此時日俄海軍正在激烈
交火：

〔註25〕有少數人主張「縱不能獨立禦之，然當日、俄戰時，我以攘斥俄人故而加入
　　　日方，既可表示我非蓄縮受侮者流；而日若勝俄，我國亦不至全受日人之指
　　　使；若日爲俄敗，則我即不加入，東三省亦必非我有也」。見呂思勉：《日俄
　　　戰爭之八‧日俄戰爭與中國之關係》，呂著《中國近代史八種》，上海古籍出
　　　版社，2008年版，第396頁。
〔註26〕朱壽鵬：《光緒朝東華錄》，中華書局，1958年版，總第5144頁。
〔註27〕關於日本用意的論述，可參考呂思勉：《日俄戰爭之八‧日俄戰爭與中國之關
　　　係》，呂著《中國近代史八種》，上海古籍出版社，2008年版，第396頁。
〔註28〕對於列強態度的分析，可參見喻大華：《日俄戰爭期間清政府中立問題研
　　　究》，《文史哲》2005年第2期，第121～122頁。
〔註29〕朱壽鵬：《光緒朝東華錄》，中華書局，1958年版，總第5145～5147頁。中立
　　　之政策，在戰前已現端倪，特別是與直督袁世凱主張有關。九月十四日，清
　　　廷內召袁入京籌議日俄將開戰及東北三省事，當時密議結果不詳，但袁十一
　　　月初九電告外務部稱，主於日俄之間守中立「附俄則日以海軍擾我東南，附
　　　日則俄分陸軍擾我西北。不但中國立危，且恐牽動全球。日俄果決裂，我當
　　　守局外。如日船在各口購備戰物，地方官應按局外公例，行文詰阻，如用兵
　　　強辦，我亦無可如何。但不可由我接濟，及由我明許。至無論將來如何，必
　　　須先從局外入手」，見王彥威纂輯，王亮編，王敬立校：《清季外交史料》卷
　　　一七九，書目文獻出版社，1987年版，第2817頁。

　　兜烽紅煞海東雲，萬竈無煙白日曛。死蚌今明俱不雨，鬥蛇內
外各成群。雙棲海燕愁危幕俄將夫人生日，諸軍稱賀，日人攻其不備，受創
頗巨，數紙風鳶出敗軍。聞道扶桑詞賦手，安排露布寫和文。(《日
艦攻旅順甚急》)

　　海上高臺百尺危，般攻瞿收歡交綏。甘泉夜奏無消息，橫水明
光半信疑。七日更催葡匐戰，兩存無礙少陵詩。扶桑已據神頭勢，
且可旁觀國手棋。

日本海軍欲封鎖洋面，自正月十九始，屢遣艦破壞俄軍，詩中描述的場景，
可能是二月十九日，日軍發起二次進攻，由於俄軍鬆懈防備（原因或如小注
所示），日艦距港口二海哩時才發現。當時俄艦採取退守政策，待易帥為馬考
洛夫後「旅順口邊新鬼大」，始出港迎擊，但旗艦於二月二十五日觸水雷沉沒，
馬及六百餘官兵陣亡，俄海軍遭受重創。至三月十五日，日軍已前後共計九
次，均未成功；三月十八日，日軍再次實行沉船閉塞策略，俄軍亦加強防禦，
火力增猛，最終日本以毀艦八艘，死傷甚重的代價，獲得制海權。

　　在陸上，當時俄軍大本營駐兵奉天，這座城市自庚子年四月十八日，俄
國強迫盛京將軍增祺簽訂《奉天交地暫且章程》後，一直為俄人竊據，樊增
祥在《俄踞奉天金銀火藥二庫》寫道：

　　廠藥椿錢滿舊京，豈期呿吸任長鯨。籌邊久已無中策，逐北何
當召外兵。冰上有橋驅鐵馬，遼西無夢警黃鶯。萬牛盡挽戎車去，
三省春田廢不耕。

作為清王朝的留都，義和團時期俄軍出兵干涉，至日俄戰爭爆發時，已控制
該地區三年之久。俄軍在城內大肆洗劫，並對皇宮進行掠奪和破壞，甚至努
爾哈赤的皇陵也成了俄軍的跑馬場，樊在《新聞》一詩中寫道：

　　福陵松柏龍形古，斫作樵蘇孰見憐。悔不早教蟲蝕盡，卻供萬
竈起炊煙。蜿蜒濠塹逼紅牆，盡取犧牷佐裹糧。徒有郎官守原廟，
幾層落日見牛羊。

昔日肅穆莊嚴的清福陵，竟在外寇的鐵蹄下踐踏蹂躪，詩人極痛切地哭號世
道陵替，而且陵寢宮闕地區在清廷宣告中立時明確要求保護，但仍然遭到公
然踐踏，朝廷二百多年的顏面，至此已毀失殆盡。

　　遼陽戰役是日俄陸軍在東北戰場上的重大交鋒，樊增祥連獲增祺電音，
得知日軍逐退俄軍情狀，感賦之：

　　花朝前後雨紛紛，消息遼陽說退軍。好月一旬才一見，捷音三

日已三聞。倭刀夜洗沙場血，陵樹春荒戰地雲。誰挽銀河天上落，

流膏潑火到秦分。

四月，日軍佔領金州，阻斷俄軍馳援旅順的後路，進而北襲遼陽，七月攻陷，

奉天至旅順間線路被切斷。而自六月十九日封鎖旅順起，日俄在此展開混戰，

反覆拉鋸，直至十一月二十七日，俄將司都塞爾向日軍投降，樊增祥在詩中

描述了他所得知的戰後慘象：

　　白骨如山析作薪，圍城無意學張巡。前爲即墨田單喜，後見襄

陽呂煥瞋。即日動靜傳赦詔，由來西例恕降人。君歸若過田橫島，

好偃旌旗避海神。

　　赫赫強俄古大邦，哥舒今見帶刀降。後軍自毀雞冠壘，前失空

悲鴨綠江。松嶺近封枯骨萬，柏靈遙贈寶星雙。觸蠻勝負關何事，

冷眼觀棋坐雪窗。

累累白骨，既是參戰雙方的巨大傷亡〔註30〕，更是中國百姓無辜罹難的椿椿

冤魂。這場戰役也成爲日俄戰爭的重大轉折點，俄軍士氣更加低落，戰略更

加被動，甚至暴露了俄國制度的弊端〔註31〕。這些後續的歷史意義，樊增祥

當然無從談起，但從他在詩末尾流露出的冷眼旁觀的姿態，流露出反諷而又

無奈的情緒。

　　光緒三十一年四月二十四日，日俄在對馬海峽展開最後一戰，以俄國徹

底失敗而告終，日本也已傾盡國力，無心再戰，於是美國出面協調，樊增祥

在詩中論及日俄議和時道：

　　涼燠適當中立地，東電言和數不鮮。誰挽銀河洗兵馬，榛苓吾

愛美人篇。

會議初定在華盛頓，後移至附近的樸茨茅斯島，七月初十，雙方締結《休戰

條約》，後經反覆磋商，最終於二十九日簽訂和議。作爲與戰爭休戚相關的一

〔註30〕據《日俄戰爭史》統計，旅順會戰歷時 155 天，日軍累計投入十三萬（包括
　　　　後勤部隊），傷亡近六萬，俄軍傷亡約兩萬，被俘三萬餘。見穆景元等著：《日
　　　　俄戰爭史》，遼寧大學出版社，1993 年版，第 249 頁。

〔註31〕列寧在《旅順口的陷落》一文中說，這場戰役「是對沙皇制度的罪行所作的
　　　　一次最重大的歷史總結……軍事上的破產不可能不成爲深刻的政治危機的開
　　　　端」。見列寧：《列寧全集》第九卷，人民出版社，1987 年版，第 138～139
　　　　頁。

方，清政府在美國剛發出調停信號不久的五月二十一日，就下達上諭，要求各督撫及駐外使節商討日俄議和「中國現在應如何因應，及將來接收東三省，應如何善後辦法。著政務處傳知各衙門，悉心籌畫，各抒所見」，又致電駐日俄公使「議和條款內倘有牽涉中國事件，凡此次未經與中國商定者，一概不能承認」〔註32〕，但弱國無外交，清政府的中立立場未能保全中國的領土權益不受損害，俄國將旅大及其周邊領地、領海之租借權及一切利權，長春至旅順的中東鐵路及支線之一切利權均轉讓予日本，使日本實現了吞併朝鮮，擴張在東北南部勢力的野心，爲以後逐步蠶食中國埋下了禍根。條約的最終框架，徹底擊碎了清政府的中立幻夢，而樊增祥在詩中末尾的慨歎，隱約透露出他對戰後中國政局的思索（朱熹《詩集傳》中將《邶風・簡兮》詮釋爲「賢者不得志於衰世之下國，而思盛際之顯王，故其言如此」，結合當時國際國內形勢，樊增祥或許從日勝俄敗中看到了制度優勢的重要性，而希望清廷也能向「西方美人」一樣，走上君主立憲之路）。

通過分析樊增祥在日俄戰爭期間所作的時事詩，我們可以看到，既有對局部戰場的描述，如前所述，也有對整體局勢的展現，如《營州》二首：

營州消息近如何，舊國遺黎少奠居。燕壘似聞騎劫將，聊城誰攻魯連書。鯨鯢各欲封京觀，蚌鷸何曾畏老漁。舉世清明爭上冢，四陵松柏日凋疏。

營州消息近如何，黑水西來卷怒波。前敵已回平壤道，後軍猶阻大凌河。民間轉粟牛車盡，戰後添兵馬賊多。辛苦瀋陽諸父老，五年一再被干戈。

《遼東》二首：

東封誰置一丸泥，震動全遼事鼓鼙。橫海尚餘楊僕艦 我兵艦爲日所用，哭師何限杞梁妻。片言存魯無端木，萬里思鄉有達奚 阿提督〔註33〕。誰向平陰先二子，不鳴多是失晨雞。

新聞紙上說遼東，炮火經年角兩雄。浴血山河掃松杏，入關藥物斷參茸。島中雲氣全軍墨，局外旌竿十字紅。萬古瀋陽根本地，可堪園廟夕陽中。

〔註32〕 王彥威纂輯，王亮編，王敬立校：《清季外交史料》第一百九十卷，書目文獻出版社，1987年版，第2960頁。

〔註33〕 當指俄設遠東府總督阿列克謝耶夫。

有些信息耳食於友朋書信，難免有所訛漏，多數則見之於官私報章，所以向能及時掌握前線戰況，還原了許多歷史細節，如提到國際人道主義「娉婷亦有魯朱家」，謂美國某夫人親赴戰地，救治兩國受傷士卒，令中國官員震撼；但更重要的是它從中反映出作者思想的複雜，一方面展現百姓的創痛，斥責戰爭的慘烈，一方面又明顯流露出對日本在戰場上的勝利所表示的欣喜，這種頗爲可議的矛盾性，背後是清廷在中立立場下，傾向袒日的隱顯難辨的外交立場的表現。如前所述，中俄在東北領土爭端中是根本對立的，所以在中立的表面之下，一直存在聯日抗俄的暗流，包括提供情報，輸送兵力，甚至還籌劃撫恤活動，如樊詩中多次提到的紅十字會「扶傷海內罄金幣，病暍軍中散藥茶」，大概就是在旅順戰役期間，清廷派兩江總督周馥轉飭上海紅十字會赴奉賑濟的史蹟〔註 34〕，又如陳三立在《短歌寄楊樹枚時楊爲江西巡撫令十字會觀日俄戰局》中寫道：

> 海庭千斛鼈龍語，血浴日月迷處所。吁嗟手執觀戰棋，紅十字
> 會乃虱汝。天帝燒擲坤輿圖，黃人白人烹一盂。躍騎腥雲但自呼，
> 而忘而國中立乎，歸來歸來好頭顱。

則又有點諷刺的口吻了。當時從朝廷到民間，普遍彌漫著一種聞日本捷報即歡欣雀躍的氣氛，這種弔詭的邏輯，是基於示好日本，一旦日本勝利，則可以「解放」東北，收回利權，但在當時我爲魚肉的國際形勢下，未免太天眞了「有識者固知日勝俄敗，亦不免以暴易暴，然頗冀以此姑紓目前之患，而徐圖自強。其無識者，則直以日爲可友，而於一切問題，皆非所計及。與今之指甲國爲侵略，則指乙國爲可友者相同，是則可哀也」〔註 35〕。

　　這場戰爭，讓國人再次嘗到了落後就要挨打的苦果，蕞爾小國日本在十年內先後打敗了大清和沙俄兩個老大帝國，終於使有識之士警醒，給予我國主張立憲者以極大之興奮，要求立憲者以有力之口實〔註 36〕，並借助報刊向普通民眾宣傳維新〔註 37〕；體制內的官僚也開始比較和思考立憲與專制的利

〔註34〕　光緒二十三年十一月十三日事，見戴逸等編：《清通鑒》第二十冊，山西人民出版社，2000 年版，總第 8797 頁。

〔註35〕　呂思勉：《日俄戰爭與中國之關係》，見呂思勉：《中國近代史八種》，上海古籍出版社，2008 年版，第 395 頁。

〔註36〕　同上，第 404 頁。

〔註37〕　詳見楊早：《北京報紙對日俄戰爭的報導與評論：1904～1905——「開民智」與「開官智」的分野》，《中山大學學報》2008 年第 2 期，第 61～64 頁。

弊，並奏請仿行。此外，戰爭中決定勝敗的軍事要素，讓中國士人體會到練兵的緊迫性，如陳三立在《感春》中寫道：

> 立國何大小，呼吸見強弱。稍震邦人魂，酣夢徐徐覺。方今麛群雄，萬鈞操牡鑰。之死而之生，妙巧詎何託……一士滄瀛歸，蒼黃發裝橐。攜取太和魂，佐以萬金藥。曰舉國皆兵，曰無人不學。

樊增祥也提到：

> 練兵屢詔寫黃綾，誰畫凌煙第一層。帶甲空多河朔馬，伏蒲不少殿中丞。諸公辛苦思填海，一老憂危說抱冰。文武學堂根本計，一篇綱要有傳燈。

他又從武器先進程度發歎，《火器》中寫道：

> 奇器能無作俑嗟，兩軍軀命賤蓬麻。槍明競試無煙藥，炮利爭開落地花。可惜傷亡皆上士，極知慘礉出兵家。只今鴨綠江邊壘，戰血紅深一尺沙。

近現代化戰爭從某種程度上講，是軍事工業技術的競爭，詩中提到的無煙槍，可能是指俄國人發明的 M1891 莫辛－納甘步槍。1885 年法國人 Paul Vielle 研製出無煙子彈，引發歐洲軍事強國發明無煙輕武器的浪潮，俄國不甘人後，於 1891 年推出 M1891，後又有 M1895 等型號，首次投入實戰，就是在日俄戰場上，它便於隱蔽槍手的位置，也不會阻擋前方視線。這些先進的軍事手段，刺激了樊增祥，促使他在編練新軍時，特別強調掌握新式武器的重要性。

四、體會新學及被誣罷官

三十年十一月初八，樊增祥奉電鈔眞除陝西布政使：

> 除書旦下紫微天，三輔遺黎宿有緣。久已法冠辭柱後，早聞天語許蕃宣。（去夏卸臬篆，今冬除布政）槐庭眞授仍三輔，花縣分拋僅七年。國計艱難遷不次，敢希清福臥林泉。
>
> 小謫風塵出禁林，手栽桃李久成陰。香常在晚臣年老，貴不嫌遲聖意深。熟路輕車河繞華，新收舊管粟兼金（糧道裁缺，糈臺歸併藩署）。中臺每事資謀斷，笙磬難爲離別音（升允移節江西）。

清末新政需要充足的財政支持，光緒三十年，從鐵良奏，諭將土藥稅捐，統一抽收，以增加財政收入，其統捐收數，除按各省定額，仍舊照撥給應用外，

其餘溢收之數，均著另儲候解，專作練兵經費〔註38〕，先在南方八省推行，三十一年欲推及包括陝西在內的北方九省。加徵煙稅，竭澤而漁，樊山表示憂惻「余為令時，煙畝報稅不過二三成，彼時未行新政，未派償款，但為民留一份有餘，則民受一分之賜，今則本省百端並舉，京師各部徵求，度支所增，數逾百萬，其不能不取給於人民土地者，事與勢交迫之，不得已也」，款絀加徵，殊違本志，然「時也，此事半為籌款，半為寓禁於徵」。

這年樊增祥已經六十歲了，甲子輪迴，宦海沉浮，自縣官升至藩臺「六十平頭白馬生，三遷遂踐紫薇廳」，憶當年初入仕途：

> 一從注牒去承明，朝列多聞歎息聲。楚國蘭芬稱絕代，強拋著作事功名。雅流多視簿書輕，案牘來時只署名。試數古今朱墨手，為應蘇綽稱臺衡。

如今投身新政：

> 秦風板屋氣如雲，跳梁緣檣待策勳。須信將門終出將，老年來此領新軍。諸子同爭日月光，董生能以一言亡。二千年後思周道，第一功名在學堂。

> 滄海橫流直到今，操舟欲濟阻重深。諸公莫復爭鉤黨，新舊都同愛國心。遼東半島洗兵塵，十部星羅用重臣。天下太平從此始，吾皇三十二年春。

最終放棄黨爭偏見。自光緒三十年始，樊增祥在陝西正式開展各項新政，但對西方文明的弊端仍然保持警惕：

> 自從西學變華風，人間萬事皆粗庸。毛膚獵取計良得，沐猴戴冠如虎雄。近來百工祖西藝，機輪造紙誇光致。賤售徒欺市井兒，薄材難了書家事。譬如申江石印書，敢同殿本爭精麗？

由吳慶坻所寄蜀箋看到機器製造的粗製濫造，感慨工業化由於單純強調效率，忽視了品質的精益求精。他也不滿年輕人對西式生活的模倣，即以服飾為例：

> 為語時流祖西法，衣冠文武莫輕更。如今別有傾城帽，我較茶村十倍愁近來營卒皆冠西冠，奔走滿前，感慨繫之矣。

詩下小注云，世傳劉黃岡擢第歸，杜茶村（名濬，明末清初人）方病，劉盛

服往視，坐定脫帽於床。林睨之笑曰「我是個多愁多病身，怎當你傾國傾城帽」，劉大慚而去〔註39〕。他引遺民的典故，或有「亡文化」之隱喻。他認爲中國已有的由傳統繼承下來的好東西，不須借鑒西方「毋將咖啡來，減我龍團價」。

對於當時助推風氣的報章輿論，樊增祥採取以官辦《秦中官報》實現「九域新聞歸報紙」，在《閱報紙戲書》中言：

> 徒然計利取譏嘲，反覆心情任貶襃。無可盡言空縱誕，有何知
> 識特矜驕？朱同白辯誰是非？燕與鼯爭幾暮朝。狐有野禪談自妄，
> 蕪荒學舍草蕭蕭。

他力詆當時「無父無君革命平權之邪說」，認爲那些「禿襟小袖，剪髮膠鬚，履革以行，割腥而啖者」與」叉手搖頭之措大，端坐如塑之迂生」一樣無知，因爲他們「習於怪論而昧其本原，掇其皮毛而遺其骨髓」；而「秦中士庶恂謹居多，然惟其見之狹也，則驟聞異說而思遷，惟其質之良也，尤易爲憸人所煽誘」。所以爲避免讀報「轉自失其是非之心，馴致於訕上作亂而不可止，豈非愈智愈愚，而一切堙塞錮蔽之者，轉不爲無見與」，樊增祥對信息源嚴選精擇，他斥責《申報》「美查載筆野言多」，又警告後生不准妄言朝政「少無根柢言皆妄」、「莫逐黃生食馬肝」。

對於中國傳統中未有或尚待完善的，則主張只要有益，就盡力去學習：

> 欲買機輪師造化，邸廚多製唧令冰西饌冰唧令極甘美，暑中以機器爲
> 之。跳舞會宜夔一足，測量學要羿重瞳。春物滿前任描畫，名詞輸
> 寫入詩中。

也學著寫以新語句入舊風格：

> 莫漫騷壇議戰和，新詩前後緩聲歌。雪能豐麥原因在，風爲催
> 花動力多。馳道擬通西伯利，行都此亦莫斯科。百圍喬木參天起，
> 常願鶯遷舊日柯。

當然結尾還是迴護舊體的地位。

在教育上，他支持興辦女學：

> 傳聞婦學盛東京，興起支那女弟兄。初六覆霜陰象見，東南出
> 日牝雞鳴。鉛黃自昔留污點，釵弁於今要競爭。絕國語言嬌乳燕，

〔註39〕 樊增祥著，涂小馬、陳宇俊校點：《樊樊山詩集》，上海古籍出版社，2004 年
版，第 1046 頁。

大家講義囀春鶯。教之歌曲鶯爭舞，畫以胭脂虎竟成。標本室中花
樣巧，體操場上柳枝輕。宮腰可似諸夷細，天足才堪萬里行。梅實
改良將問鼎，蓮花進步即傾城。天公電視應相笑，織女星期任改名。
橫舍各安娘子位，陸軍常備美人兵。地球漸逐秋波轉，天柱都將玉
筍擎。治外法權操女手，自由婚嫁順人情。虢姨騎馬修前輩，韋母
稱師畏後生。成就國民四百兆，中分一半是娥英〔註40〕。

甚至還強調起衛生與強國的關係：

　　　　舉世何緣得壽康，頑靈垢淨每相妨。貫輸宇內清空氣，打掃城
中穢濁場。果木且嫌癭痔累，禽魚猶忌羽鱗傷。物華人傑同珍衛，
須信身強國始強。

他對西人吸收新鮮空氣以利身之說深以爲然「中國富貴家，廣廈細旃，率深
扃固閉，病人孺子，尤愼風寒，暖屋嚴窗，自矜保攝，而室中塵濁，受病無
形，出見天光，轉生寒熱。至於芙蓉癖嗜，畫夜偎燈，長困煙霞，罕見日月，
則其穢濁之氣，即可戕生，不得專咎罌粟也」〔註41〕，體質羸弱的種族，難
以在物競天擇中生存。

　　在這種種的新舊碰撞中，樊增祥逐漸意識到抱篤舊學與講求新知之間的
圓鑿方枘：

　　　　楷模不獨在詞翰，苦守遺經說抱殘。艱難新政紆籌策，舊學都
同芻狗棄。

經濟詞章須切用，求名莫近腐儒家，當時要汲取西學以致用；但同時又不能
動搖「中學爲體」的中心，當傳統文化遭遇外來異質文明衝擊，或被本國激
進勢力裏挾時，他就會自覺起來衛道：

　　　　瀾廻學海流何遠，薪盡儒林火未寒。供奉神師堪一笑，如今關
內有田單。後進意皆輕宿輩，不才人自負科名。回瀾終是吾曹事，
誓掃妖狂翊聖清。清我吏途無捷徑，從他學界湧狂瀾。纖鱗跳擲泥
沙裏，未信東瀛有大鰻。

最後一句點出日本學術不及中國，要堅守國族文化本位〔註42〕。他這種挽狂

〔註40〕樊增祥著，涂小馬、陳宇俊校點：《樊樊山詩集》，上海古籍出版社，2004
　　　　年。
〔註41〕同上，第2010頁。
〔註42〕他曾一度對日本漢學嗤之以鼻「書憎倭槧本」，但新政之後，漸漸改變態度「諸
　　　　子未隨秦火盡，六官翻就島人求」。

瀾於既倒的信念實際是在應對趨新與守成之間尋求一條折中之道，所以他提出「亦知國計需商管，何可儒林廢孟荀」、「要知經濟須儒者，莫倚縱橫是作家」，仍是以儒家思想指導新政，反對「俗厭歐羅一味奢」（言之片面，不如視爲全盤西化）。當最後一次科舉產生的進士不入庶吉館而入京師大學堂「三年卒業，領有憑照，乃得散館」的消息傳來，樊增祥寫下「休論玉堂天下事，狀元還讀學堂書」表示支持，但轉言之「日下學堂根本地，好將忠孝答天家」，仍以綱常名教爲核心：

名場亦有信天翁，與世推移道不窮。未敢薄今仍愛古，不遑求過肯居功。新奇論說中年悔，貴壽文章後路豐。打點儒林根柢事，狂華客慧一時空。

少年已愧得名虛，晚對時髦百不如。心計漸隨頭髮短，宦情慾共扇紈疏。論交弟范兄司馬，問事今琳古仲舒。猶有渭濱舊竿線，無心更釣北溟魚。

雅慕宋廷稱四諫，擬陳商誥儆三風。省司何意分南北，籌策頻年用下中。今日漢庭疏汲黯，袞衣誰爲補華蟲（宋仁宗有四諫，光緒初有何、黃、陳、寶四大金剛，抱冰師易其名曰翰林四諫，後又有松筠十友，今皆故矣）。

世言腐敗猶魚爛，我厭忽燔甚虎苛。卻對鯽盤成感慨，如今名士亦無多自新學盛而曩所謂江湖名士亦無多矣〔註43〕。

清流時代一去不返，群體所持守的道德和學術也面臨生存危機，循西自強是必然趨勢，但伴隨功利驅使滋生的腐敗與不擇手段，衝擊著傳統秩序，詩人陷入工具理性與價值理性的矛盾思索中，他無法阻擋求新的腳步，只能儘量發抉其中的益處，因爲新學多外來之學，國中不學者難窺竅要，也就部分杜絕了欺世盜名之徒。樊山以「一生心似秦時月，持作人間暗室燈」自許，言「凡涉新政及夾單言事者，吏不能答，率請內批」，以致「省牒臺符屢接聯，昕宵從事獨誰賢」，這正是他轉向「不棄舊學不違時」的表徵。

光緒三十二年七月，樊增祥得電抄，知有立憲之論：

聞道朝廷改專制，鳳凰銜得紫書來。小范甲庚知變換，大蘇壬戌共徘徊。重臣三策起時艱，四海喁喁望轉圜。憲法學堂作遙對，

〔註43〕樊增祥著，涂小馬、陳宇俊校點：《樊樊山詩集》，上海：上海古籍出版社，2004年版。

女兒天足在中間（某公三策：立憲、學堂、不纏足）。

十三日，清廷宣佈仿行立憲「大權統於朝廷，庶政公諸輿論」，樊增祥全力支持，並反省自己在改革路上的艱難轉型。

就在樊增祥信心滿滿「維新時代無窮事，誰與閒吟冷醉來」之時，卻陷入與已調任陝甘總督的升允的互控案中。九月初七，他以升突查陝西糧務賬冊，語氣凌人，告其「挾嫌誣陷，奴視使司」〔註44〕；以下控上乃官場大忌，升聞之大怒反訴。關於此案，胡思敬在《樊增祥罷官》一文中言之鑿鑿：

> 陝西督糧道缺美腴甲天下，每歲陋規多至二十萬，升允為藩司時詳請裁汰，歸其利於公，事未行而遷甘督。增祥繼任，盡反前政而私與督糧道通，或以告升允，升允以公文詰責。數十年來，總督不問隔省事，升允強幹有氣力，嘗糾彈奕，不為權貴所憚。增祥得檄不敢校，遜詞謝之，有「慶邸能容公，公豈不能容增祥」語。升允不聽，遣蘭州知府入陝提案，增祥曰：「知府無朝命，安能隔省按事？執繫長安縣」，升允大怒，即電劾增祥〔註45〕。

顯然站在升允一方，《申報》九月十九日文則還原真相：

> 日前陝甘總督升制軍以陝藩樊雲門有私吞糧務局公款情事，特箚查辦，略謂「陝西為本部堂兼轄省分，所有司局一切公事，莫不具文詳報，獨糧務局從無片紙隻字申覆到轅。本部堂撫陝時奏裁糧道，特歸藩司兼管，故其利弊尤所關懷，初意紅單房需索把持屬民病兵。近聞糧務局之弊與前無異，尤有甚焉是去一紅單房，又易一單房也，該藩司兼管者何事，委任者何人，若係無心漏報，則該藩司向來辦事何等精密，豈宜疏忽至此；若係有心匿報，則是其中必有不堪令本部堂聞知者，豈該藩司平日之自待，與本部堂素相期許之意耶？為此箚飭該藩司速將自開局之日之……限十日內逐一詳覆，不准含混遺漏，如敢違延，即由本部堂一面奏參，一面派員徹底清查，如有侵蝕情弊，照例治罪，至若浮濫開銷不應支而支者，一併責成該藩司賠補〔註46〕。

由此知升允因賬目含混，懷疑樊增祥私吞公款。後者對此則認為：

〔註44〕原摺見《申報》光緒三十三年二月廿二日文。
〔註45〕《申報》對派員查樊一事有詳細報導，見光緒三十二年十一月十二日文。
〔註46〕《申報》光緒三十二年九月十九日載。

　　陝西督糧道員缺經前撫憲（指升允）奏請裁撤，將糧務歸併藩
司設局專理。本局接辦以來，博訪周咨，通盤籌畫，因從前之弊端
既屬相沿已久，而裁缺之本旨又主於報效歸公，所有一切辦法悉因
以弊爲利、化私爲官爲主義，業將開辦章程詳請前憲臺具奏在案，
數月以來，一切辦理就緒〔註47〕。

　　惟有兩倉蠹弊已深，勢成積重，幕委猶爲傳舍書斗，幾若世官。
一旦拔除，初則請託哀鳴，繼則浮言煽動，以及暗中作祟，百計求
復者，乃事勢所必至也。須知朝廷忍變二三百年之法，舉糧道而裁
之，吾屬乃畏紅單房之書辦，仍使窟穴於兩倉，轉移於司署，以遂
其把持吸吮之私，上何以對朝廷，下何以對糧道。是以本司稟承撫
憲，決意一洗而空。自本司受事之日爲始，出息全以充餉，至局中
需人，由本司另行招考。仿官錢鋪設官糧鋪，如官鹽之減價抵消，
官米之減成平糴，庶軍民不招自至，奸商不禁自除。本司志在因弊
以求利，取向來肥己之私財，作永遠奉公之的款〔註48〕。

樊增祥的理由是，自己支持升允裁撤糧道，所提除舊布新舉措亦經請示並通
過；升調離後，作爲一省藩司，只須向陝撫彙報糧務，不必上達總督，故不
存在瞞報。

　　九月廿四日，《申報》又曝出事件原委，係某大員以「樊病兵殃民，糧務
弊端百出」函告升允徹查，遂有前日箚飭；樊增祥求巡撫曹鴻勳緩頰不予，
於是欲將賑冊造齊並致謝過函，後聽左右言升允倔強，不易轉圜，又將書信
撕毀，錯過了消除誤會的機會。有人道出其中內情，樊在升面前較隨意「待
升任撫臺，而樊仍作平等觀，傲慢不恭，不盡屬僚之禮」，升氣不平，就在考
語中寫下「樊某自任監司，聲名不及作令時多矣」之語〔註49〕。但就樊山詩
文中觀之，兩人起初關係相當融洽，導致後來失和的原因，據樊稱係調員分
歧：原洛南縣令丁禧瀚有干才，升允欲奏調過甘督署司文案，樊增祥則處兩
難「欲相留，則節幕需才；聽其去，則學堂可惜」，彼時陝西正在興辦新式學
堂，而眞能「心知其意，遵照奏定章程，參酌所屬地方人格物力，切實興辦
者，至多不及十人，丁令則牧令中之師範也……細核來章，兼綜中西，精通

〔註47〕樊增祥：《詳撫部院》，見樊增祥著，那思陸、孫家紅點校：《樊山政書》，中
　　　　華書局，2007年版，第369頁。
〔註48〕樊增祥：《箚糧務局》，同上，第280～281頁。
〔註49〕《申報》光緒三十二年九月廿四日載。

學制，苦心規劃，實力舉行，而兵方制勝而易將，徒方受益而易師，後效難期，前功盡廢」〔註50〕，故不肯放人，但丁禧瀚急欲赴甘，樊增祥只得以「撫憲批准留署，斷無更改之理」為由強留，並半開玩笑地電告升允「至若文章之事，則本司雖老，猶日試萬言，倚馬可待」，然升允閱後不悅「吾令僚屬，無梗命理，且雲門於我，豈能稱老？自此即有芥蒂」〔註51〕。樊增祥在被劾後頗不懌，作《有感》：

> 帥符如火逼臺門，不信戈矛出弟昆。有理猶能三自反，辯誣豈得一無言。怨深何計全朋友，事急將身託至尊。救汝紫金關下死，當年枉為乞天恩。

十月二十一日，樊增祥先行解任：

> 三年案牘苦勞形，解印東臺百律清。胸次雲夢千頃在，擔頭崧岳一時輕。

二十三日，福建道御史趙炳麟奏參陝西藩司樊增祥貪財肥己，縱吏擾民，請旨派員嚴查，按律治罪〔註52〕，上諭著川督錫良與前案並查，樊增祥則極力澄清貪污指控：

> 三閣難招秦弄玉，一塵不染李騰空。晚晴試看初三月，依舊蛾眉在漢宮。

十二月二十三日，四川道御史王誠羲特再參陝西撤任藩司樊增祥把持鐵路，激變輿情事。後據錫良奏，已革藩司樊增祥，籌款雖屬操切，究係因公，業於糧務案內革職。應請免再置議〔註53〕。

三十三年二月初八，錫良奏查覆陝西糧務等各案實情一摺：前據陝西布政使樊增祥奏稱，督臣挾嫌誣陷各節；陝西巡撫曹鴻勳奏稱，督臣藩司因公起釁；陝甘總督升允奏稱，陝藩驕盈跋扈〔註54〕；御史趙炳麟奏樊增祥貪財肥己、縱吏擾民等各情，均諭令錫良並案確查，茲據該督奏稱，樊增祥辦理陝

〔註50〕 樊增祥著，那思陸、孫家紅點校：《樊山政書》，中華書局，2007年版，第426、428頁。

〔註51〕 按樊增祥年齡比升允長十幾歲，但官階低，故只能稱卑職，不能稱老，但樊這裡並非稱大，人又好詼諧，若以此獲咎，實在不該。

〔註52〕 胡思敬則言趙炳麟參樊增祥「倚任私人，稱樊門三狎客，廣購第宅，贓款累累」，原摺見《申報》光緒三十三年二月二十日文。

〔註53〕 鄭雲波：《言官與光緒朝政研究》，吉林大學2012屆博士學文論文，第799頁。

〔註54〕 曹摺見《申報》光緒光緒三十三年二月廿五日、升摺見二月廿一日文。

西糧務局，百計取盈，揮霍任便；平日居官行事，亦多恣意專橫等語。樊增祥身爲大員，總理財政，宜如何上顧帑項，下體輿情，乃竟苛索濫支，以致兵民交病，斷難稍事姑容。解任陝西布政使樊增祥，著即行革職〔註55〕。

對於樊增祥解職，據說當地百姓巷舞衢歌，歡聲震動「升允片言邀帝允，樊山頃刻化冰山」；王闓運則不無惋惜，十一月廿四日「聞樊山撤任，近今所罕有也。升亦可人，惜兩賢不宜相厄」〔註56〕，並作詩感賦二人互訐事：

> 可怪封疆第一人，薦賢無望厄賢眞。也知白考難修怨，爭奈紅單又反唇。表奏紛紜似浮寵，親交凶隙惜張陳。臣爭直恐卑公室，西望秦雲獨愴神〔註57〕。

還致書勸慰：

> 錫良揭曉，金鑠彌光，既不姑容，遂同歸去。長城自壞，短垣共逾，華陰囂然，固其宜矣。不俟終日，回首渭濱，當灞橋垂柳之時，吟屈子持蘭之句，誠不可以曠達處之也〔註58〕。

鹿傳霖則更擔心陝西正在成形的新政會因此而停滯「秦中諸要政，皆足下一人力任勞怨爲之。竹帥（指升允）忽失此臂助，獨不設法挽回，聽新政之中輟耶……一切新政竹帥即奮發爲之，而無熟習任事之幫手，亦恐難有成，爲秦省惜，爲大局惜」，但也不敢保他「皆以愚偏厚於足下，愈說愈增痕跡，無益有損，成敗只可聽之於天」〔註59〕。

就樊增祥在陝西歷任臬藩兩司，舉辦新政的經歷來看，平心而論，他雖在實業方面多有建樹，功不可沒，但有些環節的確值得商榷，如此案中被人指謫未經奏明，以糧羨抵償州縣報效款；爲籌集修建鐵路資金，強行向陝民加稅，引起極大不滿，遂成眾矢之的。牽涉本案的幾名地方官，的確得樊增

〔註55〕據《申報》光緒三十三年二月初八文。

〔註56〕王闓運：《湘綺樓日記》，嶽麓書社，1997年版，第2785、2789頁，詩作於十二月十六日。

〔註57〕王還曾請端方緩煩「孟浩然（謂樊山）以淺率去官，秦中遂無生趣，升公封疆第一，乃不能容一狂生。竊計兩司並無其比，要當閣略小節，仍與周旋，解鈴繫鈴，在乎反手，且勝之不武，人才實難。闓運妄欲上書，勸以弘恕，因未嘗觀面，莫測可否。公既皆相交好，當與調停，察野人芹獻之非私，知兩賢相厄之無謂，十部從事，豈有意乎」，見王闓運：《湘綺樓日記》，嶽麓書社，1997年版，第2806頁。

〔註58〕王闓運：《湘綺樓詩文集》第二冊，嶽麓書社，2008年版，第262頁。

〔註59〕曾偉希：《鹿傳霖致樊增祥信函兩通》，《文物春秋》2010年第4期，第75頁。

祥重用，但均因推行新政，並非結黨營私，如尹昌齡素有清廉循吏之名；而升允與錫良一氣，派出查案的四川官員未必盡伸公道〔註60〕。整個事件暴露出新政實施中，新舊機構權力交替的諸多亂象，樊增祥是否如彈章所言中飽私囊，不好輕下結論，但對其中的含混失範，應難辭其咎。

被革職後，一度傳言樊增祥進京運動及憤鬱病故，後聞其曾致友函「弟現在西安柳巷，悠閒自適，以樂餘生」，語氣頗覺閒靜，甚至還專門將解職後所作裒輯爲《閒樂集》「十年顛倒朝衫客，才放今年今夜閒」：

> 睡鄉甜美醉鄉寬，鶴性雲心不耐官。至今未除輕俠氣，家庖猶
> 具百家餐。信天翁比白頭佳，窮達安能損老懷。貂珥漁蓑隨所遇，
> 明年出處莫安排。崎嶇仕路閒爲福，遊戲文章老益奇。寄言黃鵠凌
> 風處，不是夷羊在牧時。款門有客來還答，謗我爲誰過即忘。曾記
> 盛年傷獨處，豈期晚歲得輕強。風襟老去益寬閒，理障詩魔一例刪。
> 欲買扁舟從范蠡，五湖煙月最相關〔註61〕。

鹿傳霖也說「聞近履健勝於常，曷勝欣慰」，都以爲他就此歸隱，其實樊山何嘗眞正放得下，暗中派人在京聯絡，從與吳祿貞的信件中知，他一直試圖翻案「如師意辦，去運動，因易將來之局面有礙，何如？此時劾升，即不是我輩運動，升亦疑之，升、錫一氣，若劾錫，則更勿論矣」，「若於此時劾彼，必更觸彼之怒，而肆其狠豹之毒手段，則覆奏必更不堪設想，勢必至畫虎不成，反釀成不測之禍」；吳建議他「先以平和手段乞憐於彼，而後用強硬手，不但目前容易奏效，且於將來圖恢復報復亦容易」，具體指「先託權貴通情與彼，使覆奏平和，得免於禍。奏既覆，再覓言官參第一、二兩次覆奏不公平，再請查辦，此乃以守作攻之勢」，這就需要銀錢打點當時最有權勢的慶王「惟所需索甚奢，又以師菹藩多年，必大富人，要求更甚」，再託肅親王合力函電錫良等人；而朝中徐世昌、張百熙、鹿傳霖等本就爲樊增祥鳴不平，如此這般，平息物議〔註62〕，足見官場之險惡，又因此案正值釐定新官制時期，人事改革中凸顯出的滿漢矛盾，在左右樊增祥的仕途中相互博弈。

光緒三十三年九月初五，樊山抵武漢「茫茫煙水江南岸，垂老歸來亦可

〔註60〕 錫摺見《申報》光緒光緒三十三年二月廿七、廿九日文。

〔註61〕 樊增祥著，涂小馬、陳宇俊校點：《樊樊山詩集》，上海：上海古籍出版社，2004年版，第1559頁。

〔註62〕 吳函見曾偉希：《清末吳祿貞致樊增祥信函》，《文獻》2011年第3期，第86～90頁。

憐」。十二月初十上諭，已革陝西布政使樊增祥著開復革職處分，據聞係由張之洞中堂密保，又說得力於鹿傳霖之薦。當時傳言稱，慈禧垂詢樊山履歷甚詳，知其曾佐榮、鹿幕，皆頗倚重，遂視爲嫡系，又稱「爾爲張之洞弟子，之洞才備文武，爾必能肖爾師」，對其前過既往不咎；適江寧布政使出缺，故有意簡授，次年六月初八正式任命；

三十四年二月奕劻以鹿傳霖查辦墾務大臣貽谷案，派紹英協助；因事關重大，鹿主嚴查〔註63〕，又恐滿員相互袒護，特派心腹樊增祥隨從〔註64〕。六月初十與軍機同入召，慈禧詢問貽谷參案及舉辦公債利弊，樊奏對良久，始行退出；七月樊慮貽谷翻案，懇請某軍機向法部說項，貽谷父子斥其妄控，樊增祥大爲憤懣，擬再叩閽，將指出贓款實據與之對質。

《申報》刊文稱，貽谷與樊增祥昔日同在榮祿幕中，榮於貽頗垂青，言無不聽，其時樊謀一道缺，已邀榮相應允，不久貽入讒言，事遂中止，此爲樊貽結怨之始，及貽任綏遠將軍，樊亦開藩陝西，彼此時有交涉，往往借公事修宿怨，於筆墨間互相挑別。樊之陝藩解職，雖出於升督所參，其實貽谷亦與有力焉，此爲樊貽結怨之第二宗。此次鹿、紹奉旨查辦貽谷案，初次覆奏即出於樊增祥之手，鹿中堂未曾稍改，紹英頗不以爲然，謂滿人失權矣〔註65〕。輿情對於貽谷被查歡欣鼓舞，而其好友葉昌熾則大鳴不平「忽非依樣畫葫蘆，水至清時魚則無。尺寸華離登禹甸，機宜文字出樊湖（樊山方伯在定興相國幕，覆奏疏稿一望即知出其手筆）」，暗諷樊氏有挾私報復之嫌；胡思敬亦指出「或云貽谷曾譏增祥諂事傳霖，引爲大恨，至此遂借手報復，陷其罪至死」〔註66〕。最終貽谷動用關係干擾審查，懸至三年不結，再次暴露了清季苟延殘喘中各利益集團犬牙交錯的權力糾葛。

〔註63〕 胡思敬謂「傳霖力矯時弊，不肯假借一詞，凡貽谷任內劣跡，雖原參所未及者悉以上聞，據稱貪贓至二百餘萬」。見胡思敬：《國聞備乘》，上海書店出版社，1997 年版，第 87 頁。

〔註64〕 據悉鹿傳霖以墾務年久難於查悉，請教張曾畝，張遂薦樊增祥等三人協助。

〔註65〕 新近研究指出，首次調查報告確係樊增祥草擬，但經鹿、紹二人多次修改後，於 4 月 26 日馳遞京城，奏摺指出貽谷辦理蒙盟墾務有「二誤四罪」，詳見吳昌穩：《清季貽谷案探論》，《內蒙古師範大學學報》2013 年第 1 期，第 125～130 頁。

〔註66〕 葉詩題爲《聞藎人將軍貽谷督辦蒙古墾務以墨敗感賦二首》，見《續修四庫全書》第 1575 冊，上海古籍出版社，2002 年版，第 195 頁；胡說見胡思敬：《國聞備乘》，上海書店出版社，1997 年版，第 87 頁。

第二節　蒞任寧藩，同情革命

九月初七樊增祥到任寧藩；十三日仇淶之（樊之舊部）蒞教育總會報告諮議局籌辦處，官界擬以樊爲總辦，紳界以張謇爲總理。十月二十四日，光緒帝、西太后先後駕崩，百官哀恤，寧垣各署局、各營隊一律掛素，據說「樊雲門方伯高聲哀號，異常悲慟」。

宣統元年正月初七，農工商部咨覆江督云：奉本部奏請，前據江寧布政使樊增祥咨稱，興辦農事試驗場，通行各省採辦農品，解送陳列考驗等，現將南京桑蠶學堂新試驗的產品，具名送呈以資考察，獲部裏嘉獎。二月上諭，管養山參議奉命爲正監理，將於三月初旬南下清理江蘇財政；閏二月樊增祥親蒞造幣局看視房屋，擬稟商督帥，以此廠改爲清理財政局〔註67〕。四月憲政館擬派一二等諮議官，樊增祥充一等〔註68〕；十二日滬嘉鐵路行開車禮紀盛，樊增祥作爲江督代表蒞臨致辭。端方當月調任直隸總督後，樊增祥於二十四日暫護督篆〔註69〕，至六月廿六日張人駿接任兩江總督兼南洋大臣後解任，期間請改江南水師學堂爲南洋海軍學堂。

八月廿二日，張之洞薨，諡文襄，梁鼎芬入都「文襄師追悼會擬九月十一日，輓聯、祭文自應彙送京師。是日與會，似毋庸摘纓，心喪不在行跡也」〔註70〕，樊增祥代表在南京的鄂籍官員致公祭張文襄文：

> 維大清宣統元年九月，丁未朔越祭日，丁巳江寧布政使受業樊
> 增祥謹偕湖北旅寧同人，恭具庶羞清酌之奠，致祭於太保文襄樞相

〔註67〕《申報》稱樊與蒞省監理官發生衝突，並導致後者辭職，關於財政清查始末，見劉增合：《清季中央對外省的財政清查》，《近代史研究》2011年第6期，第102～123頁。

〔註68〕據說當時朝中對此任命無人認可，惟有張之洞謂樊「歸田後復留心當世之務，凡古今中外政治法律諸學，靡不涉其藩而究其歸。以爲窮則善身，達則兼善天下也」，力保其入館。具體入館時間爲1909年5月21日，見彭劍：《清季憲政編查館研究》附表，北京大學出版社，2011年版，第226頁。其實資政院甫立（1907年），孫家鼐就曾奏簡樊增祥入院襄理事務。

〔註69〕護理非實缺，一般是原任出缺而繼任未到之前的臨時性代理。督撫出缺，除由特旨補授外，各省總督由巡撫升任；巡撫由布政使升任。另亦有布政使超擢至總督者。有研究認爲，布政使接任督撫最爲理想，因布政使一般由按察使升任，其具有臨民治事經驗而更堪勝任，見李細珠：《地方督撫與清末新政：晚清權力格局再研究》，社會科學文獻出版社，2012年版，第44頁。

〔註70〕繆荃孫撰，顧廷龍校閱：《藝風堂友朋書札》上海古籍出版社，1980年版，第112頁。

夫子之靈曰：嗚呼！公之靈在天下，猶水之在地中：國之人失相公，如子之失父母。方謂道德經綸，放之四海而準，豈意艱難況瘁，至於八月有凶。敬具瓣香，聊當哭寢，惟靈養浩然氣，為王者師，第三人及第；晚踐綸扉廿六載，兼圻入參大政。仕宦至將相，富貴歸故鄉。人生至榮，天懷弗與。蓋古之賢輔，舉未嘗為公之難，而今之學林，殆無不由公而變。極其眼光心力，欲奠千萬世之丕基：分其懿行嘉謨，可作數十人之佳傳。登山首岱，觀海先瀾，言何取詹詹小為，事有其犖犖大者。溯自萬國交通，生民未有彼強此弱，人智我愚，自有公而後知美雨歐風，益厚中華之根柢；孟晶孔玉，何憂外物之磷緇。戰勝朝廷，常以一言增九鼎之重；不動聲色，而措天下於泰山之安。其識量有如此者。戊庚兩役，危急存亡，人惶遽不知所為，公嶷然弗為之動；十國違兵而徐浪，六龍西幸而復還，蓋嘗結狼虎以恩，則狼虎亦感恩而圖報；懷鯨鯢以德，則鯨鯢亦慕德以來歸。自有公而後知典午東遷，王導顧榮為不競；趙家南渡，李綱宗澤為無謀。天生李晟，實為社稷；世無管仲，誰止兵車。其功烈有如此者，穆宗大婚，以迄升祔；國史方略，纂述告成，凡有大文，皆出公手，自非燕國，誰能潤色星雲；賴有宣公，始足□揚忠義。奏議百卷，皆經世之文章；詩歌一門，極風雅之正變。近漸夷俗，爭尚名詞，新科少識字之人，舊學斷讀書之種。自有公而後知經書藏壁，猶聞絲竹之聲；史學鉤沉，不少壺盧之本。舉凡南國化行之處，爭頌周公；將使西行不到之鄉，皆尊孔子。其學術有如此者，自登臺閣，遂秉機衡，國不遇託孤寄命，則不知大臣立節之不撓；時不際議禮考文，則不知宰相讀書之可貴。昊天不弔，兩宮上□，舉國危疑，四夷覘伺，自有公而後知楊漣頭白，枉事張皇；韓琦聲嘶，未為鎮定。蓋金縢未納，先成負扆之圖；玉幾彌留，早定委裘之策。能斷大事，實賴宗臣，經三折肱，始信良醫之藥；無一錯著，方知國手之棋。其相業有如此者。嗚呼，而今已矣！吾道非耶？朝廷以保傅加恩，遣郡王致奠，哀榮備極，震悼猶深。報櫻桃以祭九齡，無斯恩禮；吟秋雁而思李嶠，遜此明良。祥等桑梓依光，菖苓在籠，江漢永懷召虎，東吳亦祀葛龍。敢薦椒漿，恭抒藻翰，江淮河濟，流無盡之恩波；日月星辰，挹常新之光景。從此阿

衡三世，與聖賢七作以同休；傅說一星，騎箕尾兩躔而下視。皇天
后土，實可共鑒。臣夙夜之心，內夏外夷，常懸萬古春秋之義，哀
哉尚享〔註71〕。

輓聯云：

　　　　取海外六大邦政藝，豁中華二千載顓蒙，弱者使強，愚者使
智。有晏嬰三十年狐裘，無孔明八百株桑樹，公爾忘私，國爾忘
家。〔註72〕

張之洞絕筆詩中有兩句「誠感人心心乃歸，君民末世自乖離」，遺疏有「不戢
自焚」語「蓋以爭親貴典兵事，與監國攝政王忤，憤而致疾」。汪榮寶挽詩有
云「白頭苦費調停策，血淚凄吟諷喻詩。門戶化除非易事，君臣遇合信難期」
〔註73〕，都彌漫著對朝政的失望，以及對大廈將傾的危機感。

　　三年，原吏部賣官弊案曝光，前吏部考功司官員在上奏各省督撫奏保摺
後，趁機竄入空額，以此倒賣官缺，牟取暴利。有某藉此分撥江蘇知縣，謁
見寧藩樊增祥時，樊閱看履歷，係由漕運出力，恰江蘇漕運保案出自樊手，
而奏保各員中並無此人，遂大驚訝，調卷查看後發現果然子虛烏有，即責斥
其由，得知原委後電詢內閣，奸謀敗露。此時吏部已改為敘官局，其中牽涉
局員頗多，後不了了之。此時進一步加劇了樊增祥對朝廷的不滿和失望，王
闓運後稱其「自誓不援手，甘死蒙國羞」〔註74〕，是有一定道理的。

　　辛亥武昌起義爆發後，瑞澂倉皇逃走，沿江各省望風而動，駐守南京的
新軍第九鎮久抱革命宗旨，但統制徐紹楨等尚在觀望，八月二十日之後赴各
營演說「忠君愛國」之旨，言不可為李自成之續也。總督張人駿、江寧將軍
鐵良、江南提督張勳疑新軍起事，於是各防營均發子彈，惟獨扣發新軍；每
夜派人圍守各標營，張勳又調江防營在新軍周圍架炮佈防。新軍既被嫌疑，
人心大為憤激，風起潮湧，幾有不可終日之勢。人駿聞新軍大憤，恐致激變，
遂密召紹楨，言將大索各標營，紹楨持不可，增祥亦與議，力陳新舊軍不可

〔註71〕《申報》宣統元年九月二十日全載。
〔註72〕張舜徽：《愛晚廬隨筆》，華中師範大學出版社，2005年版，第210頁。
〔註73〕張之洞絕筆詩原題為《讀白樂天「以心感人人心歸」樂府》，見張之洞著，龐
　　　　堅校點：《張之洞詩文集》，上海古籍出版社，2008年版，第185頁。時人稱
　　　　本作「君臣」，恐招禍而改之；餘見《十朝詩乘》，第1014頁，汪詩在《今傳
　　　　是樓詩話》、《花隨人聖庵摭憶》中版本略異，《十朝》與汪榮寶《思玄堂詩》
　　　　中同，故從之。
〔註74〕王闓運：《湘綺樓詩文集》第五冊，嶽麓書社，2008年版，第602頁。

歧視，宜開誠布公，使新舊彌合，事或有濟；人駿意似稍悟，乃命集閣第九鎮將士，將親慰問之，臨時復慮有不利，以增祥與紹楨凤相契，使代勞將士。八月廿六，增祥赴各標營安慰，宣佈當局並非疑慮新軍有革命宗旨，酬酢頗歡；事畢增祥告人駿以將士深明大義，保無他慮〔註 75〕。但大吏終有疑忌，將不利於新軍，馬相伯等士紳聯合樊增祥說服張人駿將第九鎮暫調城外秣陵關，但每人只發五枚子彈，張謇「亟走請藩司樊增祥白張人駿，言其不可，於是又各增給十枚」〔註 76〕，此舉客觀上保存了實力，所以新軍將領程家模曾盛讚樊氏等對光復南京功不可沒，實與有力焉〔註 77〕。

九月五日，王闓運曾致書樊增祥詢問樊增祥如何謀劃：

> 前者方言進退之難，未一月而生變矣。歸跡縱橫，無可究詰。
> 壽平（余誠格，時任湖南巡撫）儒緩，絕少風聞，有一范增而不能用，自誤以誤其師，雖曰天意，實人事也。遙想瞻園（謂樊增祥），未知經畫。朝服微服，均未所安〔註 78〕。

當時余誠格化裝出城，王闓運有意提醒樊增祥宜早作打算。

九月初十，清廷下停戰文告。但南京城仍處於戒嚴之中，張勳舊軍橫暴，寧垣銀市停歇，民食將罄，內亂危在旦夕。紳士仇繼恒等會議於諮議局，擬請召還新軍入城，否則民困無以蘇，內亂無以鎮；事聞於鎮司令部，紹楨派人入城白於增祥曰「新舊軍同服國家之役，理無歧視，新軍不發彈藥，久戍於外，是行路之遇也。防地往復之路則嚴陳兵備，鎮屬留守之兵則無故逮捕，是亂黨視之也。今上海、蘇州已告光復，鎮江、杭州、福州等處不日且將舉事，北軍方一其力於武漢，秦晉軍隊復西掣其肘，無暇兼顧東南，金陵為戰略必爭之地，紹楨不忍為禍始，不敢為福先，然大勢之所迫，群情之所蕩，山崩鐘應，非紹楨之力所能遏也」。增祥韙之，與繼恒入見人駿及鐵良，謂秋浸以後，民無所食，自戒嚴令布，交通絕，貿易罷，今復斂其囷以實軍庫，比戶搜緝，若興大獄，人心惶惶，衛防營刺骨，不自斃必自亂，揚湯止沸，

〔註 75〕茅乃登、茅乃封：《江督張人駿委藩司樊增祥勞第九鎮將士》，收入揚州師範學院歷史系編：《辛亥革命江蘇地區史料》，江蘇人民出版社，1961 年版，第387 頁。

〔註 76〕張謇：《嗇翁自訂年譜》，同上，第 65 頁。

〔註 77〕見薛玉琴：《馬相伯與辛亥革命述論》，《民國檔案》2008 年第 3 期，第 111～118 頁。

〔註 78〕王闓運：《湘綺樓日記》，嶽麓書社，1997 年版。

適速其禍，恐揭竿斬木，不發於防地而發於城中，不起與黨人而起於良懦。計不如宣佈寧屬獨立，給新軍彈藥，召使換城，責以維持秩序，在商肆得以安堵，旗民得以保全，此萬全之策，鐵良意動，人駿畏張勳之勢，不敢決，且下令閉城〔註79〕。

　　九月十八，城中士民謀獨立，新軍自城外擊敗張勳江防營，城內革命黨乘機內訌，放火徑撲督署，樊增祥見大勢已去，遂拜謁張人駿，交印求去，張謂「爾奉政府命，承宣於茲，請向政府辭職」，樊氏不安於位，又慮張勳將不利於己，於是昌言同官以去為計，徑率各官員出城，棲流下關一夕，聞城中有戰事，乘火車逃往上海〔註80〕。但《申報》聲稱，南京諮議局於十六日開特別會議宣佈獨立，首懸白旗，軍民一體袖綴白帶，自由出入，官軍無動靜；十九日又宣佈公舉樊增祥為都督，此說不確，當日新軍攻入南京，乃舉徐紹楨為都督，刻印張告「本督奉天承運，掃除滿清」云云。

　　可見樊山臨陣遁城屬實，官印一者是身份證明，二者屬朝廷關防，如丟失將治罪；且先有請辭不准，才會攜印潛逃，本身並無過錯，但他攛掇同僚一起逃跑，確有渙散人心之嫌；相比之繼任藩司李瑞清臨危受命，安撫民心，在忠清士人看來，大節自有高下之別。但今人再論此事，當以客觀立場，應看到樊增祥為民請命在先，計劃不成才無心戀棧，其行徑自與程德全輩之首鼠兩端、投機革命有異。

第三節　漸進改良，文化保守

　　樊增祥先後在陝西、江寧推行新政，遵循「器物——制度」的改革路徑，根據各地實際和政策導向，制定詳細周密的施政規劃，積極宣傳漸進式改良，雖然未突破體制框架的約束，有些設計也因實際困難未能成型，但確有求富圖強的真誠願望，並在這場運動中「以今日之樊山戰勝昨日之樊山」。

一、興辦實業

　　奏請開辦西潼鐵路，圍繞資本與權益之爭，為保路權自主，堅持官商合

〔註79〕揚州師範學院歷史系編：《辛亥革命江蘇地區史料》，江蘇人民出版社，1961年版，第395～396頁。

〔註80〕揚州師範學院歷史系編：《辛亥革命江蘇地區史料》，江蘇人民出版社，1961年版，第511頁。

辦。但在實際中，由於地方財政不敷，唯有加捐一途；商股須以本地實業爲限，但與華商的勢單力薄相矛盾，這些都成爲日後的隱患。樊增祥身任總辦，制訂《詳議西潼鐵路辦法章程二十二條》，以鐵路公司爲總樞，開設國有專門銀行，發行公司債券和股票；聘請技師優先考慮華人，以保證技術自主，以留學歸國者爲最宜；開辦專門學堂培養後備，並教授路政、公法、商法等條律；就地取材以降低成本，並帶動相關產業。總之事無鉅細，分類規劃，樊增祥日夜勤勞，盡力所能，但資金缺口甚鉅，立項數年仍進度遲緩；加捐激起民變，最終導致樊山罷官；但《章程》在思路上極具價值，爲後來鐵路的眞正開通提供了法良意美的藍本。

開發延長油礦，這是中國大陸最早發現的油田。最先引起德商覬覦，光緒二十九年與當地極少數紳民私定開發合同，此事經上報後遭到樊增祥嚴斥，爲保護資源不爲外人掠奪，陝撫升允上奏請求自辦，次年開辦延長石油官礦局，三十一年在新撫曹鴻勳的支持下試辦，從日本購機購料，延聘工師〔註81〕，樊增祥提出借修鐵路之機，開通西安至陝北的車路「而後設廠，而後安機，待齊全後鑿石取油」，便於行銷。

如自產火柴「思欲抵制外來，購機試辦，鳳翔地方木植既賤，則成本必輕，廠中用人既多，則貧民有養。西北源源販運，則行銷必寬，大利所存，獲可操券。擬令人赴漢口考察研究，半年以後購機聘匠，回鳳開辦」〔註82〕；開辦陝西工藝廠〔註83〕，其生產的「竹工、木工、草工，針工，就其質之所近以呈能，各得其師之所傳以成器，雖皆粗淺，頗利行銷。而漸進精良者，則以氆氌爲特出」〔註84〕。鼓勵創辦桑蠶學校，帶動絲織業等，在發展中強調因地制宜，吸收先進技術「地方之美利，以貨產爲宗；貨產之振興，以工藝爲本。去其土法，教以新式」。

二、法制改革

張之洞在《江楚會奏變法三摺》中確立了法制改革的方向，即變通《大

〔註81〕延長油田的發現及地方官作爲，詳見屈春海、郭慧：《清末開辦陝西延長油礦史料》，《歷史檔案》2003年第1期，第62～76頁。

〔註82〕樊增祥著，那思陸、孫家紅點校：《樊山政書》，中華書局，2007年版，第554頁。

〔註83〕《申報》1905年6月26日刊文稱「秦省民智素未開通，工藝樸儉，自去冬藩司樊增祥箚委署西安府知府尹昌齡創設工藝廠試辦」。

〔註84〕彭澤益：《中國近代手工業史資料》第二卷，中華書局，1962年版，第562頁。

清律例》和制訂與國際接軌的新律，這是在列強壓力與變革動力雙重促動下採取的司法制度的重大突破。其中主要環節是將原有清朝刑法改重為輕，以體現參酌各國法律的改革精神，並彰顯施行仁政的傳統理想；樊增祥對此卻不以為然「吾民品格大率在中下等，其於公德公理毫無體認，今謂改輕刑法為立憲之本源，曾亦思刑法者上以是施諸民者也，憲法者君與民共之者也。若馬賊、若會匪、若梟匪、若訟棍，若土豪，充塞天下，而欲並五等之刑一切免之，且即以是為立憲基礎，則是朝廷與亂人共治天下。不惟黃帝堯舜以來之中國無此政法，即歐美諸邦亦豈有此憲法哉」〔註85〕。

　　以罰代笞〔註86〕作為輕刑的替代性手段，樊增祥也並不完全贊同「罰金自贖，可施之外國，不可以例中華；悔過自新可望之古愚，不可以信今詐。為善政者，以辣手濟其慧心，此之謂也」；對於詐騙、搶盜、殺傷等惡性犯罪，仍主張給予撲責懲罰「笞之一法，斷不能免」，這與張之洞的觀點吻合〔註87〕。有些犯人若無力交納罰金，則必須以工待罰，一兩銀折作四日工，遞加至十五兩折作六十日工為止；安置他們的勞動場所為新設立的罪犯習藝所，顧名思義，旨在「令其學習，將來釋放者可以謀生」〔註88〕，同時進行思想改造，以期自新，這是近代獄政改良的創新之處。樊增祥遵旨在陝西各地開辦，他一方面意識到習藝所的教化功用「罪犯習藝所先從賤而易售者習起，利薄可養身，利厚並可養家，至於身家俱贍，則不至因飢寒而起盜心。工藝有成，更不至因遊惰而倒溝壑，深得立法之意，實為造福之源」，認為應該傳授一些實用有效的技藝；另一方面又過分強調其懲戒目的「罪犯習藝，即古人城旦鬼薪之意，滬上西人，凡遭事管押者，皆罰作苦工，與學徒習藝者不同。鎖繫之犯，大半皆稔惡之徒，去其石杆，力可免脫出外，生事尋仇，吾華人格尚未到歐美地步，學其寬弛，難化狼心，不必在惡人身上施恩惠」

〔註85〕樊增祥：《批涇陽縣蔡令寶善稟》，見樊增祥著，那思陸、孫家紅點校：《樊山政書》，中華書局，2007年版，第513頁。

〔註86〕新法規定，凡原律笞五十以下者，改為罰銀五錢以上，二兩五錢以下；杖六十者，罰銀五兩，以次遞加，至杖一百，改罰銀十五兩而止，樊增祥將這些罰款一併充入學費。

〔註87〕張之洞在《遵旨籌議變法謹擬整頓中法十二條摺》中提出「改罰鍰」，但他後來又強調有限度地廢止笞刑。

〔註88〕張之洞：《遵旨籌議變法謹擬整頓中法十二條摺》「恤刑獄」條下有「教工藝」款，見苑書義等編：《張之洞全集》第二冊，河北人民出版社，1998年版，第1418頁。

〔註 89〕，失之嚴酷，未能體現「以德感化」的本意。總之，他認為只有當民眾人格日臻完粹之時，才能刑罰不求輕而自輕也。

在對待中西法律差異問題上，樊增祥直言「情理外無法律，抱舊本者不知，講西例者亦未合也」。首先在司法程序是，西方講求控辯雙方的充分辯論，而中國古代訟獄全靠上官明斷，所以他不理解「西政申報所登各案，有由一訊至三十餘訊者，而卒莫知其究竟。每一堂結束處，則曰『商至此，已鳴鐘幾下，下期再審。吾問案好手高出外國律師奚啻萬倍，固不必事事推遜，以為中不如西也」。其次在法的精神上，他認為「今日雖力行新政，中國之民猶是舊日之民也。性情風俗迥異島人，蠢愚冥頑，未受教育。若必盡改中國之法律，而以外國自治其民者治吾之民，是猶男穿女衣，俗戴僧帽，吾未見其有合也。法政誠不可不學，中律亦不可盡棄。將來審判既設，對於外人當用公法，對於吾民誰敢廢《大清律例》者？既不可廢，則須兼習矣」〔註 90〕，雖然強調執法者要通曉中西各律，但允許新舊並行，等於承認了在審判中採取雙重標準，變相主動放棄了國人在司法程序中應當享有的與洋人平等的權益，這是樊增祥司法改革思想中最應受到評判的一面，也與當時修律的大趨勢背道而馳。平權思想在康有為的變法各疏中已有詳論「外國來者，自治其民，不與我平等之權利，是為非常之國恥，彼以我刑律太重而法規不同故也」，「若夫吾國法律，與萬國異，故治外法權，不能收復」〔註 91〕，主張酌定新法，以與萬國公法接軌；《辛丑條約》簽訂後，在商約談判中，張之洞等人提議編纂一部能使華洋一律適應的新法，以利收回治外法權，實際接近康有為的主張，也是修律宗旨之所在，有著維護國家主權的意味。

樊增祥的局限性體現在他的人治思維「試問不用笞杖，能結案否？兩造立談，能吐實否？處處設鄉官，人才足用否？事事與民同之，能事事如我意又如人意否？吾有以知其必不能也」。他的觀點也並非個案，部分體現了修律過程中禮教派的普遍主張。他們認為新律盡以西法為原則，以彌合中西法律的設想是不切實際的。首先中國自古以禮治國，道德與法律往往是互為表裏，如果不顧綱常固有之習慣，一味仿行外國，則終盡壞名教，造成社會失

〔註 89〕 樊增祥：《批西鄉縣閻令佐堯稟》，見樊增祥著，那思陸、孫家紅點校：《樊山政書》，中華書局，2007 年版，第 423 頁。

〔註 90〕 樊增祥：《批揀選知縣馬象雍等稟》，同上，第 594～595 頁。

〔註 91〕 見《上清帝第六書》、《請開制度局議行新政摺》，收入湯志鈞編：《康有為政論集》，中華書局，1981 年版，第 214、352 頁。

範。其次，新法的制訂要考慮國情實際和國民道德的發展程度，如果只考慮法理而不顧民情，再完美的法律也不得謂之允當。這也是「中體西用」觀在法律改革上的體現。

三、設課吏館

為政之要，首在得人，新政成功與否，既要有政策，更要看用人，雖不必效戊戌變法盡去舊人，但須要改造吏治，特別針對那些中下級吏役。課吏館作為人事制度改革的題中之義，即為適應新政需要，學習地方治理經驗，在原先部分省份課吏經驗基礎上普遍設立的，定期考覈其用功深淺及才識優劣，並按等第給予一定的津貼鼓勵。光緒二十九年，陝西巡撫允升開辦課吏館，督飭按察使樊增祥制訂課吏館章程，明確修明政學、講求吏治宗旨，吸引有志之士加入。

課程以歷代政書、史地通考、中外條約、大清律例、國朝上諭、外交簡報為主，從實用出發，不求廣博，不趕進度，通過點讀、作箚、鈔書等方式，必求日有所得，多聞勤思；實行日課、月考制度，改變原有「每月一課，一課片文」的鬆沓模式；從地方中選拔通曉中西的屬員擔任提調、監督、教習；聘日本監督入館，延請日本法政教員來陝授課。通過一系列細緻周詳的培訓，首批入館的四十名學員成績斐然「人皆曰吾秦課吏較他省為有實，數月之間得缺得差者肩背相望」。

針對當時有人覬覦每月不菲的津貼，而想方設法混入館中的現象，樊增祥展現嚴厲一面「課吏館非恤嫠局、養濟院之比，可以任人自求要領，品學較優，方能入選。吾陝佐班候補者二百餘人，若人人稟請入館，安得此大裘廣廈覆庇多人耶？此風不可開，此願不易遂」〔註92〕，在考錄環節提高門檻，講求切實學問，注重品行操守，從源頭嚴格去取；經過三年建設，至光緒三十二年全國推行法政教育時，又開設仕學速成科，後改為陝西法政學堂，成為西北大學法政教育的前身。

四、開辦《秦中官報》

為配合開啟官智，樊增祥重組《秦中官報》，該刊原名《官報》，由前御史宋伯魯於光緒二十二年創辦，戊戌變法後停刊；二十九年課吏館附設官報

〔註92〕 樊增祥：《批紀典史景星稟》，見樊增祥著，那思陸、孫家紅點校：《樊山政書》，中華書局，2007年版，第265頁。

局「以館員司選錄校刊事，月得三冊，分發各州縣學堂，俾資觀覽，竟癸卯一冬，報凡入出，甄擇雖動，推行未廣」，次年春正式更爲現名。欄目設定有「一曰諭旨恭錄，記玉音也；二曰秦事類編，記邦政也；三曰直省文牘，闡嘉猷也；四曰外報彙鈔，通智慧也；五曰藝文存略，係雅詞也；六曰路透電音，曉外事也」六大板塊，時值日俄戰爭期間，清政府奉行中立「兩雄角抵，三省阽危，我鬥龍虎，龍鬥我虎，大反乎子產之言，鷸語蚌曰，蚌語鷸曰，兩不爲漁人之利。身雖局外，睹欲爭先，用乞竿線之靈，式慰邦人之望」，所以編譯路透消息，東事最詳。外埠新聞多轉載自京津滬粵等地報紙，主要針對在陝官吏士商交通中外；本省「政治得失，風俗醇澆，物產盈虛，人才消長，用人行政，課士治民，及一切謳歌訟獄，皆將布告遠近，而人之賞譽譏罵，胥於是乎在，則必益自振奮」。值得注意的是，這份官方主辦的報紙，闢有文學專欄，最初只輯有《關中文錄》，後來範圍擴大「平生師友，續湖海之文，傳近代詩歌，規瀛奎之律髓，借奇文之欣賞，爲綺麗之餘波」，樊增祥的許多詩作就發表與此，不僅爲文人士大夫政餘雅興使然，也暗寓「吾中國事事不如外人，獨倫理詞章歷劫不磨，環球無兩」的文化軟實力。

梁啓超主張「開官智爲萬事之起點」，由官智漸遞至民智，樊增祥也深知啓迪民智的重要性「經以多聞多見爲知之次，可知見聞之多寡爲民生智愚所由分，民智之通塞爲人才消長國家強弱之所繫」。除了學堂教育，報紙是收效最快的途徑「書之義精而報之情顯，書之理繁而報之旨約，讀書難終而讀報易竟，讀書事苦而讀報味甘，故報章者開通耳目之丹方，而震動愚迷之鼓吹也」，所以他將《秦中官報》改造成適於官民共覽的讀物，導向於「多識前言，以端其本，博觀新事，以會其通」，最終達到「吾秦之人皆賢皆智，而不謬於聖人，知彼知己而不憒於時務，人人有知，人人力學，自不至以西人如鬼神之不可知，亦不至以西學爲周孔所不能及，不疑不怪，不毗不流，而後學術可以有成，天下可以望治」。總之他希望這份官報能貫徹「凡事應無論新舊，但論是非，盡去其護前之私，而一以求是爲本」的理念，也的確實現了這一目標，作爲陝西第一份官辦報紙，《秦中官報》不再只是對上諭邸鈔的匯總和宣講，而是更多反映當地民生和執政實績，爲後人瞭解研究陝西百年發展歷程提供詳實的一手資料。

五、編練新軍和巡警

起初，樊增祥對組織新軍認識不足「胥天下之餉以練新軍，而不能打仗，

及有事仍用舊軍」，但近代以來的歷次戰爭證明，由於綠營軍、駐防八旗的腐敗和鬆懈，戰鬥力下降已成爲不爭的事實，在朝廷旨意與殘酷現實的促動下，作爲按察使的樊增祥，逐漸意識到除舊立新的緊迫感，於是積極參與其中。光緒三十一年，巡撫曹鴻勳接練兵處旨意，招募本地士兵，編爲一標三營，指派樊增祥負責操練「以本司領之，教練日本新操；赴鄂觀其軍容教法，並令延聘武師、購置槍械。於司署設立新軍公所，此次練兵，人必土著，操必東洋，槍必新武，此不可違異者」〔註 93〕。由此而觀，樊增祥試圖打造一支立足本土，遠師日本，近學兩湖的新式軍隊，並於光緒二十八年在省城開辦武備學堂，又陸續在州縣開辦陸軍中、小學堂，三年一批，爲本省及全國輸送軍事人才；多次選派生員赴日考察，學成回國後充任教習。

　　清代維持社會的傳統力量爲綠營、差役與保甲，光緒二十七年袁世凱等提出仿照西方，以新軍方式編練警務。在陝西，負責巡警事務的樊增祥一方面重申巡警衛商護民之利，鼓勵他們捐資〔註 94〕，一方面開辦巡警講習所，提高警員素質「選優等師範生爲教習，授之警察講義錄，教授體操，一月之後，汰劣留良，再行酌定月餉，分班上段，教之然後用之，使皆明於警察之大旨，乃收巡緝之實功」，推動了近代陝西警務的專門化、專業化進程〔註 95〕。

六、鼓勵出洋，興辦學堂

　　光緒三十一年八月二日，樊增祥送四十八名官、自費生赴日，爲歷年最多的一次〔註 96〕，也正值清末留東的最高峰；陝西雖不占風氣之先，但外派學生都經過大學堂的系統教育，起點較高。他勉勵學生要抱定「恥不若人」而虛心求教，承認日本的優勢，並身體力行，將自己十九歲的族侄寶珩列爲官籍自費生。

　　陝西於光緒二十八年正月建成大學堂，至三十一年陝西師範學堂建立，

〔註 93〕樊增祥：《箚新軍提調尹守劉守》，見樊增祥著，那思陸、孫家紅點校：《樊山政書》，中華書局，2007 年版，第 434～435 頁。
〔註 94〕按「舊有鋪捐每月二十二串，可養警兵十名」，又「添收土藥捐，月可得二十串，以作局費」。
〔註 95〕對於地廣人稀的區域，仍循保甲制「比戶相結，守望相助，官不出資，民自爲備，不必全改巡警，既不實用，又靡民捐」。
〔註 96〕邢源：《清末陝西留日學生考略》，《延安大學學報》2006 年第 5 期，第 111～114 頁。

全省三級體系已初步成型。財力不敷，樊增祥除了鼓勵官紳捐資辦學，就是
東挪西湊；親自監督大學堂營建，派員前往湖北考察華、洋各式建築；讀書
人辦學，先後聘請日本教員和留學生擔任講席；務求中西兼備，採取分科教
學，設置格致、時政、地輿、兵事、天文、算學、地質、測量、電化、體操
等，又四書五經列爲必修課〔註97〕。與此同時，他也看到新式學堂導致傳統
學術的式微及後果：

> 自學堂改章，科學既繁，又限於鐘點，將來經學詞章，恐無復
> 專門名家者，惟公碩果不食，靈光歸然，中學一線之延，捨工奚屬。
> 來教以爲於官於紳，議皆不合，然維新時代，正賴舊人維持其間，
> 乃能融化黨偏，保存國粹。吾屬年輩，亦如貞元朝士，綿歷會昌，
> 後生輩雖甚披猖，要不能撼我大樹也〔註98〕。

所以支持張之洞設立存古學堂，試圖建立一套與新學制並行的國學體制的思
路〔註99〕。到南京後，他又致信繆荃孫討論相關事宜：

> 細讀清摺所開，擬改南菁爲存古學堂，適與侍心相因。在都時
> 早蓄此志，到寧未暇及此。一日午帥忽言「我決不效冰相開存古學
> 堂」，侍遂嘿然。此事稍緩，必力圖之。此爲中文專科，不當屬入西
> 文、西語，既費重金以聘西師，又與本旨相戾，斷不必也〔註100〕。

從命名可知，所謂「存古」，即「保存國粹」，以緩釋廢除科舉後對經史詞章
的消極反應，仍是清流一派主張「在贊同向西方學習的時代大趨勢的同時，
或因較注重體用之分，從一開始就比所謂『濁流』更注重對西洋文化入侵的
抵禦，試圖追求一種趨新而不失其故的狀態，存古學堂應是其一貫主張的自
然發展」。但畢竟時代不同了，在張之洞的設計中，存古學堂未被置於當時官
辦新教育的主要地位「反而明確其是一種列入『專門教育』門類的補充性設

〔註97〕 壬寅學制規定，蒙小學堂階段讀四書，小學堂至中學堂期間完成五經，中學
堂畢業讀完十三經，高等學堂階段續講各經自漢以來注家大義。就課時看，
學校層級與中學比重成反比。見桑兵：《科舉、學校到學堂與中西學之爭》，《學
術研究》2012年第3期，第91～92頁。

〔註98〕 繆荃孫撰，顧廷龍校閱：《藝風堂友朋書札》，上海古籍出版社，1980年版。

〔註99〕 見張之洞：《創立存古學堂摺》（光緒三十三年五月廿九日），收入苑書義等
編：《張之洞全集》第三冊，河北人民出版社，1998年版，總第1762～1766
頁。據《張文襄公年譜》記載，當時南皮先後欲請孫詒讓、楊守敬、梁鼎芬
等碩學通儒擔任主講，都遭到婉拒。

〔註100〕 繆荃孫撰，顧廷龍校閱：《藝風堂友朋書札》，上海古籍出版社，1980年版。

施，不過希望在繼續盡力講求西學的同時不忘中學，並維持其指導性地位而已」〔註101〕；樊增祥同意這一定位，但又希望把它辦的更純粹些。針對當時轄地發起的復古學社，樊也積極鼓勵「比來歐風醉人，中學凌替，更二十年，中文教習將借才於海外（按：當指日本）矣。吾華文字至美而亦至難，以故新學家捨此曲彼，然人畏難而不學，將來公卿之奏議、郡縣之申詳、私家之議論、友朋之書札、名人之碑誌，舉以鄙倍、枯澀、凌雜、苟簡出之，是使當世無文章，而後世無史料也。今創行復古學社，其文行兼優者由州申送省會學堂肄業，意至美，法至良也。惟作文須作有用之文，講學勿講欺世之學」，但議將「復古」改爲「存古」更貼切「現在古學尚未盡滅，不必曰復古，但曰存古可矣」〔註102〕。

晚清教育的轉型「說到底都是中西學問之爭，所爭即新舊學問的優劣消長，由此形成的新學，實際上是西學以及以西學爲表現形式的東學戰勝中學並進而整合中學的產物。這種不是同化外來文化，而是被外來文化所同化的情形，在中國歷史上相當罕見，其結果一方面推動中國進入歐洲中心籠罩的世界，一方面造成中國文化形似而實不同的斷裂」〔註103〕。樊增祥舉兩端而執其中，他既警惕西方價值觀對傳統秩序的衝擊，又在與時俱進中自我反省；曾經極力迴護、引爲自豪的科舉，因與新學制越來越難相容，正面臨終結的命運，他爲那些只知傳統學問的士人感到憂慮，也是對自身知識譜系的再思考，所以他提出主政者的治學思路能否適應形勢，是興辦學堂最亟須破解的難題。

七、支持立憲，民智爲先

樊增祥在接觸西學的過程中，留心比較中西政治制度上的優劣，探討民主政治的實踐理路：

　　嗚呼，時至今日，殆無可措手之日乎！毗於舊者，謂中國自有制度，西人之學皆竊我聖帝明王之緒餘以致富強；毗於新者，則欲

〔註101〕羅志田：《清季保存國粹的朝野努力及其觀念異同》，《近代史研究》2001 年第 2 期，第 68 頁。

〔註102〕樊增祥著，那思陸、孫家紅點校：《樊山政書》，中華書局，2007 年版，第 592 頁。

〔註103〕桑兵：《科舉、學校到學堂與中西學之爭》，《學術研究》2012 年第 3 期，第 81 頁。

一切規仿西人，學西學，行西政，習西藝，居處飲食衣服無不做之。以彼新機之解駁，豈不勝於故步之自封。然而擇之無方也，行之無序也，徒歆羨乎外人而不自度其能否也，忘其高卑遠邇之程度而僥倖速成也。夫人無論中西，種無論黃白，其資性未嘗不同，西人心力所到之處，謂華人必不能到，不必若是之自貶也。抑有不同者數端，不可不辯。泰西各國先後開闢以來才一千八九百年，中國邃古，勿論自堯以來已三四千年，以彼之朝當吾之午，以彼之午當吾之晡，天地之鍾毓，人物之蕃殖，彼方壯盛，吾已衰遲，此氣運之異也。歐美諸洲，島國林立，不有奇技異能則君不能自保其國，民不能自贍其身，是以各竭其智力以求通微入化之學，極智創巧述之致。因富國而興商務，因保商而厚兵力。因商戰必需人才，人才必需教育，而遍設大小蒙養諸學堂，使人人皆有愛國之心，皆知立國之本，與夫交鄰互市，保邦郅治之所以然、任官惟其才，論事求其是，國有大事下議院條其可否，上議院定其從違，而君若相折衷焉。蓋其國無不學之君，無不學之臣，無不學之士與民，此議院之所以開而議員之所以有益於國也。中國自祖龍愚黔首，而漢之經術、隋唐以後之科目，皆欲舉天下聰明才智之士驅而納諸無用之域，而我得萬世為天下君，故唐文皇有英雄入彀之言，宋太宗有纂輯御覽之命，自前明用時文取士，至我朝嘉道以後文字之腐爛已極，人才之闒冗亦無復加矣。

今人昧於審己，而專欲效人，謂用人行政聽言一切當歸諸議院，又謂古之中國治以人，今之西人治以議，夫人與議豈可分而為二哉？得其人則議可行，非其人則議無當，斷斷然矣。中國以四萬萬人料之，婦孺去其半，此一半中兵農工商雜戶與吏僧道之屬什去六七，所謂讀書識字附屬於仕籍黌校者不過數十萬人，此數十萬人中雖讀書而無所知，雖入官而無所能者，又什去六七，此外非舊黨即新黨，中立不倚者落落然百中之一二者。以外人凌轢若彼，中國屢爾若此，議院既開，知難者誰敢魯莽從事，則入院者大率喜事之人，其舊者持謬論而自附於聖賢，其新者習野言而自薄其祖父，一則塗羹塵飯，一則客慧狂華，新舊議不合而黨禍成，上下意不同而紀綱破。嗚呼！西人惟恐一民不智，中國惟恐一人不愚，千百年來

造士取士之法，若漆雪之不侔，水火之相反，而欲以泰西議院之制望諸中國未嘗開智之人，是猶效顰以示妍，揠苗而助長也，不其惑歟？

　　或曰：由子之言，議院終不可開耶？曰：有西人之智則可，無西人之智則亂。且建言與聽言相需而成者也。今下議院鮮智士，而上議院乏斷才，紛紛籍籍者謀之，泄泄沓沓者斷之，江夏王鋒所謂欲益反弊也。新學家皆曰：今日是過度年代，夫所謂過度者，由此岸達彼岸，方及中流之時也。全國之人方半濟於風濤之中，半立於崩沙之上，而欲學彼岸之人之坦行捷步，正坐危言，是又責嬰乳以掇巍科，策病夫以行萬里，必不能矣。或曰：如子所言，則前之科目取士者皆非歟？曰此一時彼一時也，中國歷朝以來皆以一人坐制天下，惟恐奇傑之士逞其囂然不靖之氣，窺覦寶位，竊據神州，乃啖之以科名，納之於場屋，使天下才智之士窮老盡氣致力於文字之中，其下者則聽其生活於兵農工商及一切雜徭賤業之內。設有不靖，以中國之人平中國之亂，不必奇才異能也。向使漢祖唐宗早知六合以外猶有跳龍臥虎十數大國，可以遠越重洋以奪吾國之美利，損吾國之威權，而我制舉之文與徒搏之勇舉不足當其萬一也，則亦必亟開民智早圖富強，何待今日始成為過度之時代哉？或曰：然則究竟如何？曰：事窮勢極以至於今，欲於學堂中求速成，悉索後求驟富，無是理也。然風氣漸開，運會漸轉，百年內外學益精而工益巧，天悔其禍，人竭其才，地呈其寶，必有馴致富強之一日，則中國漫漫長夜有時而旦矣。而泰西諸國亦容有中昃盈蝕之憂。則以吾之朝乘彼之暮，或者城濮之戰，其報在邲乎？至於吾國民智盡開，則立憲可也，共和可也，有議院可也，無議院可也。若徒憤數百年壓制之害，與上下內外壅蔽之深，未開民智，欲伸民權，為天下有才無遇者姑為是過屠之一嚼焉，吾未見其可也〔註104〕。

決不能再走固步自封的回頭路，但他認為當時的中國遠未達到梁啟超等人所謂的過度時代，因為歷史負擔太重，所以不能照搬西法；強調中國最大的痼疾是愚民太眾，並認識到這是由漫長的專製造成的，最終歸結於開啟民智須

〔註104〕《書王令景峨試卷後》，見樊增祥著，那思陸、孫家紅點校：《樊山政書》，北京：中華書局，2007年版。

先於伸張民權，故以普及教育為當務之急；不惟民格不及，官格、紳格皆不及，故惟循序漸進，不能遽更，才能實現政治的優化選擇。在江寧時，由於當地立憲運動活躍，樊增祥參與其中，更從實踐角度理解立憲的意義，強調士紳領導的精英民主：

> 民權日伸，用人一不當，正紳杜門，劣紳橫議，政事亦必掣肘。貪劣庸懦之牧令，果得本地正紳扶持，豈不甚善：惟果銳明決之官，或遇惡劣迂腐、豪橫貪鄙之紳，籌一款則以為虐民，辦一事則皆欲染指，動相抵抗，或且徑訴臺司。再遇媚紳要譽之上司，從而信之，則循能之吏灰心喪氣而求去矣。須知在任之官，還鄉即紳也，本地之紳，亦他省之官也，為官則欲保官權，為紳則欲張民權，皆拒人悅己之私心也。時會所趨，憲法斷不能不立，官與紳須相助為理。好官不用正紳，何以辦地方之新政；好紳不借官力，何以拒鄉黨之棍徒？當此相依為命之時，斷不可存彼此異同之見。其大要在無私二字，人人無私心，中國之自強其有望矣。今正籌辦諮議局之時，乃目前第一要政。昔明之過在君子與小人鬥，宋之過在君子與君子爭。議局初開，選舉最為重要，若邪正相爭，則官當護持善類，若兩賢相厄，則官當曲意調停〔註105〕。

並積極督導各地諮議局籌建及選舉事宜，由於「投票之舉在中國始破天荒」，地方一時很難推行，樊增祥主張遇事不能一味彈壓：

> 人心易惑，人格難齊，江蘇雖號開通，然開通者僅止士大夫，非所論於匹夫匹婦也。益以好亂樂禍之奸民造言煽誘，蠱惑愚蒙，彼愚民者本不知憲法有何益，調查為何事……惟先有疑懼之心，故鼓之而易動，猶幸本無作亂之意，故鎮之而易平。稟稱辦法略分四等：鳴鑼聚眾，為首滋事者酌量監禁；乘機搶掠，形同盜匪者，照搶奪例擬辦；隨聲附和，在場滋鬧者，懲責保束；誤信謠言，並未擾害者，概予免究。論斷公允，實獲我心，應即找準。
>
> 惟調查員甚多，又剋期蕆事，人多則賢否不齊，期短則操切難免，以不識不知之眾挾多疑多懼之心，匪徒乘隙流言，而又有一二調查員辦理不善，幾何不平地生波耶？調查勢在必行，斷不能因愚

〔註105〕樊增祥著，那思陸、孫家紅點校：《樊山政書》，中華書局，2007年版，第563～564頁。

民滋事而止，亦不能待民智大開始查，然須先說清楚，再行查造。
是在賢有司與薦紳耆老之善為開諭矣。

　　民智未盡開通，強行仿行西法，明白者什二三，糊塗者什七
八，加以匪徒造謠鼓煽，而多數之愚夫愚婦遂深信其不經之論。其
暴動也可誅，而其愚頑也亦可憫。觀於守牧一經開諭立就安平，則
其為愚民而非亂民也明矣。總之憲法既須實行，部限又極迫促，
固不能因噎廢食，亦豈能勢迫刑驅，總須破其愚迷，乃得行吾法
令。與愚民說話，如家庭教小孩然，不可一味蒙哄，尤不可專用壓
力，是在賢吏正紳之盡心化導，示之以信，感之以誠，則百皆就範
〔註106〕。

民眾不諳選舉，各級官吏就有義務耐心開導，事前明白宣講，事後寬嚴相濟，
訓練他們養成公平公正的選舉意識。

　　總結樊增祥的新政實績，離不開對張之洞兩湖經驗的充分借鏡，他曾說
過：

　　　　整頓河山仍鏡砥，提攜掾屬到公卿。鑿通博望當時空謂蘆漢鐵
　　路，精練威廉第一兵德人謂公之精兵足當德之上駟。訏謨海外諸夷伏，商
　　戰人間萬事生。三代彝章從損益，六經根柢獨分明。破邪幾費菩提
　　口，勸學如聞詔漢聲。宿將每箴前絳灌，腐儒喚醒偽朱程。掌綍指
　　節占天象，海志山經驗物情。摒擋移臺惟赤手，感孚絕國只丹誠。
　　鬢霜濃處邊籌苦，心血枯來奏草成。聖學二千年絕續，天才廿萬里
　　縱橫。周公制作皆盤繡，孟子音儀象水晶。馴狃蛟龍池裏黍公所用洋
　　匠洋弁以百數，部分貔虎海東行公屢遣將詣日本觀兵。夷吾只了中原事，
　　諸葛徒高宇宙名。文武材兼方授鉞，封疆寄重緩和羹。煮金待鬪梅
　　根冶，帶甲重開細柳營公曩制兩江，立自強軍，及還鄂，軍制僅存。吳會英
　　才歸駕馭，江淮繡壤盡犁耕。九重玉詔褒動伐，十國珠盤主會盟。
　　盡拓心胸規遠大，尚留文藻潤承平。會昌一品門人序，儉府千花幕
　　佐傾。泗水早誇由禦侮，韓門獨許籍聞箏。功非陸贄慚期許西幸日，
　　師語人曰「此一齣戲，看雲門一人去唱」，才與湘鄉共品評或勸師節勞，師歎
　　曰「必欲分勞，惟曾文正與雲門則可」。一卷素書清漆簡，卅年薪火鐵燈檠。

〔註106〕樊增祥著，那思陸、孫家紅點校：《樊山政書》，中華書局，2007年版，第602
　　～603頁。

清時敢慕王炎午，涼德羞爲宋子京〔註107〕。

極言南皮之賞識，挾以自重；傾心效法，亦步亦趨；但其自己的理念也經歷了由量變到質變的超越，起初「但凡歷久相安之事，總以不改舊章爲妥。有利於此，必有害於彼，甚不可也」；逐漸感到積弊叢脞，安能忍與終古，轉而強調新政實行的必要性和緊迫性「風潮鼓蕩，難緩須臾，亦屬理有固然而勢所必至」，甚至提到了開議院、行共和，在漸進民主的框架內穩步推進。

八、鮮明的文化保守主義傾向

樊增祥文化領域的思想，承襲了張之洞系統以儒臣治改革的保守主義特徵，也代表近代士人在中西之間徘徊轉身的曲折心路，嘗自我解嘲道「世皆言新法，而身是舊人；世皆喜少年，而吾今老矣。聞後生之謗議，唾面心甘；誦先儒之格言，通身汗下。閱歷深而鋒芒退，雖無缺折之患，而亦無劓割之功；意氣少而智識多，不爲小人所排，而又爲豪傑所笑」。

首先在語言文字中上抵制「新名詞」，他在《批學律館課卷》中嚴斥：

今之少年，稍獵洋書，輒拾報章餘喙，生造字眼，取古今從不連屬之字，糾合爲文，實則西儒何曾有此？不過譯手陋妄造作而成。而新近無知，以爲文中著此等新語即是識時務之俊傑。於是通場之中，人人如此，畢生所作，篇篇如此。不惟閱者生厭，作者自視，有何趣味？去年鄂闈，端中丞詳加戒諭，如改良、起點、反影、特色之屬，概不准闌入卷端。本司曾痛批在卷牘榜首出現「文明」、「野蠻」字眼；以「起點」示其學有本原，實爲吾輩之恥。中國文字自有，申報館而俗不可醫，然猶不至於鸚鵡改言從鞜鞨，獼猴換舞學高驪也。迨戊戌以後，此等醜怪字眼始絡繹堆積於報章之上，無知之物承竊乞餘，相沿相襲。本司在陝，誓以天帚掃此垢污。法所不及，令所不行，則亦已矣。今後凡有沿用此等不根字眼者，本司必奮筆詳參，決無寬貸〔註108〕。

語言影響思維，又是「載道」的工具；這些新名詞，有些屬於中國譯者所造，有些是從日本「和製漢語」輸入，反對的理由是它們多由古今從不連屬之字，

〔註107〕樊增祥著，涂小馬、陳宇俊校點：《樊樊山詩集》，上海古籍出版社，2004 年版。

〔註108〕樊增祥著，那思陸、孫家紅點校：《樊山政書》，北京：中華書局，2007 年版。

牽強糾合而成，破壞了古文業已自成的體系；或涵義在古語中可以找到相應的表達，則不必捨熟就生。樊增祥又把這種語言的新變與戊戌變法聯繫，藉以提高警惕；他還以「俳諧語」的形式加以戲謔：

> 靜觀物象叩昭融，拖格還憑理想通。風力萬全搓柳綠，花光膨脹出牆紅。鶯黃燕紫文明化，蜂蜜蠶絲智育功。昨見梨園陳百戲，幾多現象舞臺中。

這種「淨化」文字的態度也與當時出臺的《學部綱要》（1904）吻合，已上升到「存國文、端士風」的國家權力教化的高度〔註109〕。

樊增祥對本國文學的自豪由來已久，嘗言「經史外增無限學，歐羅所作是何詩」，甚至連「洋人都佩服中國文字，以其善用虛字眼也」；中國人在智力上也毫不輸與洋人「若與白人論腦力，老夫未減少年時」。而隨著西學風氣的移轉，這種優越感逐漸變成了危機意識「近來歐風醉人，中學陵替，更二十年，中文教習將借才於海外矣。吾華文字至美而亦至難，以故新學家捨此取彼，然人畏難而不學，則當時無文章，後世無史料也」，「歐學入華，子小學至大學，期二十五年卒業，其致力中學者，以鐘點計之，才三數年耳。經史且猶不知，遑論文藝乎？更數十年，即近來俚淺之詩，平軟之字，恐亦無人能作」；他在詩中哀歎：

> 銅仙流淚倉聖哭，競學夷言服夷服。利名誰肯死前休，獨於問學知止足。俗書未可入碑版，制藝那不慚科目。同文算學等兒嬉，申報文章真大辱〔註110〕。

這種「以夷變夏」意味著政道將熄，對於處於世變中的士人更是一種惶恐和屈辱。

錢鍾書在《七綴集》裏曾以樊山為例，說明老輩學人對外國文學的偏見；又舉了王闓運讀外國小說的例子「一箱看完，無所取處，尚不及黃淳耀看《殘唐》也」〔註111〕。其實在這點見識上，樊還有略高過王之處，他曾在詩中云：

〔註109〕相關研究參考陸胤《近代學術的體制內進路》第四章，及羅志田：《抵制東瀛文體：清季圍繞語言文字的思想論爭》，《歷史研究》2001 年第 6 期，第 57～74 頁。

〔註110〕樊增祥著，涂小馬、陳宇俊校點：《樊樊山詩集》，上海古籍出版社，2004 年版。

〔註111〕錢鍾書：《七綴集》，生活·讀書·新知三聯書店，2002 年版，第 113 頁。

滑稽傳裏談天口，野史亭中著作身。誰識一千零一夜，天方別
有夜談人近聞《天方夜談》譯本，恢奇可喜，中國小說多不能及。是書又名一千
一夜。

其次對於西學的限度，樊增祥認爲所謂新學者，只獵其皮毛而已「至於
中西風氣，各有異同，事事舍己從人，徒滋訕笑。試問香檳、勃蘭，何如越
酒？羊排、牛蒇，爭及郇庖？圭竇、葉窗，難登圖畫；毛衣、革履，焉有威
儀？飲食日用間，各適其宜，各從所好可矣」。他強調男女有別「今之學西學
者，先學其男女無別；而某令設男女工藝所，究以分地爲宜，男女嫌疑之際，
總須防之於未然，不當治之於已然」；批駁五倫廢盡「今日無知少年迷於平權
自由之邪說，爲子弟者皆不知有父師，本司決不容此輩囂張，亦不忍聽好好
青年美質淪於禽獸也」；更反對醉心西化「今之所謂新學者，學人之美，並其
醜者而亦學之；去己之短，並其長者而亦去之，不分事勢之緩急，不揣程度
之高下，人人自命爲識時之俊傑，而其無識與八股諸公同，而禍且益烈焉」。
他也同時批判兩種極端：

今世之人，大率無知者多，其所謂有知者，理學之虛名。其實
此兩種人，無非熱衷圖富貴，仍歸於一無所知。反乎此者，甫見西
書，即背聖教，遵西人如父，奉逆黨爲君，自鳴於眾曰知時務，豈
有此理，天下又豈有無君無父之豪傑乎？此時誨人之法不必談理
學，惟以忠孝爲本：不必分中外，惟以有用爲歸。如上所言兩種新
舊人物，本司心嫉之而痛詈之久矣〔註112〕。

總之，他是以中國傳統文化爲本位，在肯定其主體價值的同時又有所反思，
對西方文明採取批判地學習，兩者最終都歸結於「用」，表現一種和衷共濟的
心態。

最後保守並不意味著抱殘守缺，他們目的是「取彼之長，以新衛舊」，所
以理性者「不乏創作力，先經主觀體會與選擇，再益以推理與聯想，雖不免
曲解，亦是眞實的領悟，從而使固有知識與新觀念融合」〔註113〕，其中有一
種趨向即西學東源論，在中國本身的文化語境中尋求與西方觀念的契合，如
樊增祥對「共和」、「民主」的「誤讀」；他們要守的也不是一成不變的祖宗家

〔註112〕樊增祥著，那思陸、孫家紅點校：《樊山政書》，北京：中華書局，2007 年
版。
〔註113〕王爾敏：《中國近代思想史論》，社會科學文獻出版社，2003 年版，第 2 頁。

法，而是傳統士夫所能皈依的，普遍認同的精神家園，即一種超越的、正統的「道」及承載它的往聖之絕學。

第四節　政事之暇，歌詠自娛

俗務與風雅在樊增祥身上從來都是兼而有之的，他曾解釋兩者之間的關係：

> 自來講樸學、志開濟者，每以詩人為無用，是殆不然。若夫本之性情，達之政事，其始也學而後從政，終乃舉其甘苦之故，而言喻之，詠歌之，將使後之人啟發性靈，考鏡得失，其人其詩，得非濟世之通材，詞林之要義乎？昔歐蘇二公，為有宋詩人冠冕，其在官也，皆嫻習案牘，精綜吏事，詩亦沈練浩瀚，非迂腐小生所能，然則詩人非盡無用，特視其所學何如耳。

文學此時更像一種調劑，成了平衡心情的手段；創作也未因官階的高升而停滯，反而愈寫愈多。人的精力畢竟是有限的，他在日理萬機、絲毫不怠的狀態下，不可能耐得工夫、沉潛打磨，所以詩雖多而佳構尟，興致高而真情淡。這一時期的作品純粹出於自娛，但與文壇的聲氣並未消歇，如光緒三十一年十月，王闓運遊秦，與樊增祥正式訂交〔註114〕。早年因與李慈銘不睦，又分屬今古文經兩營的緣故，樊對王的學術一度並不認同，但不妨礙詩歌往來；他最早一首反映對王闓運詩文接受的詩是《讀王壬秋採芬女子墓誌題後》〔註115〕，稱其「文章淡雅歸熙甫」；後又有五題《湘綺樓集》〔註116〕：

> 天馬神龍不可羈，沉潛學海獨探驪。九州總有逢迎處，百歲應無偗懧時。睥睨中興諸將相，範圍後學一經師。老軻功大如神禹，解道斯言只退之。

〔註114〕王闓運《贈樊方伯》「弱齡慕英彥，結交共屯艱。撥亂未反正，群公智已殫。徒遺惆瘵民，微繕豈能寬。聞有達政者，高材在卑官。聽訟實知本，政平民氣安。朱紱既就加，百吏皆改觀。關隴今貧僻，不與治亂權。近欲崇節制，苟務兵食完。無信誰與立，奇謀空萬端。薦賢非吾職，但念得見難。歲暮情有餘，感慨回征鞍」。早在樊山中第後二年，湘綺即聞其頗能駢文及詞調，南皮譽之過甚；此次親睹，更歎其治術了得。

〔註115〕王文見王闓運：《湘綺樓詩文集》第一冊，嶽麓書社，2008年版，第196～198頁。

〔註116〕注云「飛英會上曾交臂，掃葉窗前且訂訛」，謂集中多誤字。

　　儒林中有漢高皇，謾罵文章極老蒼。史筆幾人嬰斧鉞，詞揚萬
古掃秕糠。貴人歲暮輸金幣，天子深宮畫草堂。湘撫往年奉明詔，
問公精力可勝常。

　　乾坤澒蕩孰知音，並世猱牙未易尋。光祿自言兒得筆，中郎惟
與女傳琴。登山有客迷橫側，觀海從人說淺深。瘦碧老箟俱把臂，
可知空谷寂寥心。

　　往年交臂春明路辛未會試，擬謁先生未果，香爲南豐百瓣薰。蜀洛
早融門戶見，馬班無復異同文。留侯書尺招黃綺，宰相山中贈白雲。
誰使洞庭限南北，三湘七澤要平分。

　　年少高談皖鄂兵，老思舌劍斫長鯨。祠堂欲並蜀諸葛君主尊經，
蜀才盡出，禮樂長存魯兩生。六合外猶繁議論，十洲人盡憚聲名。請
看滄海橫流日，惟有湘潭徹底清康梁搆逆，先生門下無一附和者。

提到了與王失之交臂的遺憾，吹捧其治學、教育成就，末句特別澄清王闓運
公羊學與康有爲之別，迴護了王的正統地位；王則滿心欣喜「雖實汗顏，聊且
自喜。生平受褒譏多矣，公之許與，蓋有特識而通氣類，唯賢知賢，即公之
自命可知也。將以僞謙不其飾與，請後無爲客詞，直云莫逆可也」〔註117〕。

　　王闓運十月晦日抵達西安，陝西撫、藩二憲偕警員扈從迎迓，入住夏時
宅，樊增祥作《湘綺先生遊秦喜贈》：

　　金門漫詫滕元發，唐殿驚逢李拾遺。道莫能容才可大，老猶得
見未嫌遲。高名彈壓三公貴，正義分明百世師。孔子西行終不到，
秦人今始識音儀。

　　十一月六日，王闓運意將登華山，樊增祥賦詩惜別「誰知京兆街頭客，
五日匆匆走馬還」，雖然詩中言「津梁雖倦情難盡，筇笠孤行意可知」〔註118〕，
但從《湘綺樓日記》所記看，似乎樊山稍有怠慢。返湘後，王曾致書樊謂「卅
年傾仰，一旦披襟。各放光明，互相標榜」，日記裏也稱樊極力恭維，大有戴
高帽、吃米湯意。

　　三十三年，樊增祥離開西安「頗嫌湫隘，思爲菟裘之計，遂以孟秋命駕，
八月朔至榮陽」，晤門人兼妻族祝竹延〔註119〕，逗留數月，十月十四日乘火車

〔註117〕王闓運：《湘綺樓詩文集》第二冊，嶽麓書社，2008年版，第261頁。
〔註118〕樊增祥：《湘綺先生小住五日意將登華而歸賦詩惜別》，見樊增祥著、涂小馬、
　　　　陳宇俊校點：《樊樊山詩集》，上海古籍出版社，2004年版，第1375頁。
〔註119〕後經查證知竹延原名鴻元，爲清末民初開封政界、文界名人。

經「泰西絕藝，鑄鐵爲梁」的黃河大橋至新鄉，開始蘇門山百泉之遊，途中捐資二百兩復建當地書院。二十九日返回榮陽，將所見所聞所感以日記體例入詩集，門生繡漪提議命作《蘇門集》，附於《閒樂集》後，既便覽觀，且省印費，刻成後曾先印紅樣本屬陳衍題：

> 《入蜀》《黔驁》攬勝來，羌無詩句漫疑猜。《遼東行部》《西遊記》，此例金元北派開。明月清風四萬錢，倘移鄂杜價無邊。沃洲且買人知處，何必巢由始是賢君有買地卜居議。

> 遺山曾上湧金亭，鸞鳳餘音彷彿聽。突兀太行元氣句，定應蔓草付飄零記中有《讀碑》、《楣碑》諸詩，而不及遺山詩刻。」更舉學派出蘇門，康節行寓處處存。更有閨中女弟子，不如老去作隨園〔註120〕。

並將諸作與王乃徵（病山）詩對照後認爲「王蒼秀而樊瀟灑，譬如泉上兩寺，王噴玉而樊湧金矣」〔註121〕。

樊增祥到任江寧後，陳衍有「大江南北幾詩人，督部三藩兩部民，蓋謂匋齋督部（端方），子培（沈曾植）、愛蒼（沈瑜慶）、樊山三布政，夢華（馮煦）、伯嚴（陳三立）兩部民」之語，由此輻射形成一個東南文人群體，也是所謂同光體、宋詩派的大本營。對於樊增祥而言，這是一個幾乎全新的圈子「論交老去半新知，思舊山陽感子期」〔註122〕，詩風不盡相同，政治主張各異，但他仍以自己的年輩與資歷，揄揚後輩，主持雅集，也算一種文學意義上的新舊融合。如與陳三立的關係，就是在這一時期建立並延續至民初的；樊增祥最早通過易順鼎接觸到陳三立的詩作，曾點評其《廬山詩》云：

> 珠玉噌吰下九天，西江社裏染香煙。氣辛漸覺生薑老，骨削肯規方竹圓。生硬未逢張八面，神仙最小萬三年。君家老鳳曾相識，今日虛橫野渡船。

當時陳三立還被稱作「義寧公子」，樊增祥則一副長輩面孔，兩人政治主張不同，但並不妨礙對詩藝的評價。如今時過境遷，公子也變成了老人，公認的詩壇魁首，面對前賢卻依然謙遜：

> 使君風什靡天下，更服經綸過絕人。才士獨爲蒙叟許，道家誰識賈生眞。移情水石知魚樂，呵氣樓臺吐雁新。廿載相望今不負，

〔註120〕陳衍著，陳步編：《陳石遺集》，福建人民出版社，2001 年版，第 157 頁。
〔註121〕見陳衍著，鄭朝宗、石文英校注：《石遺室詩話》，人民文學出版社，2004 年版，第 61 頁。
〔註122〕陳衍撰，陳步編：《陳石遺集》，福建人民出版社，2001 年版，第 156 頁。

彌天舊是渡江身。

跳出單純的章句與學術的承前啓後，更全面地稱許並認同樊增祥的文化保守主義立場，也是以陳三立、鄭孝胥爲代表的光宣新秀超越「清濁」之見，日新以全其舊的士人理想。

宣統元年春，樊增祥邀請王闓運遊金陵，五月廿日始至「時則賓寮會集，群賢畢至，衣冠詞賦之客，殆過百人。凡有知名，猥蒙禮接。屬困伏暑，疲於造情，親知舊交，概無所詣，唯公私宴集，款談而已，江南雖元氣未復，而毓侈倍前」〔註123〕。當時王以碩學通儒賜進士，授檢討又晉侍講〔註124〕，樊增祥特詠此事：

頭白湘江理釣綸，主恩偏共歲革新。兩朝耆舊誰同榜，三館文章並洗塵。重照蓬山清淺水，曾經顯廟品題人。蘋岑即是長生藥，並作靈椿萬六春〔註125〕。

五月廿四，繆荃孫受樊增祥引見晤王闓運，他在日記中寫道「年七十八，別二十年，風采如故，眞異人也」〔註126〕。數日後，陳三立主持眾人集半山寺爲王赴皖餞行，李瑞清、王夢湘、易順鼎、陳銳等到席，湘綺還在日記中記一插曲「學臺（按：謂李瑞清）當謝恩，須六十金，余云可不必，李猶疑畏，樊則贊成，老嫩之分也」〔註127〕。

樊增祥因擅寫紅梅詩，被冠以「紅梅布政」之號，他嘗言「伯嚴吏部見余白芍藥詩〔註128〕，歎爲工絕，因言曩賦紅梅詩，都不愜意，餘偶而興動，輒賦八章，十刻即成，意不自愜，而伯嚴譽之過矣。作此詩須有奇麗語，斯與題稱。比日公事稍簡，偷兩夕之暇研煉出之，炷香百寸，得詩八章，伯嚴

〔註123〕王闓運：《湘綺樓詩文集》第五冊，嶽麓書社，2008 年版，第 558～559 頁。
〔註124〕宣統間，湘撫岑春蓂以所著諸書奏聞，又以年過甲子，得旨特賜。王逸塘《今傳是樓詩話》記樊山和詩云「並無座主傳衣缽，待把文公與易名。科名向以曾胡重，公在誰將館閣輕」，出語煞有斠酌，見錢仲聯等編：《清詩紀事》第十八冊，江蘇古籍出版社，1989 年版，總第 12669 頁。
〔註125〕郭則澐：《十朝詩乘》，福建人民出版社，2000 年版，第 1016 頁。
〔註126〕繆荃孫：《藝風老人日記》，北京大學出版社，1986 年版，第 2186 頁。這是他們初次會面，王闓運在日記中云「不識之矣」，見王闓運：《湘綺樓日記》，嶽麓書社，1997 年版，第 2982 頁。
〔註127〕王闓運：《湘綺樓日記》，嶽麓書社，1997 年版，第 2984 頁，可見各色人等之性情。
〔註128〕指《和湘綺白芍藥詩》，見樊增祥：《樊山集七言豔詩鈔》戊卷，廣益書局，民國五年版，第 1 頁。

試評之較前作何如〔註129〕。後又作三詠、四詠各八首「意已慚詞費而綺麗，餘波時從胸次湧出，遂得詩如花信之數。戲語伯言云：欲止詩饞，惟當用歐公禁體，庶幾知難而退。公餘寂坐，偶試為之，禁用朱丹紫赤赭絳緋紅猩茜虹霞等字，及一切紅色如桃杏棠榴珊瑚火齊之類，詩境既仄，苦趣彌加」〔註130〕。當時詩僧寄禪駐錫南京，他因作白梅詩被稱「白梅和尚」，李瑞清告之「白梅和尚不可不見紅梅布政」，正與樊頡頏，於是「雲門方伯人中仙，百首紅梅海內傳。我愧白梅才十首，吟髭撚斷不成篇」，成一段詩壇佳話。樊詩意在出奇炫技，裁紅剪綠中並無多少內涵，寄禪則將身世之感與佛門禪意融入詠物中，營造清空冷寂的感覺，意境比樊山高出一頭。

樊增祥曾在七十自述詩中回顧歷次瞻園詩會的盛況〔註131〕：

> 詩壇旗鼓盛江南，亭榭瞻園賽石帆。往日蓮花開幕府，新來紅萼入官銜伯嚴目余為紅梅布政。簪裾北郭耽風雅，句律西江費削劖。不以清吟妨政要，朝賢莫漫肆譏讒居瞻園三年，政暇時與伯嚴、子礪、子琴、藝風賦詩為樂，而乙盦、節庵、石甫時一戾止。中朝遂謂瞻園詩社月耗數千金，熊秉三嘗為辨之。〔註132〕

他將這期間所作裒為《瞻園集》，分贈諸好，但原本今已散佚，惜未寓目。宣統二年，陳寶琛有《次韻答樊山布政元日瞻園吟集見贈》云：

> 江山龍虎接茵席，主客林塘樂晨夕。風帆垂落舊年春，湯社趣開新曆日。我如漚鳥近寖馴，使君故亦倜蕩人。蓬萊一謫卅載逝，坐見滄海三揚塵。陝以東西江左右，澒洞年時阻攜手。築樓我臥閩山雲，入幕君釃燕市酒。淒涼世事頓陵谷，蹭蹬才名例箕斗。相逢一笑俱華顛，若者雞口若牛後？出山小草不識時，往來柳雪飆輪馳。山丘華屋空思舊，風景新亭且說詩。到頭失得誰為福？亙古輸贏無此局。風流人尚懷謝安，工速君兼擅枚叔。發春獻歲試叉手，嚼徵含宮出挂腹。功名浮白總等閒，著述殺青元自足。名園廣宴為

〔註129〕前後各八章，同上，第1～3頁。

〔註130〕同上，第3～5頁。

〔註131〕關於雅集的時間、地點、人物及項目，請參考楊萌芽《金陵唱和：清末陳三立在南京的交遊》一文中的圖表梳理，原文見《洛陽師範學院學報》2008年第6期，第70～72頁。

〔註132〕雷恩海：《樊增祥詩文四篇補遺》，《青海民族大學學報》2011年第1期，第45頁。

我開，感話舊雨晞金臺。酒爐吟魂招不來，沃醵誰與生前杯？題襟
人海行復別，攬彎神州真費才。廣酬四坐雄蘇梅，壇坫翁真矍鑠
哉！〔註133〕

這位碩果僅存的清流前輩，在政壇放逐近三十年後再度回京，面對衰世涼薄，
憂心忡忡；樊山詩中或許也有這類流露末世情緒的作品，故能引起共鳴。

〔註133〕陳寶琛著，劉永翔、許全勝校點：《滄趣樓詩文集》，上海古籍出版社，2006
年版。